上田正昭

「大和魂《やまとごころ》」の再発見

日本と東アジアの共生

藤原書店

「大和魂《やまとごころ》」の再発見　目次

I　古代日本と東アジア

Ⅱ　古代学とのえにし

III　近代日本と東アジア

「大和魂《やまとごころ》」の再発見

日本と東アジアの共生

「大和魂」のまことの姿とは何か——序にかえて

紫式部と「大和魂」

昭和二十年（一九四五）の八月十五日、敗戦決定のおりから数えて、早くも七十年近くの歳月が過ぎ去った。かえりみれば、敗戦によって戦前・戦中の政治・経済・教育・文化そして道徳までが、ことごとく誤っていたとして、戦前・戦中のすべてを否定することから日本の戦後はスタートした。

「親に孝行」することが民主主義に反するわけではない。しかしそれも封建的であると批判する風潮がたかまった。神話を単純に史実とみなすわけにはいかないが、たとえば昭和二十六年の中学校の「学習指導要領」では、「神話伝説などから解放されて科学的態度を育てること」とされていた。ハレ（晴）の場、具体的にはマツリなどを媒介に語りつがれてきた神話をただちに歴史とみなすことはできないけれども、われわれの祖先が語りついできた貴重な文化遺産であることにかわりはない。

昭和四十五年の四月、『日本神話』（岩波新書）を著わして、「神話」という文字が英語のmythなどの訳語であり、古典にいう「神語《かんがたり》」にこそ注目すべき要素のあることを、あえて指摘したのも、「日本神話」がなんの検討もなしに忘却の彼方へ追いやられようとしていたからである。

伝承も大切だが、古いしきたりや伝えは、時代のニーズによって衰亡しあるいは変貌する。しかし伝統は伝承とは異なる。古くてしかも時代の要請にもとづいて新しく創造される。日本の伝統を軽々しく廃止したり中断したりするわけにはいかない。

ここで想起するのは『源氏物語』の乙女《おとめ》の巻で、紫式部が光源氏《ひかるげんじ》の子息夕霧《ゆうぎり》の学問がいかにあるべきかをめぐって述べているつぎの文章である。

「才《ざえ》を本《もと》としてこそ、大和魂の世に用ひらるる方《かた》も、強《つよ》う侍《はべ》らめ」。

紫式部は一条天皇から「日本紀（『日本書紀』）をこそ読みたるべけれ、誠に才あるべし」とほめられ、女官たちから「日本紀の御局《おつぼね》」ともよばれたが、紫式部みずからは「日本紀などは、ただ、片そばぞかし（ほんの一部分に過ぎない）。これら（物語）にこそ、道々《みちみち》しく、くはしき事はあらめ（社会の真相は詳しく記述されているであろう）」（螢の巻）と書いている。

前掲の文章に「才」とあるのは「漢才」であり、漢詩や漢文学を指す。言葉を換えれば海外からの渡来の文化ということにもなろう。漢才をベースにしてこそ、大和魂（和魂）が世の中に作用してゆくありようは、ますます強くなると明言している。

私がはじめてこの文章とであった時、紫式部の見識の広さと深さを身近に感じた。意外に思われるかも知れないが、「大和魂」という用語は、私の調べたかぎりでは『源氏物語』が初見である。いうところの「大和魂」とは戦争中さかんに喧伝されたような日本精神などではない。「日本人の教養や判断力」を紫式部は「大和魂」とよんだのである。

紫式部自身が司馬遷《しばせん》の『史記』や白居易《はくきょい》（白楽天）の『白氏文集《はくしもんじゅう》』に若いころから親しんでいた。それは『源氏物語』五十四帖のなかで十八帖にわたって『白氏文集』にもとづく引用をしているのをみてもわかる。紫式部その人が「和魂漢才」を貫いた女人であった。

平安時代後期にまとめられた説話集である『今昔物語集』や文徳天皇から後一条天皇までの四代の史書『大鏡』にも「大和魂」という言葉がみえているが、幕末・維新のころになると「和魂洋才」が唱えられるようになった。

まことの「大和魂」をいまのわれらは失念してしまったのではないか。日本の文化は島国日本のなかだけで結実したのではない。島国なるが故に、陸つづきの地域や国よりも外に向かって開かれていた。陸つづきの地帯では外敵が侵入しやすい。しかしまわりを海で囲まれている日本列島へは海を乗り越えなければ侵略はできない。外敵を防ぐために延々とつづく海岸線に「万里の長城」を築造することじたいが不可能である。

ユーラシア大陸の東部に位置する島国日本は、東海の弧状の列島である。太平洋側を暖流の黒潮が北上する。そして九州南方で分れた黒潮分流は対馬海流となって日本海（北ツ海）を北へと進む。さらに寒流の千島海流（親潮）やリマン海流が南下する。

縄文時代以来、海上の道によって渡来の人びとや渡来の文化が受容されてきた。「和魂漢才」を「本《もと》として」世に用いられ、日本文化の内容を豊かにし多彩にしてきたといっても過言ではない。

何を守り、何を捨てるべきか

現代の日本では「洋才」ばやりで、守るべき「大和魂」はすっかりかすんでしまった。「世に用ひらるる大和魂」のまことの姿を再発見すべきではないか。

「和魂漢才」とはいうけれども、いまの世間のように、欧米をはじめとする海外の文化をなんでもかんでも無原則に受け入れたのではない。日本の伝統にふさわしくないものは、これをたくみに拒否し、選択して受容した。若干の例を紹介しておこう。

平安京はしばしば唐の首都長安城をモデルにしたといわれるけれど、副都ともいうべき洛陽城も都づくりの参考にした。それはたとえば坊の名称が永寧坊をはじめ五つが長安の坊名、銅駝坊ほか九つが洛陽の坊名であり、左京を洛陽城、右京を長安城とよんだのにも明らかである。こうした唐風の名を左京・右京・坊名につけた時期はさだかでないが、弘仁九年（八一八）のころとみなす説が有力である。

右京がしだいにさびれていったために、平安京は洛陽の都といわれるようになり、入洛・上洛・洛中・洛外などの用語がさかんに使われることになった。長安城でも洛陽城でも、都市のまわりを城壁で囲む羅城がある。ところが平安京では南辺の一部に築垣が造られて羅城と称したけれども（『延喜式』左右京職式京程の条）、羅城門はあってもその四囲に羅城は築かれていない。長岡京でも平城京でも同様であり、平城京では羅城門の両翼に築地塀があったにすぎない。

中国や朝鮮の王朝では科挙《かきょ》（官吏登用試験）があり、宦官《かんがん》（後宮に奉仕した去勢男子の官人）がいたけれども、わが国では科挙や宦官の制は受け入れなかった。そればかりではない。

日本の律令国家は都に大学を設けて五位以上の子孫や東《やまと》・西《かわち》の史《ふひと》の子弟らを入学させ、各国々に国学を設けて郡司の子弟を入学させた。そして『孝経』・『論語』・『周易』・『尚書』・『周礼《しゅらい》』・『儀礼《ぎらい》』・『毛詩』・『春秋左氏伝』などを学習させたが、その教科のなかに『孟子』は入れなかった。『孟子』は性善説をとり、君主は徳治主義の政治を行なって民意を尊重しなければならぬとする易姓革命の思想を力説していたからである。為政者のあざやかな選択であったともいえよう。

いまは日本の古代史のいくつかの事例を述べたにすぎないが、いったい何を守り、何を捨てるべきか。縄文以来の日本の史脈にそくして検証すべき時を迎えている。権力者のみずからを守るためのたわごとに惑わされてはならない。東アジアのなかの日本はいまこそ、「和魂漢才」・「和魂洋才」を正しくうけとめて、東アジアの人びとと連帯し、民衆と民衆がまじりあう「民際」にもとづいて、たんなる「共生《ともい》き」ではない、東アジアの人びとと共に新しい歴史と文化を創造する「共生《ともう》み」の二十一世紀を構築すべきではないか。

I　古代日本と東アジア

古代の日本と東アジア

律令制のちがい

まわりを海で囲まれている日本列島の歴史と文化の研究には、島国日本の内部における展開はもとよりのこと、海上の道によって東アジアの動向に連動して具体化した史脈を、実証的に究明することが不可欠となる。一九五〇年三月に京都大学文学部を卒業して以来、東アジアとのかかわりを研究してきたが、東アジアにつながる文化のルーツの考察にとどまらず、そのルートを明確にみきわめることを研究の主眼としてきた。文化の比較にはその共通性と共にその異質性・独自性をみさだめることが必要である。

たとえば古代日本の「神祇令」は唐の「祠令」を母法としているが、わが国の「神祇令」が二十条であるのに対して、唐の「祠令」は四十六条であるという量的な違いばかりではない。（1）唐の「祠令」では天神の「祀」と地祇の「祭」とが明確に区別され、人鬼の享や釈奠《せきてん》（孔子のまつり）のことなどが規定されているのに、わが国の「神祇令」では「祭」と「祀」の区別はあいまいで、人鬼の享などは記さず（釈奠は「学令」に記す）、（2）「神祇令」でも祭の名称と時期は明記しているが、「唐令」のように祭儀を執行する場所は記載していない。（3）「祠令」にはみえない天皇の即位・大嘗・大祓のことを「神祇令」は規定し、（4）民間では実際にサクリファイス（供犠）を行なっていたのに、朝廷の祭儀では行われず、（5）「神祇令」には「斎《いみ》」の規定はあっても、「僧尼令」二十七カ条のうち十八条が罰則規定であったような神事違反についての罰則はない。神事違反の罰則については、「職制律」でわずかに言及するのみであり、釈奠の礼も「学令」に記載するにとどまる。

統一新羅も中国の律令制を導入したが、新羅の律令が唐と同じであったとする見解は、新羅律令の復原によって再検討することが肝要である。たとえば新羅に「祠令」が存在したことはたしかだが、その復原は不充分であって、『三国史記』の「祭祀志」の伝承と、唐の「祠令」とをみても、類似するものはきわめて少ない。

儒教と道教

中国の儒教は朝鮮半島から日本列島へと伝来したが、中国の儒教と朝鮮の儒教との間には共通性がありながら、朝鮮半島の儒教には朝鮮独自の要素があり、日本の儒教もまた中国・朝鮮とはおもむきを異にするところがある。紀元前三世紀後半のころから中国で具体化した不老長生の現世利益の信仰（道教）は、朝鮮半島に入り日本列島へも流伝した。かつて和辻哲郎博士や津田左右吉博士をはじめとする先学は、神仙思想は伝わったが、道教の信仰は入らなかったとみなしたが、明らかに道教の信仰は受容されていた。しかしいまのところ教団道教が存在した形跡はない。いまは律令・儒教・道教を例として東北アジアに共通する文化的要素とそれぞれの独自の側面を若干かえりみたにすぎないが、文化の伝播とそれぞれの地域における文化の形成には、在地の人びとばかりでなく、渡来の人びとの役割を軽視することはできない。

仏教伝来のありようも、高句麗・新羅・百済でそれぞれに異なるが、倭国へ百済の聖明王の代に仏教が公伝する。その年については戊午年（五三八）説と壬申年（五五二）説とがあって、現在では戊午年説が有力である。しかし仏像や経典などが伝わったのをそのメルクマールとみなす説は、人間不在の文化論というべきである。なぜなら、別に詳しく論証したように（『古代伝承史の研究』塙書房）、聖明王の即位年から数えた戊辰年（五四八）説こそ重要である。この年には百済僧がきていたからである。僧尼の渡来年にも注目したい。経典や仏像などの文物の渡来ばかりでなく、仏の教えを説く僧尼の渡来こそ重要だからである。生きた人間の歴史と文化をみきわめたい。

邪馬台国と纒向遺跡

平成二十一年（二〇〇九）十一月、奈良県桜井市の纒向《まきむく》遺跡で東西一二・四×南北一九・二メートルの大型の建物が見つかり、さらに貴重な木製の仮面をはじめとする遺物も出土しました。ここでは『魏志倭人伝』をどう読むかということに重点を置いての見解を述べ、最後に私の纒向遺跡についての思いを申します。

邪馬台国の所在と内容については古くから論議され、現在もなお決定していない問題です。纒向遺跡が見つかったから、畿内説で決まったという人もありますが、私はそれはいいすぎで、まだまだ未解決の問題があると思っています。しかし、このたび三世紀前半までの遺跡では最大の大型建物が見つかったことは、畿内説にたいへん有力な物証を提示したことに変わりはありません。

『三国志』「魏書　東夷伝　倭人の条」

まず、『魏志倭人伝』という本がないということから、申し上げます。俗に『魏志倭人伝』といっていますが、実際は『三国志』の「魏書　東夷伝　倭人の条」です。『三国志』は、西晋の陳寿が太康年間に書いた書物です。太康は西晋の年号ですが、西晋で、太康の何年にできたかはわかっていません。太康元年が二八〇年、太康年号の最後は二八九年ですから、三世紀の後半にでき上がった書物であることは間違いありません。

その『三国志』は六十五巻で構成されています。魏の歴史を書いた史書は、『魏書』といいます。『魏志』ではありません。『魏書』は三十巻。それから蜀は諸葛孔明で有名ですが、蜀の歴史書『蜀書』が二十巻。さらに呉の歴史を書いた『呉書』が十五巻。併せて六十五巻です。『三国志』でもっとも巻数の多いのは『魏書』です。

ところが『魏書』という書名の本は、中国の古典では少なくとも三つあります。王沈という歴史家が書いた、三国の魏を書いた『魏書』があります。それから魏収という歴史家が南北朝の北魏のことを書いた『魏書』があるのです。ですから『魏書』というと、どの魏書かわからない。そこで古くから『三国志』の『魏書』を、本当は『魏書』という本なのですが、俗に「魏志」と呼んできたわけです。

なぜ『魏書』が三十巻で、一番多いかというと、西晋王朝は魏の王朝を受け継いだ正統な王朝であるということを、強く強調しているからです。そのことを強調することも目的としていますから、『魏書』がもっとも詳しく、外国（烏丸《うがん》・鮮卑・東夷）のことも『魏書』の巻三十に記すのです。『呉書』には外国のことは書いてありません。『蜀書』にも書いてありません。

そして、「四夷の変に備える」と書いてあります。四夷というのは、中華のまわりの、北狄《てき》、東夷、西戎《じゅう》、南蛮の夷狄《いてき》です。夷狄が晋王朝に謀反を起こす場合があれば、その用意のために書くと記しています。ですから、『魏書』のなかの「東夷伝」、その中にはもちろん扶余、高句麗、韓、つまり朝鮮半島の辰韓、弁韓、馬韓のことも書いていますが、もちろん倭人のことも書いてあります。

「東夷伝」のなかの一部に、「倭人の条」があります。だから『三国志』「魏書　東夷伝　倭人の条」というのが正しい呼び方ですが、長いので便宜的に『魏志倭人伝』といっているのです。文庫本の書名にもなっています。以下俗称によって申します。

したがって、文庫本一つ読んだだけで、邪馬台国論争に参加することができるのですが、問題はそう簡単ではありません。「魏書　東夷伝　倭人の条」は字数でいうと、千九百八十五字です。四百字の原稿用紙で、五枚に少し足りない分量です。二千字はありません。そのなかには、裴松之という人の注や魚豢の『魏略』の引用がありますから、それらを引くと、千九百三十一字です。

それほど長い文章ではないのです。しかし「東夷伝」のなかでは、もっとも詳しい——高句麗のことも、扶余のことも書いていますが、もっとも詳しいのは「倭人の条」です。なぜそのように「倭人の条」を詳しく書いているのか、ということが問題になります。

「倭人伝」の研究をするためには、『三国志』全体のなかで、「倭人の条」を議論しなければならない。「倭人の条」だけで考えていると、たとえば大きな象の足の部分だけで象の全体を論じているのと変わりません。そして、「倭人の条」を論じるためには、当時の東アジアの情勢がどのようなものであったかも知らなければなりません。とくに遼東半島に二世紀の後半から登場してくる公孫氏の存在が、非常に大きい意味をもっています。

公孫氏の最初の実力者は公孫度です。公孫度のときに遼東の太守になり、遼東半島を支配するのです。二番めは公孫康。そして度から三代目の公孫淵まで続くのです。この三代が約五十年間、遼東半島で力をもち、帯方郡、楽浪郡を支配下に治めています。帯方郡は現在でいえば、平壌《ピョンヤン》の南側、黄海道鳳山郡のあたりです。楽浪郡は現在でいえば、北朝鮮の平壌《ピョンヤン》のあたりにあったのです。以前は漢の植民地ですが、これを公孫氏が支配したのです。

そして、「東夷伝」の「韓の条」を見ると、重要なことが書いてあります。「韓（朝鮮半島の韓）・（日本列島の）倭、帯方に属す」と書いています。一時、公孫氏の支配している帯方郡の支配を倭人も受けていたと書いてあります。

そして二三八年に公孫淵を魏が滅ぼします。この年は魏の年号でいえば景初二年なのです。古代史に詳しい人は、魏の年号、青龍三年（二三五）の鏡が京都府の北、京丹後市の太田南五号墳から出ていることに気づくと思います。青龍三年という魏の年号を刻んでいる鏡が、日本海側すなわち北ツ海に臨んでいる丹後から出ていることは、たいへん意味があるのです。なぜなら、中平六年（一八九）から公孫氏が遼東太守として遼東半島を拠点に「海外の事」を後漢王朝より委任されていたからです。

そして、『魏志倭人伝』に、景初三年（二三九）六月に邪馬台国の女王が初めて魏へ使節を送った、と書いてあります。なぜ二三九年に魏に邪馬台国の女王卑弥呼が、大夫難升米《なしめ》らを派遣したか。じつは、前年の二三八年に魏が公孫淵を滅ぼし、公孫氏の支配していた帯方郡・楽浪郡を平定したからです。公孫氏の代には倭人の勢力は帯方を介して公孫氏と関係をもっていたと思われますが、倭人の勢力にも影響を与えます。

最初三年六月に、邪馬台国の女王卑弥呼が魏の都である洛陽になぜ使節を派遣したかということも、当時の東アジアの情勢を知っていなければわかりません。

行程記事の解釈

そこで、今度は「倭人の条」の千九百八十五字を、少し振り返って見ることにします。「倭人の条」は第一段階、第二段階、第三段階、というように、三つのパラグラフにわかれています。第一段階は、行程記事です。帯方郡から出発して、倭人の国にどのように行くか、これが第一段階です。まず方向が書いてあります。里数が書いてあります。日数も書いてあります。そしてそれぞれの国々の戸数や役人のことが書いてあります。

何千里というように里数が書いてありますが、その里数を今の里数で計算してはなりません。魏・晋の時代の一里で計算しないといけないのです。魏・晋の尺の一里で計算しても、そのとおりに計算すると、邪馬台国は九州南方の海上に没してしまうのです。そこで解釈に苦労するわけです。九州説のみなさんは短くしなければならない。たとえば「南、邪馬台国に至る、女王の都するところ」、「水行十日陸行一月」と書いています。だいたい『魏志』を、読み下しで勉強してはいけません。漢文で読まなければならない。

この「水行十日陸行一月」についても三つの解釈があります。漢文では、水行十日陸行一月、約四十日。水路で十日行って、さらに陸路で一月。ところが、水行すれば十日、陸行すれば一月と読むこともできるのです。陸路で行くと一月かかるけれども、船で行けば十日。十日イコール一月になります。ある研究者はもっと短くなくてはならないから、この月は日の誤写であるといっています。距離はぐっと縮まる。九州説の先生がたは、南水行十日や陸行一月は、伊都国からの距離であるとされます。伊都国から邪馬台国というと、ぐっと上がってくるのです。その途中の国を省きますから。いろいろな読み方や解釈がなされています。方向からいうと、九州説が有利なのです。

邪馬台国の畿内説では方位・里数などを連続して読みますが、そのままに読んでゆくと九州南方海上に没してしまいます。そこで「南、投馬国に至る」とか「南、邪馬台国に至る」とかの「南」は東の誤写などというわけです。畿内説にも無理があります。行程記事の一番最後に、陳寿は明確に書いています。「その道理を計るに、まさに会稽東冶の東に在るべし」と書いているのです。会稽郡東冶県の東に邪馬台国はある。会稽東冶は福建省です。福建省の東というと、海南島の地域です。そのあたりにあると書いていますから、陳寿は、いわゆる日本列島内の、邪馬台国の位置については、明らかに誤った認識をしているということになります。ですから、この第一段階の行程記事はあまり信用できないのです。

第二段階はどうか。これは風俗記事です。「その風俗淫ならず」というところから始まります。そして重要なことがいろいろと書いてあります。たとえば、「矛楯木弓を用う。木弓の下は短く上は長し」と書いていて、弓の下は短いけれど、上が長い。「竹箭《ちくせん》(竹の矢)、鉄鏃《てつぞく》、骨鏃」――「骨鏃」は骨で作った鏃《やじり》です――「有無するところ、儋耳《たんじ》・朱崖《しゅがい》と同じ」と書いています。この儋耳・朱崖というのは、海南島の地名です。

この文章は、後漢の班固が、前漢の歴史を書いた『漢書』「地理志」の「儋耳・朱崖の条」に書いている文章をそのまま風俗記事として引用していることが明らかです。つまり陳寿は、海南島のあたりを邪馬台国の場所と考えていたことは、この風俗記事からもわかります。

女王、卑弥呼

邪馬台国の女王卑弥呼のことは、風俗記事のなかにも出てきます。「その国、本亦男子をもって王となす」と書いている。これは非常に大事な記事です。東大の亡くなった井上光貞さんとその条文についてては論争をいたしました。「その国、本亦男子をもって王となす」とは、現在の邪馬台国の王は男の王である。それを前提にして、「本も亦」、男王であったと書いているわけです。陳寿が書いたときの邪馬台国の王様は男王なのです。ところが、「とどまること七、八十年、倭国乱る」と書いているのです。古代史の先生や考古学の先生で、「倭国大乱」といっておられる方が多いですが、『魏志』は「乱」としか書いていないのです。そして中国の『晋書』でも『北史』でも、「乱」です。「大乱」と書いているのは『後漢書』と『隋書』です。中国の古典の多くは「大乱」とは書いておりません。そして『梁書』・『北史』・『太平御覧』では「霊帝光和中」（一七八―一八四年）と明記しており、二世紀後半の乱であることは、すでに私が詳しく考証をしたとおりです。

そして、「共に立てて女子を名づけて卑弥呼という」と書いているのです。そうすると、東大の井上光貞さんは、部族同盟だといわれる。共立すなわち、いろいろな部族が寄り合って、といわれましたが、そのように解釈するわけにはまいりません。共立という文字が、『三国志』でどのような場合に使っているかということを検討しなければなりません。たとえば扶余のことを書いている「扶余伝」、扶余の条です。扶余には簡位居という王がいました。ところが嫡子がなかったので、庶子の麻余を「諸加」(馬加・牛加など)が「共立」した。高句麗伝にも「共立」という文字が出ています。それをみると、伯固という王が死んだ。ところが「長子抜奇不肖」と書いてある。不肖の子では王になる資格がない。そこで末の子の伊夷摸を「国人」が「共立」したと書いているのです。

つまりこの「共立」という文字は、嫡子の相続でない場合に使っていることがわかります。共立だから部族同盟だというような議論は文献の読み方が不十分といわざるをえません。井上さんは反論を書かれましたが、部族同盟のあかしであれば台与の場合も「共立」と書かねばなりませんが、そこでは「立」だけです。井上さんも最終的には私の説に賛同されました。

そして、卑弥呼は「鬼道に事《つか》えた」と多くの人は読む。そしてその多くはシャーマニズムというのですが、『三国志』のなかで「鬼道」をどのように使っているかを調べなければなりません。『三国志』の『魏書』に張魯という五斗米道を組織した人の伝記があります。『蜀書』に劉焉という人の伝記があります。そこでも「鬼道」を書いていますが、これは道教なのです。

つまり、陳寿は卑弥呼の宗教を、道教に類似する宗教と見なしていたということがわかる。ただし、だから卑弥呼の宗教は道教であったというのは、間違いです。陳寿がそのように見なしているだけであって、卑弥呼の宗教はどのようなものかということは、別の角度から検討しなければなりません。私は「鬼道を事《こと》とし」と読んでいます。

そして、「年すでに長大なるも、夫婿《ふせい》なし」と書いています。そこで、「長大」という言葉を、『三国志』がどのようなときに使っているかを検討しなければなりません。

『蜀書』で「長大」と使っている。これは董允《きんじゅう》という人の伝記です。この「長大」は二十五歳です。『呉書』では諸葛瑾《しょかつきん》という人の伝記にも「長大」と書いています。これは三十四歳です。つまり私どもが「長大」というと、長寿社会のなかで年寄りのイメージを持ちますが、陳寿が使っている「長大」は、二十代後半から三十代の人物に使っている。ここでも正確に読んで解釈しなければならないのです。

邪馬台国の外交

第三段が外交記事です。この記事が一番大事です。邪馬台国は畿内か九州か、どのような国であるかということを論ずるさいにも、第三段階の外交記事が重要だと考えています。

倭の女王、卑弥呼は景初三年（二三九）、大夫難升米を魏に派遣しています。そして正始四年

（二四三）、倭王から魏への第二回の使いが行っています。正始八年（二四七）に、帯方郡へ三回目の使いが行っています。

景初三年に銅鏡百枚を与えたと書いてあるので、百枚しかもらっていないという方もおられますが、一回だけではないのです。あと二回朝貢した。そのおりにもらった品物は書いてありませんが、手ぶらで帰ってくるはずはない。景初三年の記事だけを読んで議論するわけにはまいりません。魏や帯方郡のほうからも正始元年、正始六年、正始八年、と使いを倭国に派遣しています。正始元年には梯儁《ていしゅん》を代表とする使節が来る。朝鮮半島の帯方郡で邪馬台国の使節の難升米が黄《こう》幢《どう》を与えられたのは、正始六年です。正始八年には張政らが来る。外交記事はあわせて六回あるのです。

そして卑弥呼が死んで、歳十三の台与が立ちます。台与はいつ朝貢したのかはわかりませんが、『魏志』は掖邪狗《ややく》らが朝貢したと書いています。これは『日本書紀』の神功皇后六十六年の条、あるいは晋の王の言動や勲功を記した『晋起居注』さらに『晋書』によって、西晋の泰始《たいし》二年（二六六）であることがわかります。併せると、外交記事は七回あるのです。これらの記事は信頼できます。

ところが、やはり漢文は読み方がむずかしい。卑弥呼「以死」とある、この読み方も三通り読めるのです。

一つは「以って死す」(そしてそこで亡くなった)。もう一つは、「死するを以って」、つまり「死んだので」という読みの解釈です。それ以外に「以」の字はすでに、という読み方もある。「すでに死す」。考古学の先生がたのなかには、卑弥呼は二四七年に死んだのだ、という方もあります。『魏志』では、いつ死んだのかはわかりません。『北史』には「正始中(二四〇—二四八年)、卑弥呼死す」とあり、その可能性は二四七年の前後です。

このように考えてきますと、倭人伝を読むという作業は、簡単にいかないということが、おわかりいただけると思うのです。できれば『三国志』のなかで、少なくとも「東夷伝」全体のなかで「倭人の条」を読むように、ぜひしていただきたい。読み下しの漢文は、読んだ人の解釈が入っているのです。原文で読まないと具合が悪いという点を指摘しておきます。

纒向遺跡の考え方

そこで、纒向遺跡の問題に入りたいと思います。纒向遺跡の地域は、奈良時代の郷名では大市《おおち》郷です。『日本書紀』には「大市」と書いています。崇神天皇の十年のところを読むと、倭迹迹《やまととと》日百襲姫《ひももそひめ》が大物主神の妻となった。しかし大物主神は夜だけ訪れてくる神様ですから、姿が見たいといいます。そうしたら、「あした、あなたの櫛を入れる箱の中に入っているから、見て驚くな」というのです。ところが翌日見ると、小さな美しい蛇であったというので、姫は驚き、大物主神は怒って三輪山へ去るわけです。そこで倭迹迹日百襲姫は、箸でほとをついて亡くなる。『日本書紀』にも大市《おおち》に葬ると書いてある。纒向遺跡からは、墨書土器が出ていて、それにもはっきり大市と書いてあります。

ここからは私の解釈ですが、纒向遺跡の地名は大市ですから、市場があった可能性がある。そして『魏志倭人伝』を読むと、都市牛利という人物が三回書いてある。これを「トシゴリ」と読む先生もいますが、難升米が四回、牛利は三回も名が出てきます。これは景初三年の六月に魏へ遣わされた副使の「都市牛利」です。あとの二回は牛利という名前が出てきます。「都市」は職名でどのような意味かというと、市を管理するという職名なのです。中国の古典で、都督という用語があります。水を管理する役職を都水といいます。市場の管理者が邪馬台国の外交の副使として活躍していることは明らかです。

纒向遺跡の調査報告を見ると、たくさんの土器が出ていて、そして瀬戸内から、関東の南におよぶ土器が、約三〇％出ているとあります。土器の流通が纒向遺跡ではきわめて盛んであったことがわかります。物流センターの要素がある。都市牛利のイメージがダブります。木製の仮面も出ていますが、岡山県倉敷市楯築遺跡の神体石にある顔と類似しています。紅花も出ています。さらに二七六五個の食べた形跡のない桃が出土しました。桃は不老長生と魔除けの果物です。そしてこのたび、四つの建物が並んで出てきた。一番新しく見つかった建物は復元によると、一二・四×一九・二メートルという、巨大な建物跡です。そして日本の伝統的な東西軸の配置です（後述の「遣唐使と天平文化」参照）。

中国の王者の建物は、南面です。東西ではなくて南北なのです。天子は南面するように、南に向かって宮殿を造るのです。そうすると、沖縄の首里城は西向きですよ、という人がいますが、あれは明の紫禁城に向かっているので、西向きにしているのです。中国王朝の冊封《さくほう》をうけた中山王、琉球王朝の記録を見ると、お正月に紫禁城を拝む儀式をやっていることがわかります。これを望蕨《ぼうけつ》の礼といいます。ところで纒向遺跡の配置は、まさに伝統的な倭人の東西軸の住居感覚が反映されていて、少なくとも中国、朝鮮とは違うということは重要な点であると思います。

そしてその伝統は、春日大社にも受け継がれています。現在の春日大社は南向きです。天児《あめのこ》屋根命《やねのみこと》、比売神《ひめ》、建甕槌《たけみかづち》、経津主《ふつぬし》という四神が南に向かって祭られています。あのような建物になるのは、神護景雲二年（七六八）です。これには史料があって、間違いありません。このとき南向きになる、もとは東西軸だったのに南北軸になるのです。

東大寺正倉院に、天平勝宝八年（七五六）の東大寺の山堺四至図《さんかいしいしず》という絵図があります。正倉院の御物です。この図では東大寺の大仏殿は、南向きに書いてある。ところが、春日大社は東西軸で書いている。その「神地」は東西です。発掘調査が行われ、八世紀のかわらが見つかり、築地塀が絵図のとおり、出てきました。そこでかつては、東西軸のヤシロであったということがわかりました。西向きなのです。ですから、春日大社の神社建築のルーツは纒向遺跡までさかのぼることが、このたびの発掘調査で明らかになりました。桜井市の大神《おおみわ》神社も三輪山を神奈備《かんなび》(神体山)としていますが、やはり東西軸です。

『魏志』の風俗記事に、卑弥呼の住まいについては「宮室、楼観、城柵厳かに設け、常に人あり、兵を持して守衛す」と書いてあります。卑弥呼が立派な宮殿に住んでいたこと、柵でその宮殿が囲まれていたことが推定されます。吉野ヶ里でも建物が見つかっていますが、このたびの纒向のような巨大な建物ではありません。今回の建物は、吉野ヶ里の建物の、一・五倍といわれていますし、柵で囲んでいる。この巨大な建物が卑弥呼の宮殿だとは断言できませんが、邪馬台国論争の参考になります。

文献に見える畿内説

最後に申し上げたいのは、『日本書紀』の畿内説についてです。『日本書紀』が「奏上」されたのは養老四年(七二〇)の五月二十一日です。その巻第九は気長足姫《おきながたらしひめ》すなわち神功皇后の巻。その三九年、四〇年、四三年の三カ所に、『魏志』を引用している。つまり、『日本書紀』編纂者は、卑弥呼を神功皇后に想定していたことがわかります。

中国の文献はどうか? 唐の魏徴が編纂した、たいへん貴重な隋の歴史書『隋書』では、「邪《や》靡堆《まと》に都す、則ち魏志の邪馬臺国なる者なり」と書いています。もちろんそのヤマトは、推古女帝の「大和飛鳥」です。邪靡堆と書き、「魏志にいわゆる邪馬台なる者なり」、とはっきり書いています。中国の『隋書』も畿内説です。これはあまり注意されていませんけれども、注目すべき点です。

それだけでなく、仮名遣いの問題もあります。九州の大和は四つも候補地があるのです。宇佐ヤマト・筑後ヤマト・肥前ヤマト・久留米ヤマトというように、四つも場所があるが、畿内説は一カ所だけです。ヤマトは、九州では山門・山外・山戸です。これは上代仮名遣いでいう甲類です。畿内のヤマトの「ト」は跡、登、等、苔、常です。畿内のヤマトは上代仮名遣いでは、すべて乙類です。山に囲まれている場所を指します。

したがって、上代仮名遣いから申しますと、畿内説が有利です。

江戸時代、とくに十八世紀の段階から論争が始まり、新井白石は、正徳六年（一七一六）に『古史通或問』を書き、畿内説から九州説へ変わりました。安永六年（一七七七）に本居宣長は『馭戎慨言』を書き、九州の熊襲《くまそ》の女酋が、大和を騙《かた》って中国魏の王朝に朝貢したという、ちょっと形の変わった九州説を唱えました。それらの前に、十七世紀後半で、松下見林という大坂天満町の出身で二十代から京都に住んだ優れた学者が、『異称日本伝』で、中国の文献に書いてある倭・日本のことをひろく集めて、議論しています。貴重な研究書ですが、彼も畿内説でした。

そして学界で本格的に論争が始まったのが、明治四十三年（一九一〇）です。東大の白鳥庫吉《くらきち》先生が九州説。京都大学の内藤虎次郎先生は畿内説。本格的な論争が開始されます。二〇一〇年は邪馬台国論争が本格的に始まってからの百年ということになります。

まだ纒向遺跡では全体のおよそ十五％しか調査が進んでおりません。私は鏡が出土することを、期待しております。しかも魏の年号の鏡が出たら、畿内説は有力になるのではないかと、今後の纒向遺跡の調査の進展に注目し、期待しています。

二つの「飛鳥」新考

「アスカ」の地名

飛鳥《あすか》といえば、多くの人びとが大和《やまと》の飛鳥を想起する。古代の飛鳥を論究するに当って、大和の飛鳥とならんで注目すべき飛鳥に、河内《かわち》の飛鳥があったことをいまだに知らない人びとがいる。

私が河内飛鳥の重要性を指摘し、問題を提起したのは、昭和四十六年（一九七一）の春、大阪府羽曳野市飛鳥を中心とする地域を調査した時からであった。同年の六月一日の『朝日新聞』（朝刊）に、大和飛鳥の保存ばかりでなく、飛鳥千塚をはじめとする古墳や遺跡が、葡萄園の拡大や宅地などの開発によって河内飛鳥の地域が破壊され消滅しつつある現実を実感し、河内飛鳥の保存もまた重要であることを指摘した。

飛鳥という地名や川の名称は、大和飛鳥や河内飛鳥ばかりではない。たとえば和歌山県新宮市の熊野川河口の右岸地域は飛鳥とよばれており、その地域には徐福の渡来伝承と関連する蓬莱山のふもとに飛鳥社がある（『続紀伊風土記』）。そして『長寛勘文』に引く『熊野権現垂跡縁起』では、熊野三神（熊野夫須美大神・熊野速玉大神・家津美御子大神）が神倉峰に降臨後「新宮の東の阿須加社の北石淵の谷に勧請」と述べる。平安時代に「阿須加《あすか》（飛鳥）」という地名が存在したことは、藤原宗忠の『中右記』の天仁二年（一一〇九）十月二十七日の条に「参阿須賀王子奉幣」とあり、嘉元二年（一三〇四）の文書にも「阿須賀」とみえ、実際に阿須賀神社が鎮座する。

あるいは「平城」に「明日香」が存在したことは、『万葉集』（巻第六）、〃古郷《ふるさと》の飛鳥はあれどあをによし平城の明日香を見らくし良《よ》しも〃（九九二）にも明らかである。「題詞」には「大伴坂上郎女の元興寺の里を詠《うた》ふ歌一首」とある。ここで「平城の明日香」と詠んでいるその明日香（飛鳥）は、平城外京に移った元興寺のある（元興寺の里）地域を指す。「古郷の飛鳥」とは飛鳥寺のある大和飛鳥を称しての表現であった。

養老二年（七一八）大和飛鳥の飛鳥寺を移して元興寺とし、いわゆる南都七大寺のひとつとして栄えた元興寺の旧境内地には明日香井（飛鳥井）があり、流れる小川を飛鳥川、その地域の鎮守を飛鳥神社として祭祀した。手向山八幡宮の社家上司家所伝の「元興寺古図」に、明日香井と飛鳥神社が描かれているのも興味深い。

しかしこれらの飛鳥・阿須賀には、大和の飛鳥や河内の飛鳥のように、古代の史料や遺跡が豊富に残ってはいない。『古事記』には「飛鳥君」（垂仁天皇の条）、「遠つ飛鳥宮」（允恭天皇の条）、「飛鳥河」・「近つ飛鳥宮」（顕宗天皇の条）と記し、「序」には「飛鳥浄御原大宮」などと書く。このなかの「近つ飛鳥宮」は河内飛鳥の宮であり、「飛鳥河」も河内の飛鳥河の可能性がある。

『日本書紀』には大和飛鳥について「飛鳥」（雄略十四年三月・崇峻即位前紀・崇峻天皇元年・斉明天皇二年・朱鳥元年七月）、「飛鳥板蓋宮」（皇極二年四月・同四年正月註・斉明元年正月および同年の冬）、「飛鳥岡」（舒明二年十月）、「飛鳥川」（推古三十四年五月）、「飛鳥川原」（斉明七年十一月）、「飛鳥浄御原宮」（舒明二年正月註・天智七年二月・天武元年・同二年二月・同四年十一月・同八年五月・同年八月・朱鳥元年七月）、「飛鳥苫田」（崇峻元）、「飛鳥真神原」（崇峻元）、「近つ飛鳥八釣宮」（顕宗元年正月、ただしくは河内飛鳥宮）、河内飛鳥については「飛鳥戸郡」（雄略九年七月）、「飛鳥山」（履中即位前紀）などと記す。大和飛鳥については「飛鳥四社」（朱鳥元年七月）、「飛鳥寺」（斉明三年七月ほか十五ヶ所）などが有名である。

『万葉集』では「明日香」（六首）・「飛鳥」（四首）、「阿須可河泊」（一首）・「安須可河泊」（一首）「明日香川」（七首）・「明日香河」（八首）「飛鳥川」（一首）・「飛宿河」（一首）・「明日香乃河」（三首）・「飛鳥之河」（二首）・「明日香川」（一首）「明日香河」「明日香川原宮」（各一首）・「明日香浄御原宮」（四首）・「明日香宮」（二首）・「遠つ飛鳥宮」（一首）などとなっている。明日香の用例が飛鳥より多いことが注意される。

しかしその用例のすべてが大和飛鳥の「明日香河」であったわけではない。たとえば巻第十の〝明日香河 黄葉《もみじば》流る葛木（葛城）の山の木の葉は今し散るらし〟（二二一〇）の明日香河は、今も羽曳野市飛鳥を流れる飛鳥川であり、流れる飛鳥川の上流は葛城山麓であって、大和の飛鳥川のように芋峠にはつながらない。

アスカの地名の由来については、鶍《いすか》という鳥が多く群生していたからという説や、ア（接頭語）スカ（住処・州処）説、あるいは朝鮮半島からの渡来者が数多く安住した安宿説やアス（崩地）カ（処）説、さらには「アスカ」の枕詞に「飛ぶ鳥」の句が用いられたためにアスカ（飛鳥）と表記したとする説、そしてア（接頭語）スカ・スガ・スゲ（菅）すなわち菅の茂る川辺の説や、「アシタ」つまり官人たちが早朝出仕した説などがある。諸説紛々として定説はないが、飛鳥（アスカ）を安宿（韓国・朝鮮語ではアムスク）と書いた例の多いのが参考になる（後述参照）。

大和飛鳥と河内飛鳥の範囲

大和飛鳥の範囲は、香具山以南橘寺の真南のミハ山以北の飛鳥川右岸（一部は左岸を含む）の一帯とみなすのが妥当であろう。

「出雲国造神賀詞《かんよごと》」には、「賀夜奈流美命《かやなるみのみこと》の御魂を、飛鳥の神奈備に坐《ま》せて、皇孫命《すめみまのみこと》の近き守り神と貢り置きて」と述べているが、「飛鳥の神奈備」は通称「ふぐり山」（ミハ山）とよび、南限は橘寺ではなくミハ山のあたりとみなすべきであろう。

もっとも現伝の「出雲国造神賀詞」は、『延喜式』の巻第八に所載する文で、『続日本紀』初見の霊亀二年（七一六）二月の出雲臣果安の奏上や神亀三年（七二六）二月の出雲臣広嶋らの奏上そのものではない。ましてそれ以前の奏上の「神賀詞」とすることはできない。そのことは現伝の「神賀詞」に、「加夫呂伎《かぶろき》熊野大神、櫛御気野命、国作りましし大穴持命二柱の神を始めて百八十六社に坐す皇神等《すめがみたち》」と記すのをみてもわかる。すでに早く指摘したとおり、天平五年（七三三）二月の『出雲国風土記』に「百八十四所（社）」と書く社数よりも社の数が多く、『延喜式』の百八十七社よりも一社少ない。「百八十七社」になったのは天穂日命神社が官社になった天安元年（八五七）であって、「百八十六社」の時期は、天安元年以前であったことが判明する。

だからといって原「神賀詞」が天安元年以後のものと考えているわけではない。「大三輪と出雲」（『神奈備大神三輪明神』東方出版）ほかでも述べておいたように、「神賀詞」が「養老令」において使う「大和国」よりも古い用字の「大倭国」と表記するばかりでなく、「大御和の神奈備」・「葛木の鴨の神奈備」・「宇奈提《うなで》」・「飛鳥の神奈備」に坐す神々を「皇孫命の近き守り神」と称しているからである。平城京の時代ではこれらの神々の鎮座地は、「皇孫命の近き守り神」の地とはならない。可能性としては「壬申の乱後の飛鳥浄御原宮のころ」に奏上がはじまったのではないかと想定した。

さらに原「神賀詞」に「八百丹《やほに》杵築宮」とあったと考えられる点も参考になる。和銅五年（七一二）正月二十八日「献上」とする『古事記』（下巻）の雄略天皇の条に収める〝纏向《まきむく》の日代の宮は〟の歌のなかにも〝八百丹よしい杵築の宮〟と詠まれており、その「八百丹」の伝統は、平成十一年（一九九九）の九月一日からはじまった出雲大社境内地の発掘調査で明らかとなった、伐採年は安貞元年（一二二七）の数年後のころとする岩根の御柱（心の御柱）・宇豆柱《うずばしら》・東南側柱のすべてに、赤色顔料（ベンガラ）が付着していたのにもうけつがれていた。

それなら河内飛鳥の範囲はどうであったか。

『日本書紀』の雄略天皇九年七月の条には、河内国の言上のなかに「飛鳥戸《あすかべ》郡の人田辺史伯孫が女《むすめ》は、古市郡の人書首加龍《かりょう》が妻なり」と記す。ここに郡と表記するのは、「大宝令」以降の用字であって、もとの表記は「飛鳥戸評」であった（新羅の啄評が『梁書』、高句麗の内評・外評が『隋書』などにみえる）。飛鳥戸郡は好字二字へと改められて安宿郡と書かれた。この安宿郡は明治二十九年（一八九六）に南河内郡に編入される。その範囲は大阪府羽曳野市飛鳥のあたりから大阪府柏原市国分のあたりにかけての地域を中心とし、北は大和川をもって大県《おおあがた》郡、東は大和国葛下郡、南は古市郡、西は石川をもって志紀郡・古市郡に接する。河内国大県郡高井田鳥坂寺跡から出土した平瓦ヘラがきに、「飛鳥（戸）評」とあるのが注目される。

『日本書紀』の履中天皇即位前紀にみえる「飛鳥山」は河内飛鳥の飛鳥山であり、『続日本紀』の天平六年四月・天平勝宝元年十月・神護景雲三年十月の各条に記す「安宿郡」あるいは平城京出土の木簡に「河内国安宿郡」とあるそのもとは、河内飛鳥の飛鳥戸評であった。前述したように『万葉集』（巻第十）の、〝明日香河 黄葉《もみじば》流る葛木の山の木の葉は今し散るらし〟（二二一〇）の「明日香河」は大和明日香の明日香川ではなく、河内飛鳥の明日香河であり、また同じく『万葉集』（巻第十六）の『乞食者詠』のなかの〝今日今日と 飛鳥に到り 置くとも 置勿《おくな》（奈良県大和高田市奥田のあたり）に到り〟（三八八六）と読みあげる「飛鳥」も河内飛鳥であった。

『古事記』や『万葉集』に允恭天皇の宮居とする「遠飛鳥宮」は大和飛鳥の宮であり、『古事記』や『日本書紀』に顕宗天皇の宮居とする「近飛鳥宮」は河内飛鳥の宮である（後述参照）。『日本霊異記』（中巻）の第七話に述べる釋智光の「安宿郡鋤田寺の沙門」の安宿郡も河内飛鳥であった。

「正倉院文書」のなかの安宿造大広・安宿造里麻呂・安宿造直・安宿公広成らや『続日本紀』の延暦二年四月の条にみえる飛鳥戸造弟見らも、河内の飛鳥戸評（安宿郡）を本貫とする人びとである。

『新撰姓氏録』の河内諸蕃では飛鳥戸造を百済の琨伎《こんき》（昆支）王あるいは末多《まつた》王の子孫とし、実際に安宿公奈杼麻呂《なとまろ》を百済安宿奈登麻呂（神護景雲元年正月「正倉院文書」）と表記する例などがある。『延喜式』（神名帳）は河内国安宿郡の「飛鳥戸神社」を「名神大、月次・新嘗」と記すが、その本来の祭神は琨（昆）伎王であった。

このように河内飛鳥も百済系の渡来氏族とその文化にいろどられて多彩な歴史を歩むが（後述参照）、その範囲は羽曳野市の飛鳥を中心とする飛鳥戸評（安宿郡）の地域であったことを物語る。

「遠つ飛鳥宮」と「近つ飛鳥宮」

『日本書紀』の顕宗天皇元年正月の条には、「乃《すなわ》ち公卿百寮を近つ飛鳥八釣宮に召して即天皇位《あまつひつぎしろしめ》す」と記し、『古事記』は顕宗天皇の条に「近つ飛鳥宮にましまして八歳天の下を治《し》らしめしき」と述べる。そして「近つ飛鳥宮」は共に大和の飛鳥に所在する宮とみなす説が、昭和四十六年（一九七一）までは多かった。私はこうした見解に批判を加えて、前にも言及したように、同年の六月一日の『朝日新聞』に「河内の飛鳥」というエッセイを発表した。

「近つ飛鳥八釣宮」（『紀』）を大和飛鳥の八釣で、奈良県明日香村の大字八釣とする見方もあるが、八釣の地は狭小で宮の所在地とするのには無理がある。そればかりではない。『古事記』の允恭天皇の条には「男浅津間《おあさつま》若宿禰王《わくごのすくねのきみ》（允恭天皇）遠つ飛鳥宮にましまして、天の下治《し》らしめしき」と明記し、その「序」にも「姓を正し氏を撰《えら》みて、遠つ飛鳥に勒《しる》したまひき」と本文と同様に遠つ飛鳥宮について述べている。

ところが『日本書紀』には「遠つ飛鳥宮」の伝承はどこにも書かれていない。そこで「遠つ飛鳥宮」の伝承は後世の偽作とする説もあり、「序」もまた平安時代の多人長《おおのひとなが》の作文とする説もある。しかしそのような考えにはにわかに賛同するわけにはいかない。

奈良時代に『古事記』なる書が知られていたことは、『万葉集』巻第二の九〇の歌の題詞に「古事記に曰く」として衣通王《そとおりのおおきみ》の説話を引き、さらにその左註に「右の一首の歌は、古事記と類聚歌林と説《い》ふ所同じからず、歌主もまた異なり、因《よ》りて日本紀を検すに」と記述されているのにもたしかめることができる。また『万葉集』巻第十三の三二六三の左註にも「古事記を検するに」とある。

『類聚歌林』は山上憶良の撰になる古歌集であり、成立年はたしかではないけれども、憶良の没年（七三三）までの作品であったことは間違いない。九〇の左註に『日本紀』を検するにとあるごとく、その左註の書かれた時期の上限は『日本書紀』完成年（七二〇）よりは後であった。しかし、だからといって『万葉集』完成以後とはいえない（巻第二は元正天皇勅撰の元正万葉とする説があるのも参考になる）。

ここで注意されるのは、『万葉集』巻第二の九〇の題詞に『古事記』の文を引用しているのみでなく、その左註には「遠飛鳥宮《とおつあすかのみや》に天の下治《しろし》めしたまふ雄朝嬬稚子宿禰天皇《おあさづまわくごのすくね》」（允恭天皇）と記載していることをみのがすわけにはいかない。『古事記』には明確に「遠つ飛鳥宮」の伝承は記述されていたといってよい。

ところがこの「近つ飛鳥宮」・「遠つ飛鳥宮」の近い・遠いは時代の遠・近と誤解している研究者もいた。しかし宮の時代の遠近は、たとえば舒明天皇の飛鳥岡本宮に対して、斉明天皇の飛鳥岡本宮は、「後の飛鳥岡本宮」と表記しているように、「前の」・「後の」という前後の関係で表現するのが古典の表記であって、この「近」・「遠」は、たとえば「近つ淡海」（近江）・「遠つ淡海」（遠江）と表現されてきたとおり、距離の「近」・「遠」を示す用語であり、西日本の表玄関というべき難波津に近い飛鳥つまり河内飛鳥、難波津よりは遠い飛鳥すなわち大和飛鳥を、「遠」・「近」で示したと考えた方が合理的である。

昭和四十六年六月の私のこうした説にはかなり反対する意見もあったが、東京大学の坂本太郎先生が上田説を支持されてからは、いまや「近つ飛鳥」を河内飛鳥、「遠つ飛鳥」を大和飛鳥とみなすのは学界の定説となっている。

それならなぜ河内飛鳥と大和飛鳥に宮居が営なまれたのであろうか。以下私見を述べることにしよう。河内飛鳥は、『日本書紀』の推古二十一年（六一三）十一月の条に「難波より京《みやこ》（大和の飛鳥宮）至るまで大道を置く」と書かれている。いわば国家による国道第一号の設定がこの「大道」であった。

しかしそれ以前にも「大道」の伝承はあって、『日本書紀』の仁徳天皇十四年是歳の条には

「大道を京の中に作る。南の門より直に指して丹比邑《たぢひのむら》に至る」と記述する。この「京」は難波の高津宮を指し、その難波京の南門から十数キロで大阪府羽曳野市丹比付近に至る古道がそれである。高津宮の「大道」をさらに整備し、大和飛鳥の飛鳥京に至る「大道」へと拡充したのが、難波からの「大道」であったと考えるのが自然であろう。今も大阪市天王寺区に大道町があり、さらに南下すると長尾街道に接続する。そして南へ延長すると竹内街道につながり大阪府太子町山田の「大道」へのみちすじとなる。堺市の金岡神社境内の手洗いに「天保十四年(一八四三)癸卯年九月吉日、大道町」とあるのも古い地名の名残りであり、太子町の大坂磯長陵《しなかりょう》(伝孝徳天皇陵)の前にある常夜燈に「山田大道町」と刻まれているのも、「大道」のみちすじを考えるのに参考となる。

大山《だいせん》古墳(伝仁徳天皇陵)を代表とする百舌鳥古墳群は、北は堺市堺区北三国ヶ町、南は中区土師町、東は北区中百舌鳥町、西は堺区石津町まで、東西・南北とも約四キロばかりの間に分布し、もと百基をこえる古墳があったが、戦後の開発などによって現在は四十七基となっている。

この大山古墳の東方約一〇・五キロに誉田山《こんだやま》古墳(伝應神天皇陵)が位置し、誉田山古墳に象徴される古市《ふるいち》古墳群は、北に津堂城山古墳、東に市ノ山古墳、南に白髪山《しらげやま》古墳、西に高鷲丸山古墳の東西約二キロ・南北約四キロの地域に分布し、もと一五〇基ばかりあったのが、現在は八十七基という。

東西に並ぶこの二つの古墳群の北辺を長尾街道、南辺を竹内街道が通っているのも興味深い。天王寺区で大道の跡が発掘調査によってみつかったが、海外から渡来した人びとは大道をルートに、河内飛鳥の地域に居住したのであろう。

『日本書紀』の雄略天皇九年七月の条に「飛鳥戸郡」の伝承が載っているが、この「飛鳥」は河内飛鳥で、「戸」は渡来の人びとを「戸」に編成したのにもとづくと考えられる。飛鳥戸郡は和銅六年（七一三）五月二日の太政官のもとの弁官の命令によって「好字」を「国・郡・郷名」につけることとなり、「安宿郡」と書かれるようになったが、『日本霊異記』中巻第七話に「安宿郡鋤田寺の沙門」釋智光の「母の氏は飛鳥部（戸）造なり」と註記し、『新撰姓氏録』の河内諸蕃のなかにもみえる「飛鳥部造」は「飛鳥戸造」・「安宿造」にほかならない。河内飛鳥を本貫とする氏族で、『続日本紀』や『正倉院文書』などにも関係氏族の人名が登場する。

『正倉院文書』の「寫書所解　中願出家人事」には、天平二十年（七四八）の四月、河内国安宿郡奈加郷の戸主安宿造直□（欠）の戸口安宿（戸）造黒万呂が寫書所から出家人として出願の旨がみえている。河内飛鳥に安宿・飛鳥戸を名乗る人たちが数多く居住したことを示すひとつの史料だが、平安時代にもなお多数の飛鳥戸・安宿の氏族が住んでいたことは、『三代実録』の貞観四年（八六二）七月の条に「河内国安宿郡人」として飛鳥戸造豊宗を記すのにも明らかである。同じく『三代実録』の元慶元年（八七七）十二月の条には「河内国安宿郡人」の百済宿禰《すくね》有雄《ありお》が、

「本居を改め（平安京）右京三条に隷す」と述べているのは、河内飛鳥の飛鳥戸（安宿）一族のなかには、「百済宿禰」と改氏姓した者のいたことを物語る。実際に『続日本紀』の天平神護元年（七六五）正月の条に百済安宿公奈登（杼）麻呂と書き、また『正倉院文書』に「河内国安宿郡人」として記す安宿公廣成を、「百済安宿公廣成」あるいは「百済飛鳥戸伎美廣成」とも名乗る人がいた。こうした例にも明らかなように河内飛鳥を本貫とした安宿（飛鳥戸）公の人びとは、百済系の渡来氏族であった。

前に述べた雄略天皇九年七月の条に登場する田辺史《ふひと》の氏族の本貫《ほんがん》は、大阪府柏原市国分町田辺の地にあり、古代の記録や外交などに活躍した史部《ふひとべ》の氏であった。渡来系の氏族であったことはいうまでもない。五世紀に大和から河内へと本拠を遷した河内王朝は、中国南朝の宋とたびたび交渉をもったが、倭《わ》の五王《ごおう》の一人である武《ぶ》（雄略大王）は、順帝の昇明二年（四七八）に、上表文を提出した。その文は、中国の史書である『宋書《そうじょ》』夷蛮《いばん》伝倭国の条にみえているが、その上表文の執筆者も、おそらく史部関係の人であったと考えられる。

田辺の廃寺跡に立って、そのむかしを回想する。私の胸にしみじみとよみがえってくるのは、藤原摂関家の事実上の始祖といってよい藤原不比等《ふひと》の幼少の日々である。源・平・藤・橘など主要な氏の系図を集大成した『尊卑分脈《そんぴぶんみゃく》』には藤原不比等が弱年のころ、山科の田辺史大隅《おおすみ》の家に養育されたと伝えている。

藤原不比等の四人の子供が、それぞれ北家・南家・式家・京家の祖となる。不比等は養老四年（七二〇）八月三日、右大臣正二位をもってこの世を去るが、当時の政界における最高の実力者であった。その彼が、この河内飛鳥に本貫をもち、山科に邸をもった田辺史の家で幼少をすごす。前々から私が注目してきたそのひとつは、不比等の名が歴史に登場するそのはじめが、不比等とは書かれずに、藤原史《ふひと》と書かれていることである。『日本書紀』の持統天皇三年（六八九）二月の条に「藤原朝臣史《ふじわらのあそみふひと》」とみえるのがそれであった。

なぜ「史」と書かれたのか。これは記録に関係のある名であり、律令の編集や『日本書紀』の完成に実力を発揮した彼にふさわしい名である。しかしそれにはもっと深いいわれがあったと思う。彼のこの名乗りは、幼少のころ田辺史の家で養育されたことに関係があろう。つまり藤原史の名は、乳母田辺史の史にちなんだものと考えられる。乳母の名をもってその名とする例は、古代にかなり例がある。たとえば天武天皇は大海人《おおあま》（大海とも書く）皇子とよぶが、その大海は、乳母の大海《おおあま》にもとづいたものであった。

不比等もまた河内飛鳥の渡来氏族と渡来文化を背景に育っていった。藤原不比等の娘で、聖武天皇の夫人（後に皇后）となった光明皇后を、安宿媛《あすかべひめ》というが、この安宿の名も河内の飛鳥戸に由来する。安宿媛の母は県犬養三千代（橘三千代）だが、県犬養氏の基盤が河内飛鳥に隣接する古市郡とつながりをもっていたことも参照すべきことがらである。彼の別の娘で、長屋《ながや》王の配偶者となった人の生んだ王を、安宿王とよぶ。この安宿も同じであろう。律令国家成立期の政界の巨大な実力者の背後にも河内飛鳥の影が色濃くただよう。

このように考えてくると、難波に近い河内飛鳥に、近つ飛鳥宮が存在したのもそれなりの理由がある。

奈良県明日香村の檜前《ひのくま》には有名な高松塚壁画古墳があり、その横口式石槨《よこぐちしきせっかく》の構造と副葬品のひとつであった唐の海獣葡萄鏡によって、八世紀はじめのころの築造とみなされている。すなわち高松塚の唐の海獣葡萄鏡と同范の鏡が、中国陝西省西安市（長安）の墓誌によって神功二年（六九八）の築造と判明した独弧思貞墓から出土し、第七回遣唐使が帰国した七〇四年あるいは七〇七年に日本に持参された鏡と推定されるからである。

高松塚古墳から南約一キロに位置するキトラ古墳も横口式石槨で、その構造は高松塚よりは古く、奈良市西の京の薬師寺本尊台座の制作推定年代である持統称制二年（六八八）以後の七世紀末とみなす説が有力である。

ところで河内飛鳥の核をなす羽曳野市飛鳥の一帯には、飛鳥千塚《せんづか》とよばれた注目すべき古墳群があった。しかし開発の波はつぎつぎに押し寄せて、いまではごくわずかしか残っていない。

その飛鳥千塚の一つである観音塚古墳は、七世紀前半の横口式石槨の古墳で、前に述べた飛鳥戸神社の北約二百メートルほどの新池西側山地の中腹にある。直径約十二メートル高さ約三メートルの円墳だが、石槨の内部は長さ一九二・五センチメートル、幅九三センチメートルという。近くの観音塚上古墳や観音塚西古墳も横口式石槨だが、横口式石槨の祖形とみなされているのは富田林市の新堂お亀石古墳である。大阪府域には約二〇基の横口式石槨の古墳があってその多くは石川の下流から大和川の合流地にかけて分布する。この地域には渡来系の氏族が数多く居住しており、おそらくそれらの氏族と横口式石槨の被葬者はつながりをもっていたと考えられる。

大和飛鳥の高松塚やキトラ古墳に先行する横口式石槨墳が河内飛鳥に先行して存在することに注目したい。

大和の飛鳥には允恭天皇の遠つ飛鳥宮のほかに、舒明天皇の飛鳥岡本宮、皇極天皇の飛鳥板蓋宮、孝徳天皇の飛鳥河辺行宮、斉明天皇の後飛鳥岡本宮、天武・持統両天皇の飛鳥浄御原宮がある。なぜ大和の飛鳥に宮居が営まれ、舒明天皇以後しばしば大和の飛鳥に都が置かれたのであろうか。

さきに述べた丹比道は現在の竹内街道で和泉国（もと河内国で、天平勝宝九年〈七五七〉五月に日根・大鳥・和泉の三郡を分立して和泉国とする）から竹内峠を越えて大和へ入って横大路へとつながる。

難波から大道を進んだ海外からの渡来の人びとは羽曳野市飛鳥、あるいは羽曳野北宮の津氏の氏神大津神社に象徴されるように、百済の王辰爾一族である津氏なども河内には居住した。そして竹内街道から横大路を通って大和飛鳥へとおもむいた渡来人たちが多かった。

もっとも推古天皇十六年（六〇八）の隋使裴世清のように大和川を船でさかのぼって、大和の椿市から大和飛鳥に入った人びともあったが、それらはまれであった。

『日本書紀』の雄略天皇七年是歳の条には、新漢《いまきのあや》（今来の漢人）の陶部《すえつくりの》高貴《こうき》・鞍部《くらつくりの》堅貴《けんき》・画《え》部《かきの》因斯羅我《いんしらが》・錦部《にしごりの》定安那錦《じょうあんなこん》らを上桃原・下桃原・真神原に住まわしめたことを記す。上桃原は明日香村の上居《じょうご》のあたり、下桃原は同村島庄《しまのしょう》の地である。島庄では方形の苑池がみつかっているが、桃原ではU字形の鉄製犂《すき》を用いて開墾を行ない、細川（多野川）から水を引いて苑池を造り、水田耕作を可能にした。真神原は飛鳥川右岸の低湿地であって、飛鳥川の上流に井堰を作り、分水して水田を拓いた。これらは今来の才伎《てひと》の技術にもとづく。

東《やまと》（倭）漢氏というのは単一の氏族で構成されていたのではない。加耶・百済系（加耶の安羅《あら》はのちに百済に属す）の漢人の総称であった。『古事記』・『日本書紀』共に東漢氏の祖は渡来し、『日本書紀』應神天皇二十年九月の条には東漢直の祖阿知使主《あちのおみ》とその子都加使主《つかのおみ》が党類十七県の人びとを率いて渡来したと伝える。「坂上系図」に引く『新撰姓氏録』引文によれば、阿知使主の子都加（賀）使主は、雄略天皇の代に使主を改めて直《あたい》姓を与えられたと記す。『日本書紀』の東漢直掬はこの都加使主に他ならぬ。

「坂上系図」所引の『新撰姓氏録』では阿知王（使主）引率の「七姓漢人」だけで十四、さらに都加使主の三子がそれぞれ兄腹・中腹・弟腹となって六十三氏に分かれたと述べる。そしてその多くが明日香村の檜前（隈）を中心に高市郡に居住したのである。

征夷大将軍として有名な坂上田村麻呂の父であった坂上苅田麻呂が、宝亀三年（七七二）の四月二十日、朝廷に奏言して「先祖阿知使主、軽島豊明宮《かるしまとよあかりのみや》に馭宇《あめのしたしろしめ》しし天皇（應神天皇）の御世に十七県の人夫《ひとびと》を率てまいりおもむけり。詔して高市郡檜前村を賜ひて居らしむ、凡そ高市郡の内には、檜前忌寸十七県の人天地に満ちており、他の姓の者は、十にして一・二なり」と述べているのも、たんなる誇張ではない。

したがって『日本書紀』の欽明七年七月の条に高市郡を「今来郡」と書き、『新撰姓氏録』逸文にも同じく「今来郡」と称したのである。前述したようにその檜前に、日本を代表する横口式石槨の壁画古墳の高松塚とキトラ古墳が築造されたのである。なぜ大和の飛鳥に宮居が存在したかは、こうした状況を背景にしたといわざるをえない。

とくに舒明天皇の飛鳥岡本宮から大和飛鳥に連続的に宮居が置かれたのは、蘇我馬子のころから蘇我氏が大和飛鳥を本居としたのに対して、舒明天皇の父の彦人大兄王の母は息長《おきなが》真手王の娘（広姫）であり、非蘇我系の舒明天皇による蘇我氏の権勢抑圧の意図があったこともみのがせない。それは馬子の居宅のあった嶋と蘇我氏の氏寺飛鳥寺との中間に岡本宮が造営されたことにもうかがわれる（「大和飛鳥の倭京誕生」、『日本書紀研究』第三十号）。

古代の日本と百済の文化——善隣友好の象徴

飛鳥文化の内実

はじめての仏教文化

日本列島で仏教文化がはじめて結実したのは、六世紀の後半から七世紀の前半にかけての飛鳥時代であった。そのはじまりは百済《くだら》の聖明《せいめい》王の代に、百済から僧道深《どうじん》らが渡来したのにみいだすことができる。

かつては『日本書紀』が壬申年（欽明天皇十三年〈五五二〉）に達率《だちそつ》（百済の官位十六階の第二）怒《ぬ》唎斯致契《りしちけい》らが、聖明王の命令をうけて渡来し、「金銅の釈迦像一体・幡蓋《はたのきぬがき》と経論《きょうろん》の若干を飛鳥の朝廷にもたらした」とする説が有力であったが、戦後は戊午年（欽明天皇七年〈五三八〉）に「仏像・経教并《ならび》に僧ら」を伝えたとする『上宮聖徳法王帝説《じょうぐうしょうとくほうおうていせつ》』や同年、「太子像并びに灌仏《かんぶつ》器一具及び説仏起書巻一篋《いちきょう》」をもたらしたとする説が通説となった。

私が百済からの仏教の伝来でかねてから注目してきたのは、仏像や仏典・仏具などが伝えられたことよりも、仏教の教えを説く僧尼の渡来であった。「仏の相貌《かお》端麗《きらきら》し」とほめたたえても、それは仏像の美しさを讃嘆したにすぎないのであって、仏像の渡来イコール仏教の伝来であったとするなら、京都府南丹《なんたん》市園部《そのべ》町の垣内《かいと》古墳や奈良県広陵《こうりょう》町の新山《しんやま》古墳から仏像を描いた仏獣《ぶつじゅう》鏡《きょう》の出土をもって仏教伝来のあかしとしなければならない。両古墳ともに四世紀後半の築造であって、四世紀後半には仏教が伝来していたことになる。

仏教伝来のたしかな証拠はなによりもまず仏の教えを説く僧尼の伝来である。仏像や仏典・仏具の意味を理解しなければ、まことの仏教伝来とはならない。ものの歴史ではなく、人間の歴史をみきわめる必要がある。文物史ではなく文化史を理解することが肝心なのである。

仏教が朝鮮半島に近い対馬《つしま》や北九州にまず入ったことは、対馬市上県《かみあがた》町佐護《さご》の旧廃寺跡で、素朴な石の祠《ほこら》のなかに、本体と台座を一緒に鋳造した一鋳造《いっちゅうづくり》の小銅仏がみつかったが、台座脚部に十六行の銘文があって、北魏の興安三年（四五三）の如来坐像であることが判明した。平安時代後期の有力官僚であった大江匡房《おおえのまさふさ》の書いた『対馬貢銀記《つしまこうぎんき》』には、比丘尼《びくに》が欽明天皇の代に仏法を伝えたと述べ、『維摩会縁起《ゆいまええんぎ》』や鎌倉時代にまとめられた仏教史の『元亨釈書《げんこうしゃくしょ》』では、その比丘尼を百済の法明尼《ほうみょうに》であったと記す。

大和の地域よりも早く仏教が北九州に伝わっていることは、福岡県の霊山寺や大分県の満月寺の開基伝承が大和の諸寺よりも古いのにも反映されている。

僧尼の渡来が仏教伝来の中核となることを前に指摘したが、『日本書紀』の欽明天皇十五年二月の条には、先に渡来していた僧道深ら七人を新たに渡来してきた僧曇慧《どんえ》ら九人と交替させたことを明記する。おそらく欽明天皇七年のころに道深らは百済からヤマト朝廷のもとへ入来していたのであろう。

尼僧の海外留学

廐戸皇子《うまやどのみこ》（聖徳太子）や蘇我馬子《そがのうまこ》が仏教を信奉したことは有名だが、太子は百済僧慧聰《えそう》、百済の儒学者覚哿《かくか》、そして高句麗僧慧慈《えじ》を師とした。『三国仏法伝通縁起《さんごくぶっぽうでんづうえんぎ》』には、慧聰は三論《さんろん》・成実《じょうじつ》の学僧で太子の師となったことを特筆している。太子のブレーンには新羅系の秦河勝《はたのかわかつ》もいたが、廐戸皇子と百済とのつながりも深い。

蘇我馬子は高句麗の恵便《えびん》を師としたが、司馬達等《しばだちと》の娘嶋《しま》を得度《とくど》させて善信尼《ぜんしんに》となし、善信尼の弟子二人（禅蔵尼《ぜんぞうに》・恵善尼《えぜんに》）をあわせた「三の尼を崇敬」したという。そして崇峻天皇元年（五八八）には、善信尼らを百済へ仏法を学ぶために留学させている。記録に残るはじめての海外留学尼であり、その留学先は百済であった。善信尼らが百済から帰国したのは同三年三月であり、櫻《さくら》井《い》寺（向原《むくはら》寺）に居住した。

善信尼らが百済へおもむいた崇峻天皇元年は、百済と倭国の関係の密接なつながりを象徴するできごとがあった。百済から百済使のほか百済僧の慧總らが渡来して、仏舎利を贈ったばかりでなく、聆照律師《りょうしょうりつし》の令威《りょうい》・恵衆《えしゅう》・恵宿《えしゅく》・道厳《どうむ》・令開《りょうけ》ら、寺工太良未太《てらたくみだらみだ》・文賈古子《もんけこし》、鑪盤博士《ろばんのはかせ》の将徳白昧淳《しょうとくはくまいじゅん》、瓦博士《かわらのはかせ》の麻奈文奴《まなもんぬ》・陽貴文《ようきもん》・悛貴文《りょうきもん》・昔麻帝彌《しゃくまたいみ》、画工《えかき》の白加《びゃくか》らが大和へ入った。そして蘇我馬子は、百済の僧らに戒律を受ける法《のり》について教えを請《こ》うた。

そして同年に蘇我馬子は飛鳥《あすか》寺（法興《ほうこう》寺）の建立に着手した。百済僧ばかりでなく、寺工・鑪盤博士・瓦博士・画工ら多数が渡来したことをみのがせない。飛鳥寺は蘇我氏の氏寺《うじでら》として建立されたが、日本の初期仏教の段階では最も規模が大きく、『日本書紀』では「大法興寺」とも記されている。推古天皇四年（五九六）の十一月に完成し、馬子の子である善徳《ぜんとこ》を寺司に、百済僧恵總・高句麗僧慧慈らが住んだ。

発掘調査の結果、高句麗の清岩里廃寺（金剛寺）や定陵寺と同じタイプの一塔三金堂であることが判明し、塔の心礎上方からは舎利《しゃり》容器（建久七年〈一一九六〉の火災後、木箱に納めて埋納）がみつかった。近時、百済最後の都泗沘《しび》（扶余《ふよ》）の王興《おうこう》寺の発掘調査で、舎利容器が出土したが、『三国史記』（『百済本紀』）によれば法王二年（六〇〇）正月に建立された王興寺の舎利容器と飛鳥寺の舎利容器との類似が注目されている。その類似はたんなる偶然ではない。

前述したように、百済僧のほか百済の寺工・鑪盤博士・瓦博士らが飛鳥寺の建立作業を指導しているからである。なお、飛鳥寺は天武天皇九年（六八〇）には官寺《かんじ》になったことを付記する。

仏師の技、伝わる

飛鳥文化と百済とのつながりは、たとえば聖徳太子が推古天皇三十年（六二二）の二月、わずか四十九歳で亡くなったのを悲しんだ橘 郎女《たちばなのいらつめ》が、天寿国《てんじゅこく》への往生を念じて作らしめた「天寿国繡帳《てんじゅこくしゅうちょう》」の「画者」のなかに、百済・加耶系の東 漢 末賢《やまとのあやのまけん》や漢奴加己利《あやのぬかこり》が名をつらねているのをみてわかる。そして舒明天皇十一年（六三九）の七月に、はじめての勅願寺といってよい百済大寺《くだらおおでら》（奈良県桜井市の吉備池廃寺）の造営がはじまったが、そのリーダーは東 漢 書 直 県《やまとのあやのふみのあたいあがた》であったし、皇極三年（六四四）十一月に高市郡《たかいち》高取町《たかとり》丹生谷《にうだに》の桙削寺《ほこぬき》（二十八坊をそなえたという）を建立することになるが、それには東漢氏の一族である長直《おさのあたい》が関係し、白雉元年（六五〇）には漢 山口 直 大口《あやのやまぐちのあたいおおくち》が仏像を作ったと伝える。法隆寺の金堂広目天像の銘には「山口大口費《あたい》」ほか二人が製作者であったと明記するが、この大口費は漢山口直大口であった。

飛鳥時代の仏師として有名な鞍 作 止利《くらつくりのとり》（鳥）の父の多須奈《たすな》は、用明天皇の病気の平癒を祈って仏像をつくる。馬具製造の技術が仏像づくりに応用されたので、鞍部《くらつくり》とか鞍作《くらつくり》を名乗ったのだが、後代には祖父の司馬達等は「大唐《だいとう》」の人とか「南朝梁《なんちょうりょう》」の人などとされるようになる。「鞍部」は朝鮮半島から渡来した者に多く、「村主《すぐり》」を称したのも同様であって、達等の娘善信尼が百済へ求法《ぐほう》したことなど、百済との関係をみのがせない。止利はその秀技をもって、飛鳥寺の丈六の銅像や法隆寺の金堂釈迦三尊像などを作り、止利式《とりしき》・止利様《とりよう》とよばれるほどに飛鳥時代の造仏に大きな影響をおよぼした。

飛鳥文化は日本列島におけるはじめての仏教文化であったが、その直接のふるさとは百済であった。したがって、敏達天皇十三年（五八四）の九月に鹿深《かふかの》（甲賀）臣《おみ》が弥勒の石像を、佐伯《さえきの》連《むらじ》が仏像をそれぞれ百済から持ち帰ったりもしたのである。

飛鳥文化から白鳳文化へ

日本生まれの武寧王

『日本書紀』巻第十四（雄略天皇の巻）の雄略天皇五年六月の条と同天皇七年是歳の条には注目すべき記事が載っている。

六月の条は「筑紫《つくし》の各羅嶋《かからしま》にして兒《こ》を産《う》めり。仍《よ》りて此の兒を名づけて嶋君《しまのきみ》と曰《い》ふ」という文である。一九七一年七月、韓国忠清南道公州《チュンチョンナムドコンジュ》の宋山里《ソンサンニ》で武寧《ぶねい》王（斯麻《しま》）と王妃の陵が検出され、その墓誌石によって癸卯年（五二三）五月七日、武寧王が六十二歳で亡くなったことが明らかになった。斯麻は実名で武寧王は諡《おくりな》だが、『三国史記』の「百済本紀」が武寧王二十三年（五二三）「夏、王薨」と書いている記載が史実であることを実証したばかりでなく、同年ただちに聖明王が即位したとする伝えもたしかであることが証明された。聖明王の即位年については『三国遺事』など三つの説があっただけに、その墓誌は貴重であり、『日本書紀』の嶋（斯麻）君が各羅島（佐賀県唐津市加唐島）で誕生したとする伝承の信憑性も高まった。

『続日本紀《しょくにほんぎ》』が桓武天皇の生母高野新笠《たかののにいがさ》の崩伝を延暦八年（七八九）十二月の条に記述して、「后の先（先祖）は百済の武寧王の子純陁《じゅんだ》太子より出づ」とはっきり書いている史実とのかかわりもより明確になった。『日本書紀』の継体天皇七年八月の条に「百済の太子淳陀《じゅんだ》（純陁）薨《みまかる》」とあり、高野新笠の諡が百済の建国神話にもとづいて「天高知日子姫尊《あまのたかしるひのこひめのみこと》」とされているのも見失なってはならない。

二〇〇一年の十二月、日韓ワールドカップとの関連で、いまの陛下が「桓武天皇の生母が百済の武寧王の子孫であると、『続日本紀』に記されていることに、韓国とのゆかりを感じています」と記者会見で述べられたのは、史実にそくしての発言であった。

技術革新の担い手

雄略天皇七年是歳の条は「天皇《すめらみこと》、大伴大連室屋《おおとものおおむらじむろや》に詔《みことのり》して、東漢直掬《やまとのあやのあたえつかみこと》に命《おお》せて、新漢陶部高貴《いまきのあやのすえつくりのこうき》・鞍部堅貴《くらつくりのけんき》・画部因斯羅我《えかきのいんしらが》・錦部定安那錦《にしごりのじょうあんなこむ》・譯語《おさ》（通訳）卯安那《うあんな》らを、上桃原《かみつももはら》・下桃原《しもつももはら》・真神原《まかみのはら》の三所《みところ》に遷《うつ》し居《はべ》らしむ」である。

坂上氏《さかのうえ》の『坂上系図』に引用する『新撰姓氏録』の逸文では、應神天皇の代に渡来したという阿智《あち》王（阿知使主《あちおみ》）の子が都賀《つか》（掬）使主《おみ》で、雄略天皇の代に使主《おみ》も直《あたえ》に改めたとする。新《いまき》とは「今来《いまき》（新しく渡来）」で、須恵器《すえき》や馬具の製作者、画師、高級織物の技術者そして通訳など、技術革新の担い手を高市郡飛鳥の上桃原・下桃原・真神原に居住させたことは興味深い。

高市郡は『日本書紀』の欽明天皇七年七月の条や『新撰姓氏録』逸文が「今来郡」と表記しているとおり、今来の才伎《てひと》たちが数々住んだ地域であり、とりわけ明日香村の檜前《ひのくま》（檜隈）を中心に北限は橿原市の五条野町から大軽町・見瀬町の一部におよぶ小地域、東限は明日香村の立部や上平田あたり、西限は高取川（檜隈川）の右岸で一部は真弓（檀弓）にいたり、南限は高取の土佐・子島・清水谷におよんだ（古代の檜隈）。したがって、檜隈民使博徳《たみつかいはかとこ》など、地名「檜隈」を名におびる人びとも史料にかなり登場してくる。

漢氏《あやうじ》で生駒・金剛山の東側（大和側）に住むグループを東漢氏《やまとのあやうじ》、西側（河内側）に所在するグループを西漢氏《かわちのあやうじ》とよんだが、檜前の地域に居住した東漢氏の支族で有力な氏族が坂上氏で、檜《ひの》前《くま》忌寸《いみき》とも名乗った。桓武天皇の代の征夷大将軍の坂上田村麻呂《さかのうえのたむらまろ》の父である坂上苅田麻呂《さかのうえのかりたまろ》の宝亀三年（七七二）の四月二十日の朝廷への奏言が『続日本紀』に載っている。

「檜前忌寸《ひのくまのいみき》を大和国高市郡司《たけちのぐんじ》に任する元由《もとのよし》は、先祖《さきつおや》阿智使主《あちおみ》、軽嶋豊明宮《かるしまのとよあかりのみや》に馭宇《あめのしたしらしめ》しし天皇の御世に十七県《あがた》の人夫《ひとども》を率《い》て帰化《まいおもむ》けり。詔《みことのり》して、高市郡檜前村を賜《たま》ひて居《お》らしめき。凡そ高市郡の内には、檜前忌寸と十七県の人夫地《ところ》に満ちて居り。他の姓の者は、十にして一・二なり。是を以て、天平元年十一月十五日、従五位上民忌寸袁志比《おしび》ら、その所由《よし》を申しき。天平三年、内蔵少属《うちのくらのしょうぞく》従八位《じゅうはちい》上蔵垣《うえくらかき》忌寸家麻呂《いえまろ》を少領に任《にん》じき。天平十一年家麻呂を大領に転《うつ》して、外従八位下蚊帳《かや》忌寸子虫を少領に任じき。神護元年、外正七位上文山口《ふみのやまぐち》忌寸公麻呂《きみまろ》を大領に任じき。今、此の人ら、郡司に任ぜらるること、必ずしも子孫に伝えざれども、三腹逓《さんふくたがい》に任ぜられて、今に四世になり」ともうす。

勅《みことのり》を奉《う》けたまはるに、「譜第《ふだい》を勘《かんが》ふること莫《な》く、郡司に任ずることを聴《ゆる》すべし」とのたまふ。

この奏言では、檜前忌寸の氏人を高市郡の郡司に任命することが、先祖の阿智使主以来の系譜にもとづくと主張されている。

高松塚壁画古墳のルーツ

その檜前に日本で最も有名な高松塚壁画古墳やキトラ壁画古墳が存在するのである。高句麗や唐の壁画古墳との関係がさまざまに論議されたが、百済・加耶系の東漢氏の本貫に存在する両古墳の壁画が、朝鮮半島とりわけ高句麗の古墳壁画と関連する要素が多いのもそれなりの理由がある。高松塚の副葬品のなかには唐の海獣葡萄鏡があり、この鏡の同笵《どうはん》の鏡が長安（西安市）の独《どっ》弧思貞墓《こしていぼ》からみつかった。そしてその墓の築造年代は墓誌によって神功二年（六九八）であることが判明した。

したがって高松塚の海獣葡萄《ぶどう》鏡は慶雲元年（七〇四）か慶雲四年に帰国した遣唐使によってもたらされた可能性がある（もしくは七〇〇年・七〇三年の新羅使か遣新羅使か）。七世紀末ないし八世紀はじめの築造と考えられる高松塚の横口式石槨《せっかく》とキトラ古墳のそれとを比較すると、キトラ古墳の築造は高松塚よりも古いと考えられる。

二〇〇八年、韓国国立扶余博物館が収蔵する木簡を整理したさいに、七世紀の荷札の木簡に「那尔波《なにわ》連公《のむらじきみ》」と書いてあるのがみつかって話題をよんだ。この木簡は扶余双北里遺跡から出土した木簡で、七世紀なかばに、百済に派遣された難波連が持参した贈品に付けられた荷札とみなされている。問題は「連公《むらじのきみ》」をどのように解釈するか、連（かばね）＋《プラス》公（尊称）とみるか、天武天皇十三年（六八四）十月の八色《やくさ》の姓《かばね》以前のかばねとするか、「連公」を熟語としてとらえ、かばね「連」に先行する称号と解釈するか、さまざまな見方があるが、明日香村の石神《いしがみ》遺跡から出土した七世紀なかばごろの木簡の「石上大連公《いそのかみのおおむらじのきみ》」の「連公」と同じように、連（かばね）＋公（尊称）と理解するのが妥当であろう。

百済と倭国との関係は、『古事記』『日本書紀』が應神天皇の代に百済の和邇《わに》（王仁）博士が渡来して学問の師となったように（後述参照）、きわめて密接な関係があった。倭国からも百済へ入国し、遂に百済から渡来して百済造《くだらのみやつこ》を名のり、天武天皇十二年九月には、百済連《くだらのむらじ》と改正し、『正倉院文書』にみえる平城京（左京）の人として居住した百済連弟人のような人たちがいた。

百済王氏の活躍

百済の滅亡と白村江の戦い

百済から渡来した氏族で最も重要な役割を果たしたのは百済王氏《くだらおうし》である。百済の義慈王の王子豊璋《ほうしょう》（豊章）は、舒明天皇三年（六三一）三月、大和朝廷の人質として弟と伝える善光《ゼンコウ》（禪広）と共に入国した。

唐の高宗は永徽《えいき》二年（六五一）に朝鮮三国に対する政策を明らかにし、新羅と連合してまず百済を滅ぼし、ついで高句麗を征討する姿勢を示した（『旧唐書』『資治通鑑』）。実際に唐と新羅の連合軍は六六〇年に百済総攻撃を決行し、熊津城（公州）・泗沘城（扶余）があいついで陥落、義慈王らは高句麗へ逃亡、多くの王族・貴族は唐へと連れ去られた。唐は熊津都督府をはじめ五つの都督府を設けて百済の統治をこころみたが、都督や各地の行政官には百済在地の豪族を任命した。

唐は六六〇年の十二月、百済についで高句麗を滅ぼすために高句麗の王都長安（平壌）へ大軍を進めた。百済の復興をめざす百済人は、その間隙に起ちあがり、豊璋を帰国させて六六二年に王となし、余自信《よじしん》や鬼室福信《きしつふくしん》らは百済の遺民を率いて各地で抵抗した。

斉明天皇みずから北九州へおもむき、六六三年の九月には、百済救援を名目として出兵した二万七千の軍勢が新羅を攻撃した。ところが六六三年の六月、再建されたばかりの百済王朝で内紛が具体化し、名将鬼室福信は豊璋王の命によって殺された。

この内紛が悲劇のはじまりであった。そして六六三年八月二十七日、唐の水軍百七十艘が白村江《はくすきのえ》（錦江）のあたりで倭の水軍を待ち受けて戦い、翌日機をうかがって再び会戦、唐の水軍は倭の水軍を挟み撃ちして、倭軍は大敗した。この両日の合戦が世にいわれる白村江の戦いである。

朝廷で活躍した百済人

百済の滅亡によってヤマト朝廷を頼みに渡来してきた百済の人びとは多い。天智朝の学頭職《ふみのつかさのかみ》（後の大学寮の長官）となった鬼室集斯《きしつしゅうし》、法官大輔《たいふ》（式部省の次官）に任命された余自信・沙宅紹明《さたくしょうみょう》をはじめとしてその多くが近江朝廷の有力官人となり、日本の文学史上、漢詩・漢文学がさかんとなる画期ともなった。

倭国にとどまった善光は持統朝に百済王の号を与えられ、その後裔は奈良時代から平安時代へかけて実力を発揮し、政界に重きをなした。

百済王善光の曾孫が百済王敬福《きょうふく》であった。敬福は天平神護二年（七六六）の六月二十八日、六十九歳で亡くなったが、『続日本紀』の薨伝《こうでん》によれば、善光の孫郎虞《ろうぐ》の三男で、自由奔放で酒色を好み、聖武天皇の信任をえて、貧しい者には理由をつけて物を与え、上総・陸奥・常陸・出雲・伊予・河内の国守を歴任したが、私財は蓄えなかったという。しかし、判断は的確で、行政能力にすぐれていたと述べられている。

敬福の生涯においてもっとも注目すべきできごとがある。天平十五年（七四三）の十月十五日、盧舎那《るしゃな》大仏の建立を聖武天皇が発願し、いよいよ完成が近づいていたおりであった。高さ五丈三尺五寸の東大寺大仏造立には黄金を欠かすことはできない。朝廷が苦慮していたさい、天平二十一年（七四九）の二月、当時陸奥守であった敬福が、少（小）田郡内で黄金を掘りだし、黄金九百両（総計）を献上した。

聖武天皇は歓喜して、同年の四月一日、東大寺へ行幸、大仏前殿で大仏に北面して「この大倭国には天地開闢《かいびゃく》以来」、「黄金は人国（外国）より献《たて》まつることはあれども、この地《くに》は無きものと念《おも》へるに」との宣命を奏された。その吉報は越中守であった大伴家持のもとにも入る。そこで家持が詠んだ長歌（『万葉集』四〇九四）のなかに〝海行かば水漬《みづ》く屍《かばね》　山行かば草生《む》す屍　大君の辺《へ》にこそ死なめ　顧《かえり》みはせじと言《こと》立て〟の歌詞がみえる。

昭和十二年（一九三七）の国民精神総動員強調週間のラジオ番組のため、日本放送協会の小野賢一郎文芸部長が信時潔《のぶとききよし》に依頼して作曲されたのが、あの〝海ゆかば〟であった。初演奏は同年の十月十二日の東京日比谷公会堂で開催された国民精神総動員中央連盟の結成式であり、十一月二十二日からは国民歌謡として放送されるようになり、太平洋戦争中には大本営発表とりわけ日本軍玉砕のラジオ放送の前奏曲としてさかんに使われた。〝海ゆかば〟が百済王敬福とかかわりをもつことを知る人は少ない。

敬福と百済寺

敬福は天平勝宝二年（七五〇）五月に宮内卿となり、さらに河内守となったが、百済王氏は河内国茨田《まんだ》郡枚方《ひらかた》（大阪府枚方）を中心とする地域を本居とするようになる。『古事記』の仁徳天皇の条には、「秦人《はたびと》」が茨田堤《まんだつづみ》や茨田三宅《まんだみやけ》を作ると記し、『日本書紀』の仁徳天皇十一年是歳の条に、「新羅人」が「この役（茨田堤の造築）に従事した」と述べ、さらに『播磨《はりま》国風土記』（揖保郡）に河内国茨田郡枚方里の「漢人《あやひと》」が移住してきたことを記載するように、早くから渡来の人びとが居住していたが、それを前提として敬福が河内守になったおりから百済王氏の本拠ともいうべき地域となった。

国の特別史跡百済寺跡が大阪府枚方市中宮西之町にあるが、この寺は百済王氏が氏寺として建立した寺であり、発掘調査によって、中門と金堂を回廊でつなぎ、中門を入って東塔と西塔がある薬師寺式伽藍配置であることがたしかとなった。そしてさらに同寺の造営や修理にあたる「修理院」の鋳造遺構や大型多尊塼仏《せんぶつ》の破片九点がみつかり、百済寺を築地《ついじ》で囲んでいたことも明らかとなった。そして百済寺跡の近くには敬福ゆかりの百済王神社が鎮座する。

行基と枚方

天平勝宝四年（七五二）の四月九日、「なす所の奇偉、あげて記すべからず、仏法東帰より斎会《さいえ》の儀いまだかつてかくの如く盛んなるはあらざるなり」（『続日本紀』）と称賛された大仏開眼供養会が執行された。あの巨大な大仏鋳造のリーダーは「大仏殿碑文」に「大仏師従四位下国中公麿《くになかきみまろ》（麻呂）」と明記するとおり、六六三年のころに亡命してきた百済の徳率《とくそつ》（官位の第四）国骨富《くにのこつふ》の孫であった。したがって「碑文」にも「元百済国人」と述べるのである。その居住地であった大和国葛下郡《かつらきしも》国中村にちなんで国中の氏を称した。

斉衡《さいこう》二年（八五五）の地震で仏頭が落下して修復、平安時代末の平重衡《たいらのしげひら》による焼き討ち、さらには戦国時代末の三好・松永の合戦で大仏殿ほかの諸堂が炎上し、現在の大仏は江戸時代の再建で、蓮弁の二葉のみが天平のむかしをいまに伝えるといわれている。しかし公麻呂がすぐれた仏師であったことは、彼の製作であることが『正倉院文書』によってたしかな東大寺三月堂の不空羂索観音像《ふくうけんじゃくかんのんぞう》の威容をみてもわかる。なお大仏建立の大勧進として活躍した天平の高僧行基《ぎょうき》の父は高志才智《こしのさいち》であり母は蜂田古爾比売《はちだのこにひめ》であって、両親ともに百済系の渡来人であったことも忘れてはならない。

桓武《かんむ》朝廷と百済王氏との関係はきわめて密接であった。敬福の孫の明信《みょうしん》は、大納言から右大臣に栄進した藤原継縄《つぐただ》の妻となり、桓武天皇の信頼をえて尚侍《ないしのかみ》（内侍所《ないしどころ》の長官）として活躍した。そして桓武天皇の後宮には九人の百済王氏の娘が入り、教仁《きょうにん》は大田親王、貞香《じょうきょう》は駿河内親王を生んでいる。したがって桓武天皇は延暦九年（七九〇）二月の詔《みことのり》で「百済王らは朕の外戚《がいせき》なり」といわれたのである。

前に述べたように、枚方の地域は百済王氏の本拠地であったが、『続日本紀』によると延暦四年（七八五）の十一月と同六年の十一月には、枚方の交野《かたの》（枚方市片鉾本町のあたり）で、中国の皇帝と同じように天神を祭る郊祀《こうし》を行なった。とくに後者の例は詳細で、百済王明信の夫の藤原継縄が奏上した祭文を記載している。その祭文は唐の皇帝の郊祀の祭文と同じであり（『大唐郊祀録』）、最後に桓武天皇の父光仁天皇をあわせ祭ることをわずかに述べている点が異なるだけである。

郊祀を実施した確実な最初の天皇は桓武天皇だが、なぜ交野で執行されたのか。それは桓武天皇が延暦二年（七八三）から延暦二十一年の間に、実に十三回も交野行幸があったこととも関連する。枚方の地域が百済王氏の本拠であった史実とけっして無関係ではない。

王仁博士とやまとうた

王仁博士と千字文の謎

安宿郡に隣接する古市郡は、西文《かわちのふみ》（書）氏《うじ》の本貫であり、奈良盆地の東文氏《やまとのふみうじ》とならんで重要な役割を果たした。内外の記録にたずさわり、朝廷の大祓《おおはらえ》で、道教の神々に祈る「呪《じゅ》」を奏上したり、あるいはその支族には河内の馬飼などにたずさわる馬史《うまのふひと》や馬首《うまのおびと》などもいた。なお羽曳野古市二丁目にある西琳寺は西文氏の氏寺であった。

その文氏の祖とするのが『記』・『紀』がともに百済から渡来してきたとする百済の和邇吉師《わにきし》（王仁）である。『古事記』（中巻）應神天皇の条には、和邇吉師が「論語十巻・千字文一巻」を伝えたと記す。『論語』は二十巻だが、前十巻・後十巻のいずれかを指すとすればその「十巻」が誤りとは断定できないが、問題は『千字文』である。『千字文』は梁の武帝が周興嗣《しゅうこうし》（四七〇〜五二一）に命じて編集させた文字習得のテキストだが、いわゆる應神天皇の代よりはかなり遅れた時代に完成した書で、王仁博士の渡来した時代にはまだ存在していない。谷川士清《ことすが》は魏の時代に作られた『千字文』だと苦しい解釈をしたが（『日本書紀通証』）、魏の時代に『千字文』があったかどうかは疑わしい。本居宣長は「此御代のころ、未《いまだ》此書世間に伝はるべき由なければなり」と否定しながら、「実には遥に渡参来《わたりまいりき》たりめども、其書広く用ひられて、殊《こと》に世間に普《あまね》く習誦《ならいよ》む書なりしからじ、世には應神天皇の御世に、和邇吉師が持参来つるよしに語《かた》伝へたりしなるべし」（『古事記伝』）と妥当な見解を述べている。

『日本書紀』は巻第十應神天皇十五年八月の条に百済から王仁博士を招くことになった事情を記載し、同天皇十六年の二月に、王仁が百済から渡来して仁徳天皇の異母弟である菟道稚郎子《うぢのわきいらつこ》の師となったと伝える。そして両書ともに「文首《ふみおびと》（書首）の祖（始祖）」と書きとどめている。

現伝最古の漢詩集である『懐風藻』の「序」に「王仁始めて蒙を軽島《かるしま》（應神朝）に導き」と記し、また大同二年（八〇七）に斎部広成《いんべのひろなり》がまとめた『古語拾遺』に「軽島豊明《とよあかり》の朝（應神朝）に参りて、百済王博士王仁を貢る」と述べ、現伝最古の仏教説話集の『日本霊異記』がその「序」に「軽島豊明宮御宇誉田《ほむた》天皇」（應神天皇）の代に「外書（儒書）来り」と書いているように、八世紀のなかばから九世紀のなかばのころには、多くの人びとが百済の王仁博士が学問を伝えたことを知っていた。

咲くやこの花さきがけて

「王仁伝承の虚実」については『古代日本のこころとかたち』（角川学芸出版、二〇〇六、所収）で詳述したが、王仁博士が日本の人びとに広く知られるようになったのは、紀貫之《きのつらゆき》が『古今和歌集』の「仮名序《かなじょ》」のなかで、やまとうた（和歌）のはじまりと発展について、次のように物語っているからである。

「なにはづ（難波津）のうたは、みかど（仁徳天皇）のおほむはじめなり」と書いて以下のように注記した。少し長くなるが、重要な箇所なので引用する。

「おほさざきのみかど、なにはづにて、みこときこえける時、東宮をたがひにゆづりて、くらゐにつきたまはで、三とせになりにければ、王仁といふ人のいぶかり思ひて、よみてたてまつりける哥《うた》也。この花はむめの花をいふなるべし」

この注にいう「おほさざきのみかど」とは仁徳天皇のことであり、菟道稚郎子が大《おお》王の位を大鷦鷯《さざき》尊に譲って空位が「三とせ（三年）」におよんだことは、『日本書紀』の仁徳天皇即位前紀に「猶《なお》、位を大鷦鷯尊に譲りますによりて、久しくあまつひつぎ（皇位）しろしめさず、爰《ここ》に皇位空《むな》しくして、既に三歳を経ぬ」と述べるとおりである。このあたりの記述も『日本書紀』に基づいているが、問題はそのことを不審とした王仁が、「よみてたてまつりける哥」とするのが、〝なにはづにさくやこのはな冬ごもりいまははるべとさくやこの花〟であると記すことである。

つづいて注は「この花はむめ（梅）の花をいふなるべし」とする。「この花」については「木の花」説もあるが、注では「梅の花」とみなしている。「仮名序」はさらに次のように述べる。

「あさかの山のことばは、うねめのたはぶれよりよみて（中略）、このふたうたは、うたのちゝはゝのやうにてぞ、てならふ人の、はじめにもしける。

そもそも、うたのさま、むつなり。からのうたにも、かくぞあるべき。そのむくさのひとつには、そへうた、おほさざきのみかどを、そへたてまつれるうた、

なにはづにさくやこのはな冬ごもり
いまははるべとさくやこの花、といへるなるべし」

ここにいう「あさか〔安積〕山のことば」とは、『万葉集』〔巻第十六〕の〝安積山影さへ見ゆる山の井の浅き心をわが思はなくに〟〔三八〇七〕を指す。

紀貫之は「このふたうた〔二首〕」すなわち王仁の「難波津の歌」と『万葉集』の「安積山の歌」は、「歌の父・母のようにてぞ、てならう〔手習う〕人のはじめにもしける」というのである。

実際に滋賀県甲賀市宮町遺跡から出土した木簡には表と裏にこの両首が書かれており、手習いの習書木簡であることが判明したが、私がかねてから注目してきたのは、王仁博士の作と伝える「難波津の歌」は現在までに少なくとも木簡に十八点、土器に十二点、建築部材に三点、瓦に二点、檜扇に一点というように数多くみえることとである。

それらの出土した古代の遺跡や天井板などに書かれた例は、畿内を中心に、東は越中〔富山県〕西は阿波〔徳島県〕におよび、時代は七世紀後半から十世紀前半まで、長期間にわたっている。なぜこれほどに「難波津の歌」が長くしかも幅広く書かれてきたのか。そこには難波津が西日本の海上の道の表玄関であり、『日本書紀』の欽明天皇元年九月の条の「難波祝津宮《なにわのはふりつのみや》」と書かれているように、難波津は神まつりの聖地でもあったからではないか。大嘗祭《おおなめのまつり》の翌年に難波津で大《お》八洲《やしま》の霊を天皇の御衣に付着する八十島《やそじま》祭が行なわれたのも偶然ではない。

百済の王仁博士の歌とする「難波津の歌」にちなんで、大正十年（一九二一）につくられた大阪市歌の歌詞のなかに、〝東洋一の商工地　咲くやこの花さきがけて〟と詠まれ、その四年後、大阪市に此花区が設けられたのも、大阪の文化と百済のつながりを象徴する。

古代日本の士大夫——三輪朝臣高市麻呂の天皇への諫言をめぐって

修々たる神の氏

「士大夫」という用語は、中国では「士と大夫」すなわち科挙（官吏登用試験）に官職に就任した人、あるいは司馬遷の『史記』の李将軍伝に「広軍士大夫」と述べているように将軍を指す例が多い。

しかし私がこの論文にいう「士大夫」はそうした用語ではなく、たとえば荻生徂徠の『徂徠先生答問集』（下）に記載する「士大夫の学問は、国君を補佐して、家中・国中を能く治め、文武政務の才を成就致し候為の学問に候」の士大夫と同じように人格高潔な官吏を指し、地位や名誉にとらわれず言うべきことをはっきりと上司に諫言する出処進退あざやかな官人を「士大夫」とみなしている。
たんなる上司ではない。律令体制の確立期の持統天皇六年（六九二）三月三日からの伊勢行幸の中止を持統天皇に進言した中納言直大弐（従四位相当）の三輪朝臣高市麻呂《たけちまろ》は、古代日本の士大夫を代表する人物であったといってよい。

『日本書紀』は持統天皇六年二月十日の条に「表を上《たてまつ》りて敢直言《ただにもう》して、天皇の伊勢に幸《いでま》さむとして、農時を妨げたまふことを諫《あゆ》め争《いさ》めまつる」と記す。しかし同日、天皇は廣瀬王らを飛鳥浄御原宮を行幸にさいして皇居に留り守る留守官に任命し、伊勢行幸を強行しようとする。そこで同年三月三日、高市麻呂は「その冠位を脱《ぬ》ぎて、朝にささげて、重ねて諫めて」、「農作の時、車駕、未だ以て動《ゆ》きたまふべからず」と重ねて諫言したことを明記する。「天皇、諫に従ひたまはず、遂に伊勢に幸《いでま》す」のである。

この三輪朝臣高市麻呂の持統天皇への諫言は、その後も人びとの間に伝えられて、薬師寺の景戒上人がまとめた現伝最古の仏教説話集『日本国現報善悪霊異記』（『日本霊異記』）の上巻第二十五に「忠臣、欲少なく、足るを知りて諸天に感ぜられ、報を得て、奇事を示す縁」として収められている。

「大后（持統女帝）の時の忠臣なり」とし、中納言従三位大神《おおみわ》高市麻呂が「朱鳥七年（持統天皇六年）」の三月三日の伊勢行幸に「農務を妨げむことを怒り上表して諫《かん》を立つ。天皇従ひたまはず、猶幸行《いでま》さむとす。是にその蝉の冠を脱ぎ（冠位を返上し）、朝廷にささげ、亦重ねて諫《いさ》む」と述べるのがそれである。

「方《まさ》に今、農の節《とき》、行《いでま》すべからず」と。そして「或《あ》るは旱災の時に遭《あ》へば己《おの》が田の口を塞《ふさが》がしめて、水を百姓の田に施《ほどこ》す。田に施す水既に窮すれば（水がなくなってしまえば）、諸天感応して龍神雨を降らす。唯卿の田のみに澍《そそ》きて（高市麻呂の田のみに雨がさかんに降って、余の地にふらず）」というエピソードを書いて、「諒《まこと》にこれ忠信の至《いたり》、徳儀の大きなり」とほめたたえる。さらに「賛《さん》に曰はく、修々たる神の氏、幼きより学を好み、忠にして仁あり、潔《きよ》くして濁《にご》ることなし。民に臨《のぞ》み恵を流《つた》ふ（恩恵を施す）。水を施し田を塞ぐ。甘雨時に降りて、美《よ》き誉《ほまれ》、長《とこしえ》に伝ふ」と批評している。

『日本霊異記』が「修々たる神の氏、幼きより学を好み、忠にして仁あり」と書きそえているのは、高市麻呂が『古事記』の崇神天皇の条に、「大物主大神、陶津耳命《すえつみみのみこと》が活玉依毘売《いくたまよりひめ》に娶《めあ》ひて生みませる名は櫛御方命《くしみかたのみこと》の子、飯肩巣見命《いいかたすみのみこと》の子、建甕槌命《たけみかづちのみこと》の子」とする意富多多泥古《おおたたねこ》を始祖とする神君《みわのきみ》（三輪君）の出自であり、三輪（大神）君は奈良県桜井市の古社大神《おおみわ》神社に奉仕したまさに「修々たる神の氏」であったからである。

『日本書紀』の崇神天皇七年八月の条には、「大田田根子《おおたたねこ》を以て大物主大神を祭る主《あるじ》」として茅渟県の陶邑《すえむら》（大阪府堺市東南部で陶器川から西方にかけての地域）にみいだし、大田田根子は「父をば大物主大神と曰し、母をば活玉依媛《いくたまよりひめ》と曰す、陶津耳の女《むすめ》なり」と名乗るくだりを収載している。『記』・『紀』ともに陶津耳命の女《むすめ》とのつながりを述べ、とくに『日本書紀』が大田田根子を陶邑の出身とするのを軽視するわけにはいかない。

この「陶」は、朝鮮半島で発達した登り窯を用いて作った焼成度の高い須恵器とかかわりをもち、五世紀のころから倭国で生産された硬質の土器と関連する。大田田根子（意富多多泥古）の伝承が須恵器とかかわりをもつことは、この説話が具体化した時代の推定に大きな示唆を与え、陶器荘（陶邑）は須恵器の注目すべき生産地で、延喜式内の陶慧神社が鎮座することもみのがせない。

大神神社の若宮は大直禰子《おおたたねこ》神社とも称し、大田田根子を祭神とする（『古社巡拝』学生社、大神神社の項参照）。『日本書紀』もまた「大田田根子は今の三輪君の始祖なり」と明記する。

高市麻呂の父は近江朝廷に出仕し、大花上（大化五年の冠位十九階の七位）となった利金《としかね》であり、高市麻呂は六七二年の壬申の乱で大海人皇子（後の天武天皇）の側の功臣として活躍した。『日本書紀』崇神天皇九月の条では「大物主大神の妻」となった倭《やまと》迹迹《とと》日《ひ》百《もも》襲《そ》姫命《ひめのみこと》を大市墓（箸墓）に葬ったとするが、七月四日以後のある日三輪君高市麻呂と置始《おきそめの》連《むらじ》菟《うさぎ》の率いる軍勢が近江朝廷の軍と上《かみ》つ道《みち》「箸陵」のもとで戦っている（『日本書紀』）。

上ツ道とは天理市の佐保庄町のあたりから南下して、柳本から桜井市箸中の箸墓（箸陵）を通って飛鳥に通ずる三道（上ツ道・中ツ道・下ツ道の計画道路）のひとつである。箸墓のあたりは三輪君の勢力圏であった。

箸墓古墳は全長二八六メートル（前方部の高さ十六メートル、後円部の高さ二十九・四メートル）の巨大な前方後円墳であり、邪馬台国の女王卑弥呼の墓と推定する説もあるが、三世紀後半の築造とみなす説が有力である。

朱鳥元年（六八六）の九月二十四日、天武天皇の殯宮《もがりのみや》で、高市麻呂は理官《おさむるつかさ》（後の治部省）の事の誄詞《しのびごと》を奏している。時に直大肆（天武天皇十四年の四十八階位の従五位上相当）であった。高市麻呂の一族は天武天皇十三年（六八四）十一月一日に朝臣《あそん》の姓《かばね》を与えられたが、利金には三男一女があって、長男が高市麻呂、次男が安麻呂、三男が狛《こま》麻呂で、娘に豊嶋売《とよしまめ》が生まれていた（『日本三代実録』）。安麻呂は持統称制三年（六八九）三月二日に判事となり、慶雲四年（七〇七）九月、正五位で氏長《うじのおさ》となって、和銅元年（七〇八）九月摂津大夫、同七年正月には従四位下兵部卿でこの世を去った。

「修々たる神の氏」として注目すべきは狛麻呂であった。和銅元年三月丹波守となり、霊亀元年（七一五）四月に正五位上、同年五月に武蔵守となったが、彼が「敬神崇祖」の神の氏の子孫であったことは、京都府亀岡市の古社のなかに、狛麻呂が丹波守であったおりに創建された神社が多いのにも反映されている。

延喜式内社では和銅元年（七〇八）の曽我部町穴太宮垣内に鎮座する小幡《おばた》神社、和銅二年の千歳町出雲の出雲大神宮、稗田野町佐伯の稗田野神社、同年の上矢田町の鍬山神社、和銅三年の大井町の大井神社、和銅四年の余部《あまるべ》町の走田《はせだ》神社がある。

式内社以外では、社伝によれば和銅二年の旭町の梅田神社、下矢田町の磐榮《いわさか》稲荷神社、保津町の請田《うけた》神社、西別院町の多吉《たき》神社、そして和銅三年の東別院町の鎌倉神社と西別院町の大宮神社というように、その数はなんと十二社におよぶ。

いずれも狛麻呂が丹波守であった在任中であり、丹波守としての治政の一端を物語る。

忠臣の面目

天皇に直接に官を辞退して諫言した人物は、日本の歴史ではほとんどない。皇族を介して天皇に進言した人物はいる。出雲国造第八十代の千家尊福《たかとみ》は出雲大社教の創設者だが、明治八年（一八七五）に明治新政府は大教院を廃止して、神道事務局をあらたに設け、神道布教のための神殿をあらたに造営することになった。従来の大教院奉斎神たる天之御中主神《あめのみなかぬしのかみ》・高御産日神《たかみむすひのかみ》・神御産日神《かみむすひのかみ》のいわゆる造化三神と天照大御神を奉斎することとした。これに対して千家尊福は出雲の精神と伝統を尊重する立場から幽冥界の主神大国主大神を併祀すべきであると強く主張し、伊勢神宮大宮司田中頼康《よりやす》らと激論した。このいわゆる祭神論争は明治十四年二月二十五日、明治天皇の勅裁があって尊福の主張は却けられたが、この場合でも偉大なる神道家千家尊福が、天皇に直訴したわけではない。

律令国家成立のための巨人藤原不比等の四男藤原萬里（麻呂）が、現伝最古の漢詩集で天平勝宝三年（七五一）の十一月に成書化した『懐風藻』に高市麻呂の旧居にたちよったおりの漢詩が収められている。やや難解だが、高市麻呂のこころざしにふれたすぐれた漢詩である。

五言。過神納言墟。一首。

一旦辭榮去。千年奉諫餘。松竹含春彩。容暉寂舊墟。

清夜琴樽罷。傾門車馬疎。普天皆帝國。吾歸遂焉如。

君道誰云易。臣義本自難。奉規終不用。歸去遂辭官。

放曠遊嵇竹。沈吟佩楚蘭。天閽若一啓。將得水魚歡。

〈読み下し〉

五言。神納言《しんのなごん》が墟《きよ》を過《す》ぐ。一首。

一旦榮《いったんえい》を辭《いな》びて去《さ》りぬ、千年諫《かん》を奉《たてまつ》りし餘《のち》に。松竹春彩《しょうちくしゅんさい》を含《ふふ》み、容暉舊墟《ようききうきょ》に寂《さぶ》し。清夜《せいや》琴樽《きんそん》罷《や》み、傾門車馬《けいもんしゃば》疎《あら》し。普天《ふてん》は皆帝《みなみかど》の國、吾歸《ゆ》きて遂《つひ》に焉《いづ》くにか如《ゆ》かむ。

君道《くんだう》誰か易《やす》きと云ふ、臣《しん》義《ぎ》本自《もとより》難《かた》し。規《いさめ》を奉《たてまつ》りて終《つひ》に用《もち》ゐらえず、歸り去《い》にて遂に官《くわん》を辭《さり》ぬ。放曠《はうくわう》嵆竹《けいちく》に遊び、沈吟《ちんぎん》楚蘭《そらん》を佩《お》ぶ。天閽《てんこん》若《も》し一《ひと》たび啓《ひら》かば、將《まさ》に水魚《すゐぎよ》の歡《よろこび》を得む。

とくに「君道誰か易きと云ふ、臣義本より難し、規を奉りて終に用ひられず、帰り去にて遂に官を去りぬ」には、中納言高市麻呂の心境が改めてよみがえってくる。

もっとも高市麻呂は失脚したわけではない。大宝二年（七〇二）正月に従四位上・長門守に任じられ、翌年六月には左京大夫となっている。漢詩にも秀でて『懐風藻』にはつぎの「従三位中納言大神朝臣高市麻呂　一首」が収録されている。

五言。従駕。應詔。一首。

臥病已白髪。意謂入黄塵。不期逐恩詔。従駕上林春。
松巌鳴泉落。竹浦笑花新。臣是先進輩。濫陪後車賓。

〈読み下し〉

五言。駕《が》に従《したが》ふ、應詔《おうせう》。一首。

病《やまひ》に臥《ふ》して已《すで》に白髪《しらが》、意《こころ》に謂《おも》へらく黄塵《よみじ》に入《い》らむと。不期《おもはぬ》に恩詔《おんせう》を逐《お》ひ、駕《が》に従《したが》ふ上林《じやうりん》の春。松巌鳴泉《しょうがんめいせん》落ち、竹浦笑花《ちくほせうくわ》新《あらた》し。臣《しん》は是《こ》れ先進《せんしん》の輩《ともがら》、濫《みだ》りて陪《はべ》る後車《こうしや》の賓《まらひと》。

慶雲三年（七〇六）二月六日、従四位上左京大夫としてなくなっており、「病に臥して已に白髪、意に謂へらく黄塵に入らむと」（病臥に白髪となり、心の中で恐らくあの世へおもむくであろう）の詩文から「年五十」のおりの作で、「不期に恩詔を逐ひ、駕に従ふ上林の春」（思いがけなくも天皇の詔を蒙って、御車に陪従して御苑の春を賞美することになった）とある天皇は、おそらく文武天皇であろう。『続日本紀』などには高市麻呂の卒年の歳を書いていないので断定は難しいが、晩年の作詩と考えてよい。この漢詩にも忠臣の面目が躍如としている。

伊勢行幸の謎

持統天皇の伊勢行幸は持統天皇六年三月三日から十五日におよんだ第一回と、大宝二年（七〇二）の九月十九日に伊賀・伊勢・美濃・尾張・三河の五カ国に行宮を営造せしめ、十月十日に出発、「諸神を鎮祭」して三河に行幸、そして十一月十二日に三河を出幸、尾張を経て美濃・伊勢・伊賀を通り十一月二十五日に帰京の第二回である。

第二回のコースについて史料は藤原京から三河までの往路と三河でのありようはみえていないが、『万葉集』巻第一には「二年壬寅太上天皇参河に幸《いでま》す時の歌」（五七）が載っており、十月十日に三河へ行幸されたことはたしかであった。しかも『万葉集』には「舎人娘子《とねりのおとめ》、従駕して作る歌」（六一）に〝ますらをのさつ矢たばさみ立ち向かひ射る的形《まとかた》（的潟・松阪市東黒部町の服部麻刀方神社あたり）は見るにさやけし〟と詠まれているから、往路は松阪の的潟から乗船して三河へ直行されたと考えられる。それにしても第二回は四十四日の長旅であり、時に五十八歳であって、持統太上天皇にとっては、大きな負担になったであろう。実際に帰京翌月の十二月二十二日には崩去となる。

この第一回と第二回ではそのおもむきが大きく異なっている。第一回は天皇在位の時であり伊勢行幸が主目的であった。第二回は文武天皇に譲位して太上天皇となっての行幸であり（譲位は六九七年の八月）、伊勢は直接の行幸目的地でなかったことである。

持統六年（六九二）といえば、六七二年の壬申の乱から数えて二十年、大宝二年（七〇二）といえば、壬申の乱から三十年の節目の歳にあたっている。従来、持統天皇・仝太上天皇の行幸については さまざまな説があったが、近時岡田登説が壬申の乱とのかかわりに注目されているのは妥当な見解であり、持統四年の第一回式年遷宮とのかかわりを論究されているのも重要である（「持統天皇の伊勢行幸と第一回式年遷宮」、『伊勢の神宮と式年遷宮』所収、皇學館大学出版部）。

壬申の乱は鸕野讚良皇女《うののさらら》（持統天皇）にとっても生涯忘れることのできない大事変であった。『日本書紀』がはっきりと記すように「今、已《や》むことを獲《え》ずして、禍《わざわい》を承けむ何ぞ黙だして身を亡《ほろぼ》さむや」と起《た》ちあがった夫大海人皇子と六月二十四日「事にわかにして駕を待たずして行《いで》ます。にわかに県犬飼連《あがたいぬかいのむらじ》の鞍馬に遇《あ》ひ、因《よ》りて御駕《みのり》す。乃ち皇后（このおりは大海人皇子の妃）輿《こし》に載《の》せてみともにませしむ。津振《つふり》川（奈良県吉野町の津風呂の川）にいたりて、車駕始めて至れり。すなわち乗《みのり》す」という慌ただしい吉野入りであった。従者草壁皇子ほか二十有余人、女孺十有余人という少数の者しかいない。鸕野皇女は壬申の乱のはじまりの時から終始夫と行動を共にした。

そして六月二十六日、「旦《あした》に朝明郡の迹太川の辺《ほとり》にして天照大神」を夫（大海人皇子）と共に「望拝」したのである。従軍した舎人《とねり》安斗智徳《あとのとものり》の『日記』には「廿六日辰時（午前七時から九時の間）、朝明郡迹太川上にて天照大神を拝礼」と記述する。この「天照大神」は「日の出の太陽」ではあるまい。迹太川（朝明川）の川上で「天照大神を拝礼」と『安斗智徳日記』が書くとおり、伊勢神宮の天照大神を「拝礼」したのである。事実、伊勢の大神の神威が壬申の乱に寄与したことは、『万葉集』巻第二の「高市皇子尊の城上の殯宮の時に柿本人麻呂の作る歌」（一九九）に〝渡会の　斎宮ゆ　神風に　い吹き惑はし　天雲を日の目も見せず　常闇《とこやみ》に　覆ひたまひて　定めてし　瑞穂の国を〟と、壬申の乱の総司令官であった高市皇子にふさわしい挽歌を歌いあげているのにも推察できる。

二十年ごとの式年遷宮の第一回は、持統天皇四年すなわち庚寅《かのえとら》の年であった。庚寅の年は物事のはじまり。物事が大きく変動する年とされており、わが国で六年ごとに戸籍をつくるはじめての戸籍が庚寅の年であり（庚寅戸籍）、「天武天皇の御宿願」（『二所大神宮例文』）にもとづいて、持統天皇が第一回の式年遷宮を庚寅の年と選定されたのも、それなりのいわれがあった。

第一回の伊勢行幸が伊勢だけでなく志摩にもおよんでいたことは、『日本書紀』の持統天皇六年五月六日の条に「阿胡行宮に御《おわしま》しし時、贄進《にえたてまつ》りし者、紀伊国の牟婁郡の人阿古志海部《あこしあまの》河瀬麻呂ら、兄弟三戸に十年の調役・雑徭をゆるす」とあるにもうかがわれる。第一回の伊勢行幸のおりに、志摩の阿胡行宮（志摩市阿児町の志摩国府のあたり）へもおもむき、神宮のまつりの基盤となる御贄の地と遷宮などの役夫を確定することが必要であったと思われる。

すでに岡田登説が指摘されているように、第二回の三河を中心とする国々への持統太上天皇の行幸が、そのほとんどが伊勢神宮の神戸《かんべ》（租庸調などが神宮・神社の収入とする封戸）の置かれていた国々であったのも偶然ではない。大宝元年（七〇一）の八月四日に「斎宮司」が設けられ、文武朝最初の斎王が持統天皇の妹、泉親王であったのも、その準備の時代が持統朝であったことを示唆する。

さて、問題は中納言三輪朝臣高市麻呂の諫言が「農時を妨げたまふこと」のみにあったかという点である。行幸には行宮の設定がいり、役夫などの徴発がともなう。しかしたとえば斉明天皇はその五年三月（新暦の四月）に近江へ行幸している。問題は単純ではない。

諫言の理由

「農作の妨げ」だけが諫言の理由であったとは考えにくい。天武天皇の「御宿願」をうけて、鸕野皇女は持統天皇四年正月の即位以前から伊勢神宮の第一回式年遷宮にとりくまれていたであろう。二年二カ月におよぶ天武天皇の殯《もがり》が終って、称制三年十六日には吉野へ行幸、二十一日に帰京、壬申の乱のおりの夫大海人皇子に同行した決死の覚悟の日々が想起されたにちがいない。

称制三年五月二十二日には新羅弔使級飡《きうさん》金道那に対して、孝徳天皇のおりの弔使は翳飡《えいさん》（十七階の第二位）金春秋であり、天智天皇の時の弔使は一吉飡《いつきつさん》（第七位）金薩儒《こんさちぬ》らであったのに、このたびの天武天皇の喪の弔使は級飡で（第九位）であり、しかも従来は「舳《へ》を並べ檝《かじ》を干《ほ》さず奉仕《つかえまつ》れる国」であったのは、ただ一艘のみで来朝したのを叱責する詔がだされている。

唐の高宗は永徽二年（六五一）朝鮮三国に対する重要な政策をうちだしている。すなわち新羅を助けて百済を滅ぼし、ついで高句麗を討伐する外交方針がそれである（『旧唐書』・『唐書』・『資治通鑑』）。事実六六〇年に百済は滅び、百済は倭国におもむいていた義慈王の息子豊璋を迎えいれて、その再興をこころみ、倭国も約五万の出兵を決断して百済を救援したが、六六三年の八月二十七日・二十八日の白村江（錦江）の戦いで大敗北を喫する。そして高句麗は六六八年に滅亡する。

しかし外交関係の転変は今も昔も変らない。六六七年のころから唐と新羅の関係は悪化する。そして高句麗滅亡後の遺民鉗牟岑《かんむこん》が、唐に反抗して安東都護府のある平壌を奪還しようとした。唐と同盟していた新羅がこれを支援して、鉗牟岑の擁立した高句麗の王族安勝《あんしょう》を、新羅の文武王が高句麗王に冊立した。同じころ（六七〇年）、新羅は唐の支配している百済に進攻し、旧百済領の大半を占領する。さらに翌年には泗沘（扶余）を掌握して百済を制圧した。

六七〇年は唐にとっては、版図拡大の失敗の歳となった。チベットを支配していた吐蕃《とばん》が唐の四鎮へ侵入した年が六七〇年であり、高句麗を統治していた唐の薛仁貴《せつじんき》が大軍を率いて吐蕃と戦ったが大敗した。新羅による百済の支配も、その間隙をついたものであった。薛仁貴は新羅軍とも交戦したが、ここでも敗北した。

倭国は新羅による朝鮮統一を黙認し、第六回（六六九）の遣唐使派遣から第七回（七〇二）の遣唐使の派遣まで、遣唐使を任命して入唐させることはしなかった。約三十二年におよぶ中絶であった。

唐は倭国との同盟を求めて六七一年唐使郭務悰《かくむそう》らが四十七隻二千名の使節を派遣した。しかし天智天皇が崩御し壬申の乱が勃発して、唐との協力を回避した。新羅は吉報とうけとめたにちがいない。倭国と唐との外交が中断している期間に、新羅使はなんと二十五回来朝し、遣新羅使は十回新羅へおもむいている。新羅の弔使金道那に対する叱責の詔は、こうした東アジアの情勢のなかでだされたことを見失なうわけにはいかない。

持統称制三年八月二日、百官を神祇官に集合せしめて「天神地祇の事を奉宣」した。内宮式年遷宮の前年であり、格別の意義をもった神祇官での執行であった。『日本書紀』がこの記事までは「神祇官」を「神官」と書き、「神祇官」と書くのは、八月二日の条からである。『古語拾遺』には「白雉四年（六五三）、小華下（小花下）、諱部（斎部）首佐賀斯（作期）を神官頭に拝し」と述べるが、神官頭が神祇官頭あるいは神祇官長上に替わった反映ともいえよう。

持統天皇四年五月三日には再び吉野行幸があり、さらに八月四日・十月五日・十二月十二日にも吉野行幸がなされた。内宮の式年遷宮は持統天皇四年に執行されたが『大神宮諸事記』によれば持統称制二年には「廿年一度」の「遷御」が定められ、内宮の式年遷宮につづいて「同六年壬辰豊受大神宮遷宮」のあったことが記録されている。

内宮の遷宮だけではない。外宮の遷宮があって式年遷宮は完了となる。持統天皇が伊勢行幸を、高市麻呂の諫言を押し切って持統天皇六年に強行されたのは、岡田登説が言及されたとおり、内宮のみならず、外宮の遷宮の「状況の視察」と「神宮祭祀の基盤を設定するため」であった可能性が高い。持統天皇六年が壬申の乱からの二十年の節目の歳であったのも偶然ではない。吉野行幸が五年の四月十六日から六日間、同年の七月三日から九日間、十月十三日から七日間とくり返されたのも、第一回の遷宮のありようをみずからたしかめんとする伊勢行幸とかかわりをもつと考えられよう。

斎王祭祀の意義

『日本書紀』の垂仁天皇二十五年三月十日の条には、つぎのような注目すべき記述がある。

「天照大神《あまてらすおほみかみ》を豊耜入姫命《とよすきいりびめのみこと》より離《はな》ちまつりて、倭姫命《やまとひめのみこと》に託《つ》けたまふ。爰《ここ》に倭姫命、大神《おおみかみ》を鎮《しづ》め坐《ま》させむ處《ところ》を求《もと》めて、菟田《うだ》の筱幡《ささはた》に詣《いた》る。筱、此をば佐佐《ささ》と云ふ。更《さら》に還《かへ》りて近江國《あふみのくに》に入《い》りて、東《ひがしのかた》美濃《みの》を廻《めぐ》りて、伊勢國《いせのくに》に到《いた》る。時《とき》に天照大神《あまてらすおほみかみ》、倭姫命《やまとひめのみこと》に誨《をし》へて曰《のたま》はく、「是《こ》の神風《かむかぜ》の伊勢國《いせのくに》は、常世《とこよ》の浪《なみ》の重浪《しきなみ》歸《よ》する國《くに》なり。傍國《かたくに》の可怜《うま》し國《くに》なり。是《こ》の國に居《を》らむと欲《おも》ふ」とのたまふ。故《かれ》、大神《おほみかみ》の教《おしへ》の隨《まにま》に、其《そ》の祠《やしろ》を伊勢國《いせのくに》に立《た》てたまふ。因《よ》りて齋宮《いはひのみや》を五十鈴《いすず》の川上《かはのほとり》に興《た》つ。是《これ》を磯宮《いそのみや》と謂《い》ふ。」

『日本書紀』の崇神天皇六年の条に、

「天照大神《あまてらすおほみかみ》・倭大國魂《やまとのおおくにたま》、二《ふたはしら》の神《かみ》を、天皇《すめらみこと》の大殿《みあらか》の内《うち》に並祭《いはひまつ》る。然《しかう》して其の神《かみ》の勢《みいきほひ》を畏《おそ》りて、共《とも》に住《す》みたまふに安《やす》からず。故《かれ》、天照大神を以《も》ては、豊鍬入姫命《とよすきいりびめのみこと》に託《つ》けまつりて、倭《やまと》の笠縫邑《かさぬひのむら》に祭《まつ》る。」

の記載と関連する斎宮の伝承であり、天照大神の託宣に「神風の伊勢国は、常世の浪の重波の帰する国なり」とあり、斎宮を「磯宮」とよんでいるのが注意される。「アマテラス大神」は「大《おお》日孁貴《ひるめむち》」の神であり、明らかに日神（太陽神）の神格を有するが、同時に海上他界のアマ（海）とのつながりをもつ「常世の国の重浪の帰する国」で、大神をまつる斎王の居住する斎宮を「磯宮」と称したのはその祭祀集団磯部とのかかわりを示唆する。

大王（天皇）みずからが親拝するのではなく、王女（皇女）を斎宮として祭祀する伝統は、伊勢大神の鎮座由来の伝承からはじまっている。斎宮はもと五十鈴川上にあったと伝えるが、雄略天皇三年の四月、稚足姫王女《わかたらしひめ》（栲幡姫王女《たくはたひめ》）が神鏡を埋めて自害するという不祥事件が起ってから、三重県多気郡明和町の国指定史跡斎宮跡の地に遷されたと思われる。

なぜ伊勢神宮と斎宮がこんなに離れているのか。そして『延喜式』（巻第四）に「凡そ王臣以下は輙《たやす》く大神に幣帛を供ずるを得ざれ。その三后（皇后・皇太后・太皇太后）・皇太子もしまさせに供すべきあらば、臨時に奏聞せよ」との「私幣禁断」のさだめがあったのか。

斎王の伝承については、『古事記』の崇神《すじん》天皇の条には、豊鉏入比売命《とよすきいりひめのみこと》について「伊勢神宮を拝祭」と記述し、垂仁天皇の条には、倭比売命《やまとひめのみこと》にかんして「伊勢大神を拝祭」と注記する。『日本書紀』では景行天皇二十年二月の条に、「五百野《いほの》皇女を遣したまひて、天照大神を祭らしむ」などと述べる。しかしこれらの所伝が史実かどうかさだかでない。

ところで『日本書紀』の雄略天皇元年三月の条には、稚足姫《わかたらしひめ》皇女が「伊勢大神の祠に侍《はべ》る」と記し、また継体天皇元年三月の条には、荳角《ささげ》皇女が「伊勢大神の祠に侍る」と記載する。

雄略朝以後の斎王関係伝承はかなりの信憑性があり、『日本書紀』欽明天皇二年三月の条の磐《いわ》隈《くま》皇女の「初め伊勢大神に侍《はべ》り祀る」の記事から、後の斎宮の斎王にかんする伝承は確実視してよいであろう。もっとも磐隈皇女についての「初め」とは、斎王の「初め」ではなく、茨城《うまらき》皇子に奸《おか》されて解任される以前に斎王であったことを表現した「初め」で、これを斎王の「初め」とするような説は誤読である。

敏達朝の菟道《うじ》皇女、用明・推古朝の酢香手姫《すかてひめ》皇女と斎王の派遣があいついだが、天武朝に入って六七三年から六八六年まで大來《おおく》皇女が斎王になったあと、持統朝には斎王が任命されていない。朱鳥元年（六八六）九月天武天皇崩去の直後、大來皇女の弟大津皇子がひそかに大來皇女とあい、同年十月二日謀反の容疑で逮捕、翌日刑死するという事件があったからだという説が有力だが、持統天皇の式年遷宮への関心はきわめて高く、みずからが伊勢の大神を親拝しようとところざされていたとする岡田登説には説得力がある。

伊勢の大神は斎王が祭祀し、しかも神宮からかなり離れた斎宮に居住するというありようは、天皇といえども簡単には親拝しないきびしさを物語っている。『日本書紀』の持統天皇四年正月一日の即位記事についてみのがせない記述がある。その即位のありようが「元会儀の如し」と述べられている。「元会儀」とは「賀正礼」のことであり、その形式は漢風化・形式化しつつあった。天皇の王権継承の祭儀をより日本的な国家の祭儀とする必要があった。

すでにその方針は天武朝にあったが、大嘗祭がはじめて実施されたのは持統天皇五年（六九一）十一月四日からである。その祭儀は十一月三十日までつづいた。新嘗祭を拡充し、ケ（褻＝日常）からハレ（晴＝非日常）へ、そしてハレからケへの日本のマツリを集約した祭儀であった。「大宝令」や「養老令」の「神祇令」に「毎年の大嘗」とあるのは新嘗祭であり、「毎世の大嘗」とあるのは大嘗祭を指す。践祚大嘗祭とも大嘗会ともいい、天皇の即位が七月以前であればその年の十一月に、以後であれば翌年の十一月に執行されるのが恒例となった。祭儀に先立って国郡の卜定《ぼくじょう》があり、悠紀《ゆき》・主基《すき》の両国を定める。十一月の寅の日に鎮魂祭があり、卯の日から午《うま》の日まで大嘗の祭儀が続く。卯の日に廻立殿《かいりゅうでん》で潔斎した天皇は、大嘗宮（悠紀殿・主基殿）に入り、八重畳の神座に着座する。神饌行立《しんせんぎょうりゅう》、神饌親供、御食の秘儀などが執行され、殿外では国栖奏《くずそう》悠紀・主基の両国風俗歌舞、語部の古詞奏上、隼人舞などが演奏された。辰の日（悠紀節会《せちえ》）巳の日（主基節会）には両国の風俗歌舞などがあり、午の日（豊明節会《とよのあかりのせちえ》）には国栖奏、久米舞《くめまい》、両国の風俗歌舞などが行われた。この大嘗祭には日本の祭の基本的な要素が集約されていた。卯の日はハレ（晴）の中心的な神事が執行される時間と空間であり、辰・巳の日はハレからケ（褻）への直会《なおらい》、午の日はその饗宴に相当する。

とくに重要なのは神座に設けた御衾《おふすま》（真床《まどこ》覆衾・寝具）に臥す祭儀である。『日本書紀』が明記する「真床覆衾」をもってニニギノミコトに「裹《き》せまつりて」天孫降臨する神話の再現であり、折口信夫師によれば「此真床褻衾こそ、大嘗祭の褥裳を考へるよすがともなり、皇太子《ヒツギノミコ》の物忌みの生活を考へるよすがともなる」（「大嘗祭の本義」、『折口信夫全集』第三巻、中央公論社）ということになる。つまりは王権が大嘗祭によって更新され、大嘗祭ミタマフリによってスメラミコトとしての神格を保持するマツリにほかならない。

私見によれば、日本国号が称されるのは天武天皇三年（六六九）三月以後の天武朝からだと考えている。日本国号の問題を考えるさいに、改めて浮かび上がってくるのが、高句麗僧の道顕が著した『日本世記《にほんせいき》』である。この『日本世記』は『日本書紀』の斉明天皇六年七月の条、同七年四月の条、同年十一月の条、天智天皇八年十月の条に引用されており、天智天皇即位前紀十二月、同元年四月の条には、その道顕の言葉がみえている。これらの道顕の記述も、その著『日本世記』の文にもとづいたものと考えられる。

道顕にかんする記事は、藤原仲麻呂がまとめた『家伝』（上）（『大織冠＝藤原鎌足伝』）にもあり、また藤原（中臣）鎌足の長男であった貞慧《じょうえ》（貞恵）が二十三歳で亡くなったおりに（六六六年）、誄詞《しのびごと》を献じたことが記載されている。これらの史料によって、道顕が鎌足と深いつながりをもっていたことが察知されよう。

書名に「日本」を冠し、その記述に「日本」がみえる道顕の『日本世記』は、いつごろまとめられたのであろうか。その年次は不詳だが、鎌足が薨じた天智天皇八年（六六九）以後、天武朝には確実に存在した記録と思われる。ここで参照すべきは、『日本書紀』の天武天皇三年（六七四）三月の条に、九州の対馬で産出した銀を朝廷に献上したことをしるして、「凡そ銀の倭国にあることは、初めて此の時に出《み》えたり」と述べている記事である。この「倭国」はいわゆる「日本国」に相当するが、天武天皇三年の記述に「倭国」とあるから、六七四年のころの原史料にはまだ倭国と称されていたことを示唆する。とすれば、「日本国」の確実な登場は、六七四年以後の天武朝であったと考えられる。道顕の書も天武天皇三年以後にまとめられた可能性がある。

天照大神は、天武・持統朝においてはたんなる皇祖神ではなく、まさに国家神ともいうべき神格がプラスされていた。天皇という君主の称号については、遅くとも天武朝に確実に使われていたことを、奈良県明日香村の飛鳥池遺跡から丁丑《ひのとうし》（天武天皇六年〈六七七〉）の木簡と共に出土した木簡に墨痕あざやかに「天皇」と書かれていたことによってもたしかめられる。中国でも唐の高宗や則天武后が使用しているが、中国のそれは「天の皇」すなわち「上天の皇帝」を意味したが、日本では「スメラミコト」とよび、「スメ」は「統《す》べ」ではなく、モンゴル語で最高の山を意味するsumelと同源の言葉で、至高の神のミコトモチ（命令の伝達者）であった。
天武朝に具体化して持統朝に施行された「飛鳥浄御原令」には詔書に「天皇」を用いることが規定されていたにちがいない。大宝元年（七〇一）にできて翌年から施行された、公文書の様式および作成・施行上諸規定を定めた「公式令《くしきりょう》」の「詔書式」について、「大宝令」の註釈書ともいうべき『古記』（天平十年〈七三八〉成立）には「明神御宇日本天皇詔旨」を「隣国（唐）・蕃国（新羅・渤海など）に対して詔《みことのり》するの辞」としながらも、「隣国に通ずるは別に勘《かんがう》べし」と解釈している。

実際に天平五年（七三三）に派遣された遣唐副使中臣名代《なかとみのなしろ》が帰国するさいの玄宗皇帝の勅書（宰相張九齢の起草）には「勅日本国主明楽美御徳《すめらみこと》」とあって、中国に対してスメラミコトの語が使われていたことを物語る。

天武朝の伊勢神宮の斎王には前述したように大來皇女が任命されたが、それとは別に天武天皇四年二月には十市《とおち》皇女・阿閇《あべ》皇女が「皇女勅使」となり（榎村寛之『伊勢神宮と古代王権』、筑摩書房）、朱鳥元年（六八六）四月にも多紀《たき》皇女・山城姫王・石川夫人が伊勢に派遣されている。

斎王と皇女「勅使」の派遣が混在する時期は、榎村説では元正朝の後期まで続いていたことになるが、天武朝から「皇女勅使」が伊勢神宮におもむいていることに注目したい。天皇親祭ではなく、伊勢神宮においても「勅使」の参宮であった。

持統天皇はその五年十一月に大嘗祭を創設した。そして天皇みずからが日本国家の至高君主になったのである。持統朝には斎王も「皇女勅使」も伊勢神宮には派遣されていないのは、そのこととも関係があったと思われる。三輪朝臣高市麻呂が必死の諫言をしたのは、至高の君主が伊勢参拝をすることは、至高の君主の地位と性格に影響をおよぼすと思案したからではないか。

それを示す史料がないので断言するわけにはいかないが、三輪朝臣高市麻呂は、これまでに例のない伊勢神宮親拝の可能性を危惧して、必死の想いで諫言したのではないか。意外に思われるかもしれないが、実際に神宮親拝は明治天皇のほかにはない。

『万葉集』には大宝二年（七〇二）正月、長門守（時に従四位上）となり、三輪川（泊瀬川）のあたりで宴《うたげ》をしたおりの歌二首が『万葉集』に載っている。

〝三諸の神の帯《お》ばせる泊瀬川水《みお》絶し絶えずは我忘れらめや〟（一七七〇）、大神神社ゆかりの三輪朝臣高市麻呂らしい、三輪山の山麓を流れる泊瀬川の宴は、長門へ向う大神《おおみわ》大夫にとって三諸《みもろ》の神奈備は生涯忘れることのできぬ集いであった。

〝後《おく》れ居《い》て我はや恋ひむ春霞たたびく山を君が越えれば〟（一七七一）、高市麻呂の恋ごころが伝わってくる。高市麻呂が筑紫に赴任したことを証明する史料はないが、『万葉集』の題詞には「大神大夫、筑紫国に任ぜらるる時に、阿倍大夫（阿倍広庭であろう）の作る歌」とあって、〝後れ居《い》て我はや恋ひむ印南野秋萩見つつ去《い》なむ子故に〟（一七七二）と歌っている。高市麻呂が印南野《いなみの》

（兵庫県の加古川・明石両市のあたりの野）の女人を思慕した歌であろう。

三輪朝臣高市麻呂は、慶雲三年（七〇六）二月六日、左京大夫従四位上でこの世を去ったが、壬申の乱のおりの功績によって従三位を贈られている。

天皇に冠位を返上して諫言した、日本史上まれにみる士大夫高市麻呂の思想の行動には、今もなお謎がひめられているが、そこには持統天皇四年の伊勢内宮の遷宮、そして持統天皇六年の伊勢外宮の遷宮をめぐる「天武天皇の宿願」をうけついだ持統天皇みずからの強い関心があったからではないか。

遣唐使と天平文化

大仏開眼供養会

盧舎那大仏の造立

「なすところの奇偉あげて記すべからず、仏法東に帰《いた》りてより、斎会《さいえ》の儀かつてかくの如く盛《さかん》なるはあらざるなり」。これは『続日本紀』が天平勝宝四年（七五二）の四月九日の東大寺盧舎那大《るしゃなだい》仏開眼供養会《ぶつかいげんくようえ》のありさまを表現した文の一節である。高さ五丈三尺五寸（十六メートルあまり）の巨大な座像、仏顔の長さだけでも一丈六尺、両眼おのおの三尺九寸の長さ。この大仏の造立と開眼供養の盛儀は、まことに天平文化を象徴する大事業であり一大イベントであった。

聖武《しょうむ》天皇が盧舎那大仏の造立を発願《ほつがん》したのは、「辰の年（天平十二年〈七四〇〉）」に「河内国大《おお》県《あがた》郡の智識寺《ちしきでら》の盧舎那仏を礼《おが》み奉りて」からであった（天平勝宝元年十二月の「宣命《せんみょう》」）と伝えるが、翌年天平十三年二月には、国ごとに金光明四天王護国寺（国分寺）・法華滅罪寺《ほっけめつざいじ》（国分尼寺）建立の詔が出されている。孝徳朝から斉明朝・天智朝の実力者であった中臣《なかとみ》（藤原）鎌足《かまたり》の次男で、鎌足亡きあと政界の実力者となった藤原不比等《ふじわらのふひと》と県犬養《あがたいぬかい》（橘《たちばなの》）三千代《みちよ》との間に生まれた安宿《あすかべ》媛《ひめ》（聖武天皇の皇后）が、光明子《こうみょうし》を名乗るようになったのは、天平十二年の頃からである。光明皇后の「光明」は「金光明最勝王経」の「光明」に由来する。

私がそのように思うのは『続日本紀』が年六十で亡くなった光明皇太后の「崩伝」に、「東大寺及び天下の国分寺を創建するのは、もと太后の勧《すす》む所なり」と述べているばかりでなく、東大寺に「金光明四天王護国之寺」の勅額がいまに伝えられているからである。東大寺の前身である金鐘寺《こんしゅじ》は大和の金光明寺（国分寺）となり、事実上日本の総国分寺となった。

そして天平十五年の一月十二日には、この「大養徳《やまと》国金光明寺」に「衆僧」を集めて「金光明最勝王経」を読ましめ、「殊勝会《しゅしょうえ》を設け奉りて、天下の摸《ためし》（手本）となさん」との大法会が行われている。

有名な大仏建立の詔が出されたのは、天平十五年の十月十五日であった。都は恭仁京《くにきょう》にあって、その詔には「それ、天下の富を有《たも》つは朕《ちん》なり、天下の勢《いきおい》を有つは朕なり」と宣され、「一枝の草、一把《いちわ》の土を持ちて像を助け造らぬと情《こころ》に願はば、恣《ほしいまま》に聴《ゆる》せ」と協力がよびかけられていた。もっともこの詔に「ただ恐《おそ》るらくは、徒《ただ》に人を労すことのみありて能《よ》く聖に感《かま》くることなく、或は誹謗《ひぼう》を生《おこ》して反《かえ》りて罪辜《ざいこ》に堕《おと》さむことを」と憂慮されていたことも見のがせない。

大仏の造立は、滋賀県甲賀市の紫香楽宮《しがらきのみや》ではじめられ、天平十六年十一月には骨柱が建てられ、天平十七年の五月、恭仁京から難波京《なにわきょう》（難波京へは天平十六年二月に遷《かえ》る）へ遷っていた都が、再び平城京に遷って、同年五月から、平城京の東郊で造立の作業が再開された。『東大寺要録』によって鋳造《ちゅうぞう》が天平十九年九月に開始され、三か年八度の鋳造を経て、天平勝宝元年（七四九）十月に本体がほぼ完成したことがわかる。螺髪《らほつ》九六六個の鋳造が終わったのは天平勝宝三年の六月であった（なお補修の鋳加は同七年正月まで続く）。大仏殿も同二年に建立され、天平二十一年（七四九・四月十四日改元）の二月に、百済《くだら》義慈王の五世で当時陸奥守《むつのかみ》であった百済王敬福によって、聖武天皇が宣命《せんみょう》（国文体の詔勅）で「この地《くに》には無きもの」と嘆かれていた黄金が、陸奥少《お》（小）田《だ》郡（宮城県遠田郡）から献上された。その黄金による塗金がはじまる。

もっとも二月のそれは、黄金の一部を携えての飛駅による報告であったが、その吉報の宣命を越中守であった大伴家持《おおとものやかもち》が受けて、「陸奥国より金《こがね》を出せる詔書を賀《ほ》ぐ歌」を詠んでいる。その長歌のなかに、第二次世界大戦中さかんに歌われた「海行かば」の〝海行かば水浸《みづ》く屍《かばね》　山行かば草生《む》す屍　大君の　辺《へ》にこそ死なめ　顧《かえり》みはせじと言立《ことた》て〟の歌詞が歌いこまれている。

塗金は天平勝宝四年の三月十四日からはじまったが、塗金は仏顔などの一部にとどまって、すべての塗金が完了せぬままに四月九日の開眼供養会を迎えた。

未曾有の盛儀

『続日本紀』が「斎会の儀かつてかくの如く盛なるはあらざるなり」と讃嘆した大仏開眼供養会の開眼導師をつとめたのは、天竺《てんじく》（インド）の菩提僊那《ぼだいせんな》であり、唐僧道璿《どうせん》は呪願師、林邑《りんゆう》（ベトナム）僧の仏哲《ぶってつ》（徹）は、林邑楽の楽師となった。華厳経の本尊であり教主である盧舎那大仏の開眼供養会では華厳経の講説は不可欠である。隆尊律師が講師、延福法師が読師となった（東大寺の前身である金鐘寺でも天平八年、同十二年に新羅《しらぎ》学生と伝える審祥《しんじょう》が華厳経を講じている）。

天平勝宝四年の三月二十一日には開眼師などを招請する「勅」が出されており、そこでは、釈《しゃ》迦《か》誕生の灌仏会《かんぶつえ》にあたる四月八日が開眼供養の日とされていた。四月四日には聖武太上天皇と光明皇后が東大寺に行幸、六日には内裏《だいり》と平城宮を兵士四百人によって警備、七日には諸家から種々の造花が献じられ、八日には平城宮の留守官が任命されている。

当日は聖武太上天皇・光明皇太后・孝謙天皇が行幸、五位以上は礼服、六位以下は朝服で文武百官が参列した。『東大寺要録』によれば参加の僧は九千七百九十九人と記す。

前に菩提僊那・道璿・仏哲をあげたのは、これらの高僧は、天平五年（七三三）度の遣唐使の副使中臣名代《なかとみのなしろ》の船に同乗して渡来した人たちだからである。波斯（ペルシャ）人の李密翳《りみつえい》や大学頭となった唐人の袁晋卿《えんしんけい》も同船していた。西大寺の旧境内からは、平成二十二年（二〇一〇）の四月には日本最古のイスラム陶器の破片十九点が出土して注目をあつめたが、唐楽にすぐれ、雅楽員外助《いんがいのすけ》兼花苑司正となった皇甫東朝《こうほとうちょう》もその帰国船に乗って来日した（宝亀元年〈七七〇〉十二月には越中介となる）。

遣唐使については入唐船の乗船者がとかく注目されがちだが、帰国船の乗船者も軽視できない。たとえば日本の仏教の発展への寄与はもとよりのこと王羲之《おうぎし》らの書や典籍、仏像・仏具・調度品・香料・薬物などをもたらした、六度目の渡航で漸く来日した鑑真大和上《がんじんだいわじょう》らは、天平勝宝四年（七五二）閏《うるう》三月、東大寺大仏開眼供養会の直前に難波を出発した遣唐使、その副使古麻呂の船で来日した。

鑑真ばかりではなく、随伴した僧にはすぐれた人材が多く、『大唐伝戒師僧名記』を著わした思託《したく》、『沙弥《しゃみ》十戒並威儀経疏』などの著者で大僧都《だいそうず》となった法進あるいは藤原仲麻呂の命をうけて藤原氏の『家伝』の編纂に加わった延慶らもそのなかにいた。

「生ける正倉院」雅楽

大仏開眼供養会の歌舞・音楽について『続日本紀』は「雅楽寮と諸寺との種々の音楽」と記載するが、具体的には久米舞《くめまい》・楯伏舞《たてふし》・唐散楽・唐中楽・唐胡楽《こがく》・高麗楽《こまがく》・度羅楽・大御舞・女漢《あや》人躍歌・林邑楽・唐女舞・高麗女楽など（『東大寺要録』）であった。日本の伝統的な歌舞ばかりではない。アジアの楽舞を八世紀はじめの日本で集大成したのが雅楽であった。「シルクロードの終点」ともいわれる正倉院の貴重な宝物、そしていまに続く雅楽は、日本の生ける正倉院といってよい。

そこにいう高麗楽とは三国楽（百済楽・新羅楽・高句麗《こうくり》楽）の総称であり、雅楽じたいが久米舞をはじめとする倭国・日本国の歌舞ばかりでなく、渡来の楽舞によって構成されていた。度羅楽の度羅については中央アジアのトハラ説のほかタイのドゥヴァラヴァティ説があるが、これらの渡来の楽舞が、海外との交渉のなかで渡来の人びとによってもたらされたことは確かである。唐楽の伝来は、唐人皇甫東朝の例にもみられるように、遣唐使によって伝えられた可能性が高い。

渤海《ぼっかい》楽の演奏は開眼供養会の記録にみえないが、天平勝宝元年（七四九）十二月二十七日には孝謙天皇・聖武太上天皇・光明皇太后が東大寺に行幸、百官・諸氏人・僧五千が集って、「礼仏読経」し、唐楽・渤海楽・呉楽《くれがく》・五節田舞《ごせちのたまい》・久米舞を奏している。唐楽は遣唐使によって、渤海楽は渤海使によってもたらされたといえよう。

雅楽が固有の歌舞のみではなく、内なる歌舞と外なる渡来の楽舞によって形づくられたことは、その歩みをかえりみれば明らかとなる。『日本書紀』の允恭《いんぎょう》天皇四十二年正月の条には、新羅から「種々の楽人」が倭国へ渡来したことを記し、ついで同書欽明天皇十五年二月の条には、百済から「楽人」の「施徳三斤《せとくさんこん》・季徳己麻次《きとくこまじ》・季徳進奴《しんぬ》・対徳進陀《たいとくしんだ》」が来朝したことを述べる。そして推古天皇二十年是歳の条では、百済の味摩之《みまし》が「伎楽《ぎがく》の舞」を伝えたことを記述する。高句麗・百済・新羅の楽舞を三国楽というが、「三国楽」が天武朝の飛鳥浄御原宮《あすかきよみはらのみや》の「庭の中」で演奏されたことは『日本書紀』の天武天皇十二年正月の条をみてもわかる。

八世紀はじめの頃に制定された「大宝令」、それに「養老令」の二官（神祇《じんぎ》官・太政《だじょう》官）・八省（中務《なかつかさ》・式部《しきぶ》・治部《じぶ》・民部・兵部《ひょうぶ》・刑部《ぎょうぶ》・大蔵・宮内《くない》の各省）をはじめとする役所の名称・定員・職掌などを規定した「職員令《しきいんりょう》」には、治部省のもとに「雅楽寮」が設けられていたことを明記する。この役所は、「ウタマヒノツカサ」とよぶが、ここには在来の歌舞の歌師《うたし》（四人）・歌人《うたびと》（四十人）・歌女《うため》（百人）・儛師《まいし》（四人）、儛生《まいしょう》（百人）などのほか唐楽師（十二人）・楽生《がくしょう》（六十人）、高麗（高句麗）楽師・楽生、百済楽師・楽生、新羅楽師・楽生（それぞれ四人・二十人）が所属し、さらに伎楽師（一人）・楽戸、腰鼓《くれつづみ》師（二人）などが配属されていた。職員人数はわかっているものだけで四百五十九名、それに人数を書いていない楽戸の人びとを加えると、関係者の総数は五百名を超える。二官八省のなかでの職員数は雅楽寮がもっとも多い。いかに当時の政府が、雅楽を重視していたかがわかる。

天長十年（八三三）のころまでに、雅楽では唐楽や林邑楽などの左方《さかた》と三国楽や渤海楽などの右方《うかた》、すなわち両部制がととのい、平安時代には楽家《がくけ》による秘伝の伝授、つまり家元制度が形づくられる。そして雅楽は三方楽所《さんぽうがくそ》（京方＝大内方、奈良方＝南都方、大坂方＝天王寺方《てんのうじ》）を核として展開した。そしてその命脈は京都・奈良・大阪を中心に生きつづけている。

明治三年（一八七〇）には宮内省に雅楽局ができて、雅楽のいわゆる家元制は解体し、雅楽局の伝統は現在の宮内庁式部職楽部《がくぶ》に引き継がれているが、「生ける正倉院」ともいうべき雅楽は、現在の日本文化のなかでも、なお燦然《さんぜん》と光り輝く。

いまは天平文化を象徴する大仏開眼供養会がいかにインターナショナルであり、遣唐使とも深い関わりをもっていたかを史実に即して論究してきたが、遣唐使の時代を短絡的にしかも一律に論じるわけにはいかない。

遣唐使と平城遷都

冊封体制から冊封関係へ

遣唐使の任命は舒明天皇二年（六三〇）から寛平六年（八九四）まで二十度におよぶが、そのうちの四回は停止、そして天智天皇六年（六六七）の遣唐使は、唐使法聡を百済へ送りとどけたけれども入唐しておらず、入唐した遣唐使の実数は十五回であった（うち迎入唐使一、送唐客使二）。

遣唐使が七世紀から九世紀までの日本の歴史の発展に寄与したことは多言するまでもなく、その後における日本文化の展開にも大きな影響をおよぼしたが、すでに指摘されているように、遣唐使の役割には時代による変化があって、これを一括して論ずるわけにはいかない。私はその内容から前期（天智天皇八年〈六六九〉度まで）と後期（大宝二年〈七〇二〉度以後）とに分けて理解するのが適当であると考えている。なぜなら前期と後期とではそのおもむきが大きく異なっているからである。

前期の遣唐使船が二隻ないし一隻で北路であったのに対して、後期のそれはおおむね四隻で南路であった（渤海路1）という違いばかりではない。第二次（六五三年）・第三次（一隻1、二隻1）、次（六五四年）・第四次（六五九年）そして第五次（六六五年）・第六次（六六九年）というように相次いで派遣されており、そこには唐の朝鮮三国（百済・新羅・高句麗）に対する政策と、そのなかで朝鮮半島における影響力を保持しようとした倭国の外交姿勢にもとづくきわめて政治的な色合いが濃厚であった。

推古《すいこ》天皇八年（六〇〇）の遣隋使《けんずいし》派遣の折からは、南朝宋《そう》に朝貢した倭の五王（讃・珍・済・興・武）の段階のような冊封体制《さくほう》でなく、倭国王は中国王朝に朝貢しても、軍号・爵号などは受けない冊封関係へと変化していた。

『隋書』（「東夷伝」倭国の条）に大業三年（六〇七）の遣隋使の国書に「日出ずる処の天子、書を日没する処の天子に致す」と記してあったのに、隋の煬帝《ようだい》が激怒したと述べているが、稲荷山《いなりやま》古墳出土の鉄剣銘文や江田船山古墳の大刀銘文に、はっきりと倭王武（雄略天皇）が「治天下」の

「大王」を称し、『宋書』（「夷蛮伝」倭国の条）に昇明二年（四七八）「自ら開府儀同三司を称し、その余も咸《み》な仮授」と上表したように、倭王武の段階のころから明らかに冊封体制からの自立をめざしていた。そして実際に四七八年を最後に六〇〇年の第一回の遣隋使派遣まで中国へは遣使せず、「治天下」の「大王」の伝統を継承して「天子」を名乗るにいたったのである（その点については「辛亥《しんがい》鉄剣銘文の再検討」『古代国家と東アジア』所収、角川学芸出版ほかで詳述した）。

したがってそうした姿勢は遣唐外交にも受け継がれ、舒明天皇四年（六三二）の十月唐使高表《こうひょう》仁《じん》が新羅の送使とともに来朝した時には、倭国王と「礼を争って朝命を宣べず」に帰国するという緊張関係も具体化したのである（『旧唐書《くとうじょ》』は「王子」とする）。そのことは入唐した遣唐使の帰国に同伴して来日した唐使は宝亀八年（七七七）まで例がなく、唐使の二回目（六六四年）・三回目（六六七年）・五回目（六七一年）が百済鎮将劉仁願《りゅうじんがん》の使であった状況にもうかがわれる。

遣唐使がはじめて派遣されたのは六三〇年の八月であったが、それ以前からすでにその準備がなされていた形跡は、六一五年に安芸（広島県）で本格的な造船がはじまっているありようにもみいだされる。しかしその本格化は推古三十一年（六二三）の七月に遣隋留学生の薬師恵日《くすしのえにち》や留学僧恵済《えさい》らが、新羅大使智洗爾《ちせんに》らとともに帰国し、恵日らが「大唐国は法式備《そなわ》り定まれる珍《たから》の国なり、常に通ふべし」と遣唐使の派遣を進言した頃からである。六四〇年に遣隋留学生高向《たかむくの》玄理《くろまろ》や留学僧旻《みん》らは新羅使・百済使とともに帰国し、唐からの留学生や留学僧の帰国が新羅使に随伴するかたちをとり、第一回の唐使高表仁らの来朝が、新羅の送使によって実現するというように、唐・新羅の路線で倭国と唐との交渉が現実化してきたこともみのがせない。

遣唐使の派遣があった六三〇年に、高句麗の大使宴子抜《えんしばい》らと百済の大使恩率素子《おんそつそし》らがそろって来朝していることに注目したい。高句麗は六三一年のころから唐との関係が悪化し、六四五年には唐による高句麗征討がはじまる。百済は遣唐使を唐に派遣してはいたが、その関係は良好ではなく、倭国と唐・新羅との関係が親密になることを阻止しようとする動きをとった。百済は六三一年に義慈王の王子である豊璋《ほうしょう》を「質」とし、倭国との親交を深めようとした。

第一回の遣唐使から唐との安定した関係を確立できなかった倭国の政府は六五三年（第二次）まで遣唐使の派遣を見合わせ、六三二年から六五三年までの間に十五回来朝した新羅使に対して、遣新羅使は六四二年から六四九年の間に三回派遣した（『日本書紀』）。この間に、百済との関係が深まったとする説があるけれども、内実は必ずしもそうではなかった。

六四五年の七月には百済に「任那《みまな》の調」の貢上を命じている。そして翌年の九月には新羅へ高向玄理らを派遣して服属のかたちとしての「質」を貢《たてまつ》らしめ、新羅からの「任那の調」貢上の停止を伝達している。新羅に対しても追随の姿勢などはとってはいない。

唐の三国政策

昭和六十一年（一九八六）の十二月に出版した『藤原不比等』（朝日選書）のなかで、私は「当時の情勢を、中国の史書や朝鮮の史書によって注意深く読みとる必要がある」と述べて、唐の朝鮮三国に対する姿勢を次のように指摘した。永徽二年（六五一）、すなわち第二次遣唐使派遣の二年前、唐の高宗は、百済王（義慈王）の遣使朝貢にたいして爾書《じしょ》を与えた。爾書には、その前年新羅の金春秋《きんしゅんじゅう》（後の太宗武烈王《ぶれつおう》）の子である金法敏が遣使奉書したところをよりどころに、百済が兼併した新羅の城は本国（新羅）に返還し、新羅が百済から捕虜としたものは百済に返すべしと述べられていた。そしてさらに王（百済の義慈王）がもし指示に従わなければ、金法敏の要請によって王と決戦するにまかせようとするものであった（『旧唐書』東夷伝百済条）。『資治通鑑《しじつがん》』の「唐紀」（高宗上之上条）では、「然らずんば、吾まさに兵を発して汝を討たむとす」とある。

『旧唐書』の前掲の条に記載する璽書にはまた、百済の隣国高句麗王（宝蔵王）に約束せしむこととして高句麗がもし高宗の命令を承知しなければ、「契丹諸蕃《きったんしょばん》」をして抄掠《しょうりゃく》せしめんとのただならぬ決意が付記されてもいた。唐の朝鮮王国に対する政策のこのようなありように注目したのである。百済にとっては、こうした新羅勢力支持を前提とする唐の朝鮮三国への干渉は、大きな脅威になった。

『三国史記』（百済本紀）には、義慈王十三年（六五三）の八月、義慈王が「倭国に好《よしみ》を通ず」と記す。『日本書紀』によれば白雉二年（六五一）・白雉三年には百済使・新羅使が相次いで「調」

を貢し、「物」を献じている。六五一年の唐の新羅を授けて百済・高句麗を討つという政策を打ちだしていた情報は百済側からも新羅側からも伝わっていたにちがいない。

新羅の真徳女王は六四八年楽浪郡王に封じられて、「唐国の服」に改め、六五〇年には唐の年号を採用しており、六五二年に来朝した新羅使知万沙飡《ちまささん》らが唐服を着用しているのを孝徳朝が「悪《にく》み、呵嘖《せ》めて追ひ還す」という事態にもなっていた。

六五〇年すでに新羅による百済の攻略は開始されていた。それをうけて六五一年に唐は新羅を公に支援することを表明した。百済が倭国と「好を通じた」翌年には、英傑金春秋が王となり(太宗武烈王)、開府儀同三司新羅王に封じられた。

白雉四年(六五三)の遣唐使は、大使吉士長丹《きしのながに》・副使吉士駒《こま》を筆頭に道昭《どうしょう》・弁正《べんしょう》・道観をはじめとする留学僧が多い。そのメンバーのなかに、当時の政界の実力者中臣鎌足の長男の定《じょう》(貞)慧《え》や中臣渠毎《こめ》の子の安達《あんだち》がいるのは、鎌足がこの遣唐使を重視していたことを示唆する。

難波宮《なにわのみや》を造営して新政をめざした孝徳朝の動きに対して、中大兄皇子《なかのおおえのおうじ》らは反発し、難波宮から飛鳥の古京に遷ることを進言した。だがその進言は拒否されて、皇極太上天皇・間人《はしひと》大后・大海人《おおあま》皇子らとともに飛鳥へ帰るという政局の危機を迎えた。

にもかかわらず、前年の遣唐使の帰国を待たずに、白雉五年の二月に第三次の遣唐使が出発している。孝徳朝が唐の動静に迅速に対応しようとした熱意がうかがわれる。押使《おうし》は孝徳朝の国博士であった高向玄理であり、副使は蘇我《そが》氏の同族の河辺臣麻呂《かわべのおみまろ》とかつての遣隋留学生であった薬師恵日であり、中大兄皇子・中臣鎌足につながる中臣老《なかとみのおゆ》や鎌足の次男史《ふひと》（不比等）の乳母となった田辺史《たなべのふひと》の娘の一族の鳥《とり》たちも参加していた。やはり留学僧が多く、高向玄理のほか留学僧恵妙・知聡・智国・覚勝・義通らは、客死あるいは遭難などで亡くなっている。

『新唐書』（東夷伝・日本の条）には、白雉の遣唐使に対して、唐の高宗が璽書を与えて「兵を出して新羅を授けよ」と命じたことを記す。六五三年すでに百済と親交を結んでいた倭国の遣唐使たちは当惑したにちがいない。

唐に対して倭国が「夷狄《いてき》」を服属させている大国であることを誇示しようとして、斉明天皇五年（六五九）七月に出港したのが坂合部石布《さかいべのいわしき》を大使とする遣唐使であった。遣唐使船は蝦夷《えみし》征討による成果として「蝦夷男女」を同乗させて渡海し、同年の閏《うるう》十月十五日に長安に到着、馬で同月二十九日洛陽に入って皇帝の謁見《えっけん》となる。唐の高宗の質問に答えて、蝦夷に「都加留《つかる》（津軽）」「麁蝦夷《あらえみし》」・「熟《にき》蝦夷」の三種のあることを告げたという。

その状況は、遣唐使の判官であった伊吉連博徳《いきのむらじはかとこ》が記録している『伊吉連博徳書』によってわかるが、注目すべきは十一月一日（冬至）の郊祀《こうし》の祭天に招かれていることである。大宝二年（七〇二）度の粟田真人《あわたのまひと》や天平勝宝四年（七五二）度の藤原清河も参加しているが、日本の天皇で郊祀を行った天子の確実な最初は桓武《かんむ》天皇である（七八四・七八七年）。招待された各国使節のなかで

「倭の客もっとも勝《すぐ》れたり」と評されたという。

ところが十二月三日、「国家、来《きた》らむ年に、必ず海東の政（百済の征討）あらむ、汝等倭の客、東に帰ること得ざれ」と長安に抑留された。実際に帰国してきたのは、唐・新羅の連合軍によって百済が滅んだ翌年（六六一）の七月であった。

前期の遣唐使の織りなした唐との関係がいかに不安定であったか。そしてまた留学僧が多い仏教文化などの導入という目的をもちながらも、きわめて政治的な性格が濃厚であったことがわかる。

百済の遺臣らが百済王豊璋を奉じて百済復興軍を起こし、倭国はその支援を名目に出兵したが、六六三年白村江《はくそんこう》で大敗北を喫した。この折に百済の官人・技術者らが多数倭国に亡命し、天智朝の有力メンバーとなったことは、『日本書紀』『続日本紀』『懐風藻』や「大仏殿碑文」などでも確かめられるが、東大寺大仏造立《ぞうりゅう》の大仏師となった国中連公《くになかのむらじきみ》（君）麻呂《まろ》の祖父も、六六三年のころに亡命した徳率《とくそつ》（第四位）国骨富《こくこっぷ》で、大和国葛下郡国中村に居住したので、国中連を名乗ることになる。

六六七年三月、都は近江の大津宮に遷るが、その遷都は白村江の敗北を大きな契機としていた。北九州から瀬戸内海周辺にかけて朝鮮式山城を多く構築し、北陸・東山・東海の道につながる大津に新都を造営したのである。『万葉集』で柿本人麻呂が〝いかさまに思ほしめせか〟といぶかったのも当時の人びとの思惑を反映している。

欽明天皇三十一年（五七〇）・敏達天皇二年（五七三）と相次いで高句麗の使節が越《こし》（北陸）から上陸し、近江路は大和飛鳥への渡来コースであった。したがって飛鳥の宮に入る前の京都府南部で奈良山の北の木津川市山城町のあたりに高句麗使の迎賓館《げいひん》（相楽館・高械館《こまひのむろつみ》）を設けたのである。

百済が滅亡したあと、倭国が恃《たの》みとするのは高句麗である。唐・新羅との戦いの折にも、その戦況を百済救援軍の将（犬上君）が高句麗に伝えているが、大津遷都の背景のひとつに、天智朝廷が強く高句麗につながる要地として大津を意識していたとみなすのが私見である（「大津遷都の考究」『論究・古代史と東アジア』所収、岩波書店）。

大津遷都の推進者である中臣鎌足が、百済の義慈王と親交があったことは、天平勝宝八年（七五六）の『東大寺献物帳』に、「百済国王義慈、内大臣（鎌足）に進《たてまつ》る赤漆槻木厨子《ずし》」を明記し、また高句麗王とも直接の交わりをもっていたことは、『家伝』（上）に「高麗王内公書を（鎌足）に贈る」とあるのにもみいだされる。六六六年の正月・六六八年の七月に越（北陸）から高句麗の使節が来朝しているのも偶然ではない。

天智六年（六六七）度の遣唐使は、百済鎮将劉仁願が派遣した唐使司馬法聡を百済へ送る遣唐使であり、天智八年（六六九）年度の遣唐使は、倭国の期待もむなしく、高句麗が滅んだのを建前上賀した「賀平高麗使」（『新唐書』東夷伝・日本の条、『唐会要』倭国伝）であった。

大宝度の遣唐使

白村江の戦いで大勝した唐と新羅の関係は、六七一年の頃から険悪となり、その冬には新羅軍と唐軍は熊津《ゆうしん》（忠清南道公州）で戦い、六七四年には唐は新羅王の冊封官爵を剥奪した。そこで新羅王は謝罪して旧に復すというありさまであった。六六九年の遣唐使から七〇二年の遣唐使までの三十三年ばかりの間、遣唐使の派遣は中絶した。そこには、倭国の君主が天皇を名乗り、対外的に日本国を称するにいたる注目すべき前提となった壬申《じんしん》の乱の勃発《ぼっぱつ》があったが（『倭国から日本国へ』文英堂）、この遣唐使中絶の期間に、日本国がもっとも頻繁に交渉したのは新羅であった。『日本書紀』によれば新羅使は二十五回来日し、遣新羅使は十回新羅におもむいている。それらの記事をすべて信頼しうるか検討を要するが、この折、新羅から貴重な「調」の貢進と海外の新知識が伝来したことは確かであり、「飛鳥浄御原令《あすかきよみはらりょう》」や「大宝律令」の完成にも大きな影響をおよぼした（「古代の日本と新羅」『有光教一先生白寿記念論集』所収、高麗美術館研究所）。新羅は日本国に「朝貢」してその絆を強化し、唐の圧迫に対抗しようとし、日本の支配者層は新羅を「蕃国」視して、いわゆる日本版中華思想を強要した。

だが神文王六年（六八六）、新羅王朝は使臣を唐へ派遣し『礼記《らいき》』「文章」を求めたのに対して、唐の則天武后《そくてんぶこう》は『吉凶要礼』を書写せしめ、『文館詞林』のなかの『詞渉規誡』を五十巻にまとめて新羅王朝に贈り、この頃から唐と新羅との関係が修復する。新羅は唐との関係が良好になると、日本への「朝貢」の姿勢を見直し、「亢礼《こうれい》」（対等）の関係を要求するようになる。

そうした対外関係の変化のなかで大宝二年（七〇二）の遣唐使の派遣となる。大宝元年（七〇一）の正月に執節使に粟田真人、大使に高橋笠間《たかはしのかさま》が任命されたが風浪高く、翌年の六月末に出発した折の大使には副使の坂合大分《さかいべのおおきた》が就任していた。『旧唐書』（東夷伝日本の条）には、長安三年（七〇三）長安の麟徳殿《りんとくでん》で則天武后の招宴を受け、粟田真人には司膳卿が授けられている。大宝元年執節使任命の折には、民部尚書直大弐《じきだいに》であったが、『旧唐書』では「中国の戸部尚書の如し」と比較され、「好んで経史を読み、文を属《つ》くるを解し、容止温雅」と評されている。

粟田真人は粟田臣百済《あわたのおみくだら》の子で白雉四年の遣唐学僧であった道観であり、帰国後還俗して官人のコースを歩み持統称制三年（六八九）には筑紫大宰《たいざい》、文武天皇三年（六九九）には天智天皇陵造営の造山科山陵使となった。そして藤原不比等とともに「大宝律令」の編纂に参加した。『新唐書』には「諸僧に従つて経を授け」られ、「書を貿《あきな》つて帰る」と記す。

大宝度の遣唐使が『続日本紀』や『善隣国宝記』所引の『唐書』によって、「日本国使」を対外的に名乗ったことがわかる。そして前期の遣唐使とは異なって、二十年に一度朝貢するのを原則とすることになった。日唐関係は安定し、政治・経済はもとより文化の導入が積極的になされるようになる。

長安でつぶさに則天武后の治政を見聞し、長安城の実際を学んだ遣唐使は、三度に分かれて帰国する。慶雲元年（七〇四）の七月に粟田真人らが、同四年三月に巨勢邑治《こせのおおじ》らが、養老二年（七一八）十月に多治比県守《たじひのあがたもり》らが帰国した。奈良県明日香《あすか》村平田の高松塚古墳の副葬品のひとつであった唐の海獣《かいじゅう》葡萄《ぶどう》鏡《きょう》と同笵の海獣葡萄鏡が神功二年（六九八）の墓誌のある長安（陝西省西安市）の独孤思貞《どっこしてい》墓からみつかり、高松塚の海獣葡萄鏡が唐から持ち帰られた折は、おそらく高松塚の築造年代から考えて七〇四年か七〇八年であろう。そしてたとえば『日本書紀』の巻第十九に述べるいわゆる仏教伝来の記事には、唐の義浄が長安三年（七〇三）に新訳した『金光明最勝王経』の文にもとづくところがある。この新訳の経典が日本に伝わったのは、道慈らが帰国した七一八年の折にちがいない。

　帰朝した粟田真人は大納言藤原不比等に大唐の報告をし、その功によって大和の田二十町・穀一千石を与えられる。翌年の四月には不比等を補佐する中納言に抜擢《ばってき》された。

　天武天皇の意思を受け継いで多大の経費と労力によって造営された大藤原京へ、飛鳥浄御原宮から都が遷されたのは持統天皇八年（六九四）の十二月であった。にもかかわらず和銅元年（七〇八）の二月十五日に平城京への遷都の詔が出された。その間わずかに十三年あまりである。なぜ大藤原京がこのような短期間で棄都されたのか。

　通説は遷都の詔に「当今平城の地は、四禽《しきん》（四神）図に叶ひ三山を鎮め作《な》す、亀筮《きぜい》並に従ふ」がその主な理由とされている。だがはたしてそうであろうか。大藤原京も大和三山を配した相応の地であった。

大藤原京は北西が低く東南が高いという地勢の不都合、「藤原宮の役民の作る歌」（『万葉集』）に詠まれているように、近江の田上山《たなかみやま》で伐りだした用材を藤原宮へ運ぶのに、宇治川↓木津川↓木津へ運び、さらに陸路で佐保川さらに運河でという木津の港からも遠くに位置していた。そればかりではなく、慶雲三年・四年には旱魃《かんばつ》と疫病が続発して人心を一新する必要があった。しかも中国周代の官制を記した『周礼《しゅらい》』（冬官考工記）をモデルとした本格的な条坊制の首都大藤原京の内裏・大極殿《だいごくでん》・朝堂院《ちょうどういん》は、長安のような京城北に宮城が位置する北闕《ほっけつ》型ではない。

粟田真人らの進言を受けた不比等はあらたな新京を造営して遷都する決意を固めたと思われる。元明天皇みずからは遷都の詔のなかで「遷都の事必ずとすること、いまだ遑《いとま》あらず」とし、「王公大臣みな言ふ」遷都の「衆議忍び難く、詞情深切なり」との意志が表明されていた。

元明天皇の平城遷都へのためらいは『藤原不比等』（朝日選書）でも論証したように、和銅元年の元明天皇の「御製歌」（『万葉集』）にも明らかである。〝ますらをの鞆《とも》の音すなりもののふの大まえつきみ（物部乃大臣）楯立つらしも〟の歌は、大嘗祭《だいじょうさい》や蝦夷征討のさいの詠ではない。平城京の予定地に、当時左大臣になっていた石上《いそのかみ》（物部《もののべ》）麻呂《のまろ》が占地して楯を立てるさまに不安をおぼえての「御製歌」であった。その故に実姉の御名部《みなべ》皇女が「わが大王《おおきみ》物な思ほし皇神《すめがみ》のつぎて賜へる吾《われ》無けなくに」と慰めはげますのである。

大藤原京の棄都には反対する抵抗勢力もあった。遷都の詔の出た翌月の十三日、かつてない大人事異動を決行した。右大臣石上麻呂を左大臣に、不比等みずからは右大臣になり、太政官の主要メンバー、中務省を除く七省弾正台・左右京職・五衛府《ごえふ》・摂津職《せっつしき》のトップ、さらに大倭《やまと》（大和）国守から信濃守《しなの》まで二十七カ国の国司におよぶ総入れ替えを断行した。中納言粟田真人には北九州と瀬戸内海の表玄関である大宰府の帥《そつ》を兼任させた（『公卿補任』）。

大宝年度の遣唐使は、後期遣唐使のはじまりであるばかりでなく、万葉の世紀の主要な都であった平城京の遷都にも大きな影響をおよぼしたといってよい。

春日大社と遣唐使

航海安全の祈り

霊亀三年（養老元〈七一七〉）の遣唐使には留学生として吉備真備《きびのまきび》・阿倍仲麻呂その従者の羽栗《はぐりの》吉麻呂《よしまろ》・留学僧として僧玄昉《げんぼう》らが、遣唐押使多治比《おうしたじひの》県守《あがたもり》・大使安倍安万侶・副使藤原馬養《うまかい》に随行していた。二〇〇四年の十月、中国の西北大学歴史博物館は館蔵の井真成《せいしんせい》墓誌を公表したが、この井真成も霊亀度の遣唐留学生であった。

『旧唐書』によると、朝臣仲満《なかまろ》（仲麻呂）は唐朝に仕えて氏姓を改め朝衡《ちょうこう》とし、左補闕《さほけつ》（従七品上）・儀王友（従五品下）を経て京師《けいし》（長安）に留まると記す。まず司経校書《しけいこうしょ》（正九品下）ついで左拾遺に任じられ、最後は衛尉少卿《えいいしょうけい》（従四品上）さらに秘書監兼衛尉卿となった。その仲麻呂の羇《き》旅《りょ》・望郷の歌が『古今和歌集』に載っている。

有名な〝天の原ふりさけみれば春日《かすが》なるみかさの山に出でし月かも〟がそれである。中国の漢詩に見られる月が、「月によって過去と現在を関連づける場合」「月の常住不易の姿に対照」して、「人の移ろいやすさ、世の断絶が明らかにされる」のとは異なって、仲麻呂の歌の月は、「人ひとりの昔と今とを結びつけるなかだちとして」詠まれているとの指摘（大谷雅夫『歌と詩のあいだ』岩波書店）が参考になるが、なぜ阿倍仲麻呂はその羇旅・望郷の歌のなかで、〝みかさの山の月〟を詠んだのであろうか。そこには奈良時代の遣唐使が平城京を出発する前、二月の春日祭神の日に御蓋山《みかさやま》（三笠山）・春日山の麓で、神に航海の安全祈願をした史実が前提になっていた。『続日本紀』の霊亀三年（養老元〈七一七〉）二月一日の条には、「遣唐使、神祇を御蓋山の南に祀《まつ》る」と記されている。この遣唐使とは前年の八月に任命された、遣唐押使多治比真人県守らのメンバーであり、その一行には阿部朝臣仲麻呂がいた。

遣唐使と春日のまつりとの関係を物語る史料はほかにもある。『続日本紀』の宝亀八年（七七七）二月六日の条には、遣唐副使小野朝臣石根《いわね》らが「天神地祇を春日山の下に拝す」と述べて、つぎのように記す。「去年、風調《ととの》はずして、渡海することを得ず、使人復頻《またしき》りに以て相替《あいかわ》る。是に到りて、副使小野朝臣石根重ねて祭祀を脩《しゅう》するなり」と。

この記事は、宝亀六年の六月に、遣唐大使に任命された佐伯今毛人《さえきのいまえみし》が、翌年の閏八月に、肥前国松浦の港で風待ちをしたが、適当な季節風が吹かなかったとして出発を見合わせ、さらに病気と称して遣唐大使を辞退したので、あらたに小野石根が遣唐大使として派遣されることになる折の「春日山の下」の「拝」であった。

「重ねて祭祀を脩するなり」とある「重ねて」とは、最初の遣唐大使佐伯今毛人のときにも、春日野でのまつりがあり、再度小野石根のときにも「春日山の下」でのまつりが執行されたことをはっきりと物語る。

『万葉集』(四二四〇・四二四一)にはつぎの両首が収められている。

春日祭神の日に、藤原太后の作ります歌一首、即ち入唐大使藤原朝臣清河に賜ふ

大船に真楫繁貫《まかじしじぬ》きこの吾子《あこ》をからくにへ遣《や》る斎《いわ》へ神たち

大使藤原朝臣清河の歌一首

春日野に斎《いつ》く三諸《みもろ》の梅の花栄えてあり待て還り来るまで

藤原清河は藤原房前《ふささき》(藤原不比等の第二子、北家の祖)の第四子であり、藤原太后は多言を弄《ろう》するまでもなく安宿媛《あすかべひめ》すなわち光明皇太后(藤原不比等の娘)である。藤原清河が遣唐大使に任命され

たのは、天平勝宝二年（七五〇）の九月二十四日であった。清河の応答歌に、「斎く三諸の梅の花」が詠みこまれているように、この「春日祭神の日」とは、翌年の梅の花の咲く頃の「春日祭神の日」であった。藤原清河の歌に「春日野に斎く三諸」と詠まれているのも軽視できない。

この天平勝宝三年二月の「春日祭神の日」の両首も遣唐大使藤原清河が航海を終えて無事に帰京してくることを歌った遣唐使の出発をめぐる詠である。

『続日本紀』の天平勝宝二年二月十六日の条には、孝謙天皇の「春日酒殿《さかどの》」への行幸を記載する。そしてその日に「唐人正六位上李元環《りげんかん》に外従五位下を授け」ている。この唐人李元環は天平宝字五年（七六一）の十二月に李忌寸《いみき》の姓を与えられ、同七年七月に織部正《おりべのかみ》に任じられた。宝亀二年（七七一）十一月には正五位下に昇進し、のちに清宗宿禰《すくね》と改氏姓する。したがって『新撰姓氏録』（左京諸蕃）にも清宗宿禰は「唐人正五位下李元環の後なり」と明記されるのである。「春日酒殿」行幸の日の唐人叙位も、春日大社と唐人との関わりを暗示する。おそらく「春日酒殿」の行幸に唐人たちも加わっていたのであろう。

なお遣唐使といえば、唐からの文物の導入のみが強調されるが、『延喜式』に述べるとおり、日本からの朝貢品も軽視できない。わけても聖徳太子の作とする「勝鬘経義疏《しょうまんぎょうぎしょ》」や「法華《ほっけ》義疏」が入唐僧の誡《かい》（戒）明《みん》・得清らによって唐へ伝えられ、明空が「勝鬘経義疏」に注釈を加えていることを付記する。

藤原氏の氏神

藤原京から平城京への遷都を推進した実力者は、前にも述べたように、中臣（藤原）鎌足の二男であった右大臣藤原不比等であった。その藤原氏の氏神が、奈良市春日野に鎮座する春日大社である。

春日山の支峯御蓋山を神奈備《かんなび》（神体山）とする春日大社は、全国の各地で奉斎《ほうさい》されている春日明神の総本社であり、日本の神祇《じんぎ》信仰を多彩にいろどった春日信仰のメッカである。春日大社本殿の第一殿には建御賀豆智命《たけみかずちのみこと》、第二殿には伊波比主命《いわいぬしのみこと》、第三殿には天児屋根命《あめのこやねのみこと》、第四殿には比売神《ひめがみ》が祭祀されている。延喜《えんぎ》五年（九〇五）から編纂がはじまって、延長五年（九二七）に完成した『延喜式《えんぎしき》』の神名帳に明記する、大和国添上《そえかみ》郡の「春日祭神四座」がそれである。『延喜式』に所収する春日祭の祝詞《のりと》にもはっきりとうかがわれるように、この「春日祭神四座」とは「鹿嶋《かしま》に坐《ま》す建御賀豆智命、香取《かとり》に坐す伊波比主命、枚岡《ひらおか》に坐す天之子八根命《あめのこやねのみこと》、比売神」の四神であった。

春日大社の四神が藤原氏の「氏神」として信奉されたことは、『続日本紀』の宝亀八年（七七七）七月十六日の条に、「内大臣従二位藤原朝臣良継病《や》めり、その氏神鹿嶋社を正三位に、香取神を正四位上に叙す」と記載するのにも明らかである。藤原良継は藤原宇合《うまかい》の第二子であり、宇合は藤原不比等の第三子であった。良継は藤原式家の出身で、不比等からいえばその孫にあたる。

少なくとも宝亀八年の七月までに、鹿嶋・香取の両神が、藤原氏の「氏神」として信奉されていたことが、この記述によってわかる。そしてそれは、七世紀半ばの孝徳朝の頃から中臣氏が常陸国と深い関わりをもったのにはじまるといってよい。

「氏神」の表記は、『万葉集』にもみえている。『万葉集』の大伴坂上郎女《おおとものさかのうえのいらつめ》の「祭神歌」（三七九・三八〇）の左註に「右の歌は天平五年の冬十一月を以て、大伴氏神を供祭の時、いささかにこの歌を作りき、故《かれ》、祭神歌と曰《い》ふ」とある。この左註は坂上郎女が「大伴氏神」を「供祭」したことを物語る史料としても興味深いが、この「大伴氏神」をたんなる「大伴氏の神」とみなす説にはくみしがたい。『延喜式』にも記載されている「伴氏神社」が、大伴氏の「氏神社」であったように、「大伴の氏の神」あるいは「大伴の氏神」とよむべきであろう。

奈良時代後半に「氏神」の観念や「氏神祭」が実際に存在したことは、宝亀三年（七七二）十月二十八日の「美努石成《みぬのいわなり》請暇解《げ》」（『正倉院文書』）に「私氏神」と記され、また同年四月十三日の「某請暇解」（『同』）に「氏神祭事」と書かれているのにも明らかである。

聖武天皇と恭仁京

恭仁京の発掘調査

昭和五十六年（一九八一）四月に京都府埋蔵文化財調査研究センターがスタートしてから二〇一〇年が足かけ三十年です。今日はその三十年を記念して講演会を開催することになりました。振り返りますと、初代福山敏男先生、二代樋口隆康先生の後を受けて、現在理事長をつとめておりますが、このセンターが設立されてから、京都府内で様々な発掘成果を挙げてまいりました。

二〇一〇年は和銅三年（七一〇）三月十日に藤原京から平城京に都が遷ってからちょうど千三百年ということで、奈良では様々なイベントが行われました。私も奈良市や橿原市での講演・シンポジウムに招かれましたが、平城遷都千三百年にちなんで、わが京都が奈良時代にどんな役割を果たしたかを知っていただきたいと思います。

今日は、主として恭仁京の問題を中心にお話ししたいと思って参りました。よく教科書その他で奈良時代は七代七十四年と書いてありますが、正確にいえば奈良時代は八代です。なぜなら、長岡に都を定められた桓武天皇が即位されたのが天応元年（七八一）であって、延暦三年（七八四）の十二月十一日に平城京から長岡京に都が遷るまで、平城京に都されていたのは桓武天皇です。したがって、奈良時代は、正確には八代と言うべきです。

しかも、その七十四年の間、都は平城京にずっと在ったかというと、天平十二年（七四〇）の十二月十五日、平城京から都は恭仁宮に遷ります。天平十二年の十二月十五日から、都は平城京になくて、京都府南部（木津川市加茂町）に内裏が造営され、大極殿ができ、朝堂院ができ、朝集殿院ができたわけです。そして、天平十六年の二月二十六日まで、奈良時代の都は京都府木津川市の加茂町にあったわけです。その都である平城京がかつて孝徳天皇の都であった難波京に遷りまして、天平十七年の五月十一日、都は再び平城京に戻ります。ですから、天平という時代の中心をなす天平十五年のときの都は、平城京ではなく、恭仁京でした。

恭仁京の調査は、昭和四十八年（一九七三）から現在まで、京都府教育委員会が中心になって大きな成果をあげました。その調査の結果、内裏が二つある、東地区と西地区があることが明らかとなりました。そして東地区には聖武天皇、西地区には元正太上天皇が住んでおられたことが明らかになっています。元正天皇は、奈良時代二代目の女の天皇です。『日本書紀』は元正朝に完成します。文武天皇の姉が元正天皇ですが、元正天皇が亡くなったのは天平二十年の四月です。六十九歳であの世へと旅立たれるわけですが、その元正天皇の内裏が西側にありました。そして大極殿・朝堂院が発掘されましたけれども、その大極殿・朝堂院は、平城京の第一次大極殿・第一次朝堂院を遷したことが明らかになっております。しかも、朝堂院の南の朝集殿院よりも朝堂院の幅が狭く、正方形（一八×一五メートル）で木製の基壇というのも、恭仁宮の朝堂・朝集殿院のたたずまいが平城宮をモデルにしながら独自の要素のあることを明らかにしています。

天平の都

その恭仁京が天平という時代の中心の都であったということを、平城遷都千三百年の時代を振り返る中で、京都の皆さんにもう一度確認していただきたい。「奈良時代」と申しますので、平城遷都千三百年は奈良県や奈良市の問題であって京都府民は関係がない、とお思いであれば、それは明らかに間違いです。

そもそも「天平」という年号はどうしてついたのか。神亀六年（七二九）の二月、木簡がたくさん出土したのでご存じだと思いますが、天武天皇の孫で、父は高市皇子である長屋王が、左大臣として政治を担当しておりました。天皇の孫が政治の中核を担っていますから、皇親政治と申しておりますが、その皇親政治のトップに立っていたのが左大臣長屋王です。藤原氏にとっては大変目障りな存在でした。そして、長屋王は謀反の嫌疑をかけられ、屋敷を包囲され自刃に追い込まれて倒れます。その後、河内国（現大阪府）の古市郡《ふるいちぐん》で、加茂小虫《かものこむし》という人物が、背中に「天王貴平治百年」という文字が書いてある亀を見つけたというので、朝廷に報告します。その仲介の労をとったのは藤原不比等の三男にあたる藤原宇合《うまかい》でした。古市郡というのは、光明皇后の母に当たる県犬養三千代《あがたのいぬかいのみちよ》の本貫地（出身地）です。そこで、「天王」の「天」と、「貴平」の「平」をとって、神亀六年八月五日に年号が「神亀」から「天平」に替わる。この天平改元の背景に藤原氏がいたことは誰の目にも明らかです。

そして、五日後、天平元年の八月十日、藤原不比等と県犬養三千代との間に生まれた安宿媛《あすかべひめ》。「安宿」は河内国の安宿郡《あすかべぐん》に由来します。藤原不比等の乳母が田辺史《たなべのふひと》の娘でありましたが、田辺史の出身地は安宿郡です。その乳母の故郷の「安宿郡」の安宿を、不比等と三千代の間に生まれた女性に名付けた。これが後の光明皇后です。律令の規定によると、皇后は皇族出身の女性でなければならないのですが、天平改元五日後の八月十日に安宿夫人を皇后にしたわけです。その時、聖武天皇が出された宣命をみますと、皇族出身でないものを皇后にした例はあると述べられています。仁徳天皇の時代の話ですが、葛城襲津彦の娘、盤之媛《いわのひめ》を仁徳天皇の皇后にした古い例を出して、安宿媛を皇后にする立后の理由にしています。「天平」という年号自体は、藤原氏の政治的画策によることは、歴史を勉強したものであれば多くの方が知っていることです。その都があった平城京から、なぜ恭仁京に遷ったのか。平城遷都の最大の功績者は、拙著『藤原不比等』（朝日新聞社）の中で詳しく書きましたように、藤原不比等です。不比等の献策によって実現した平城京をなぜ棄都して南山城の木津川市の加茂町に新しい都をつくる必要があったのか。これは平城遷都千三百年の問題を考えるときの、非常に重要な研究テーマのひとつです。私が招かれた平城遷都千三百年を巡るシンポジウム・記念講演でも、ほとんどの先生が恭仁京の問題には触れておられないのは、まことに残念です。したがって、恭仁京が奈良時代において、いかに大事な都であったかということを考えたいと思います。

恭仁京遷都の理由

なぜ平城京をはなれて恭仁京に都が遷ったのか。私は、その理由はおよそ四つばかりあると思っています。

第一番目の理由は、藤原広嗣《ひろつぐ》の乱です。天平十二年（七四〇）の九月、九州大宰府の大弐《だいに》（次官。長官は大宰帥）、藤原広嗣が謀叛を起こします。これは六七二年の壬申の乱に次ぐ、古代の大変大きな争乱です。広嗣は僧玄昉《げんぼう》、吉備真備《きびのまきび》を弾劾し、九州の大宰府を拠点に反旗をひるがえします。その乱が平城京の聖武天皇の耳に入り、にわかに聖武天皇の伊勢行幸となる。伊勢行幸の発端は、藤原広嗣の内乱です。広嗣は十月二十二日に逮捕され、十一月一日に処刑されています。争乱は平定されましたが、にもかかわらず聖武天皇は近江へ入り、そして天平十二年の十二月十五日に恭仁京を正式に都とされました。恭仁宮遷都の一つの前提には、広嗣の乱がある。

第二番目の理由は、恭仁宮の跡へおいでになりますとわかりますように、前には川が流れておりまして、大変風光明媚な場所です。「小洛陽」と褒めたたえた史料もあります。『万葉集』をご覧頂いたら、いかに風光明媚な土地であったかということをうかがうことができます。恭仁京を詠んだ大伴家持の歌を読んでおりますと、天平十五年（七四三）、癸未の秋八月十六日、家持二十六歳、「内舎人《うどねり》の大伴宿祢家持の久迩京《くにのみやこ》を讃《ほ》めて作りし歌」、そこに「今造る久迩の都は山川のさやけき見ればうべ知らすらし」とあります。

さらに第三番目の理由があります。旧山陰道や近江への道に繋がる重要な交通の要所であったということです。そして、木津という港が存在します。藤原京の弱点はいろいろありますが、一つに藤原京は北西が低くて東南が高い。こういう地勢は都の地勢には全くあわない。天子南面ですから、北が高くて南が低い「北高南低の地形」がふさわしいのです。地形がアンバランスです。その他には、藤原京には港がないんです。平城京に遷った時に、強く平城遷都の意識の中で木津の港が重視されていることが、いろんな史料によって明らかになります。恭仁京に都が遷った理由のひとつに、わたくしは木津の港の存在を忘れてはならないと思っています。

第四番目は、当時勢力を持ってきた橘 諸兄《たちばなのもろえ》の別業《なりどころ》がこの相楽郡の地にあったということです。なぜ、木津川市の馬場南遺跡で万葉の歌木簡がみつかったかという問題も（後述参照）、恭仁京と木津の港の問題を抜きに論ずることはできないと考えています。

馬場南遺跡と神雄寺

恭仁京遷都と橘氏との関わりも無視することはできません。馬場南遺跡からは、墨書土器がたくさん出てきました。その中に、「神雄寺」とはっきり書いてある墨書土器が三点あります。「神雄」と書いている墨書土器は四点見つかっています。そして、最も多い墨書土器は「神寺」と書いた墨書土器で、九点見つかっています。「神寺《しんじ》」というのには、大変意味があって、わが国の仏教説話集の現伝最古である『日本霊異記』上・中・下の下巻の第十九話をお読み下さい。宇佐八幡の神宮寺、「弥勒寺《みろくじ》」といいますが、この弥勒寺を「大神寺」と書く。「神寺」というのは、神仏習合の寺に使っている例があります。私はこの「神寺」という墨書土器の寺、神雄寺は、神仏習合のお寺ではないかと、墨書土器を見た瞬間に思いました。そこから万葉歌木簡が出土したのも、恭仁京と木津の港と平城京の賀世（鹿背）山西道とのつながり、そして、当時勢力を持っていた橘氏の関係を抜きに考えないわけにはいきません。

そのようにして栄えた奈良の平城京に次ぐ恭仁京が、わずか三年三カ月でなぜ「難波《なにわ》」に都が遷ったのか。その問題もあわせて考える必要があると思います。『万葉集』には、恭仁京の宮が荒れていく様を歌った歌があります。〝三香原久迩の都は荒れにけり大宮人のうつろひぬれば〟という歌がありますが、三年三カ月で都でなくなるのです。そこには、天平十二年から財力と労力をつぎ込んで恭仁京の造営が行われ、国家財政の窮乏の問題もひとつあります。そして何よりも、藤原氏と橘氏の政治争いが深刻化してくるわけです。安積親王《あさかしんのう》が急死する——私はこれは藤原氏の陰謀によるところが非常に大きいと思っていますが、政局が極めて不安定になったことも、難波遷都への理由であろうと考えています。その恭仁宮で、天平を彩る東大寺大仏建立の詔《みことのり》が——平城京で出たのではなく、恭仁宮で詔が出されていることを、平城遷都千三百年において考え直して欲しい。

恭仁京の意義

『続日本紀』の天平十二年十二月の十五日の条に、「皇帝在前幸恭仁宮、始作京都」（皇帝がまず恭仁宮に幸す）、「皇帝」は聖武天皇で、「始めて京都《みやこ》をつくる」とあります。これは、恭仁京造営の記事です。その次に、「太上天皇皇后在後而至」。太上天皇とは元正太上天皇、皇后とは光明皇后で、後に在りて至る——天皇が先に行かれて、後に光明皇后と元正太上天皇が赴かれるということになるわけです。

そして、天平十三年の九月十二日に重要なことが書いています。「従賀世山西道以東為左京以西為右京」（賀世山の西道に従って東を以て左京と為す。西を以て右京と為す）。つまり、恭仁京は左京・右京が設けられた都であったことも、この史料で明らかです。そのことを明確に復原されたのが京都大学の歴史地理学の足利健亮さんです。恭仁京と賀世山の左京・右京の地図は、足利さんが復原されました。大変優れた歴史地理学者でした。彼が大阪府立大学の助教授であったのを京都大学へ迎える中心に動いたのは私ですし、足利君が教授になるときの選考委員長は私が務めました。大変立派な学者だったのですが、京大在職中に亡くなったのは誠に残念です。その「賀世山西道」の南に下っていく道に面して、万葉歌木簡の出た木津川市の馬場南遺跡があるということを、しっかり思い起こしていただきたい。恭仁京の中心部に繋がる「賀世山西道」の南に下がっていく道に面して馬場南遺跡が存在するということは、馬場南遺跡が恭仁京と深い関係を持っているということを、私たちに教えてくれます。

天平十四年正月一日の史料には、「大極殿未だ成らずして」とあります。これは内裏から造営が始まるんですね。大極殿はまだできてない。そこで仮に「四阿《あづまや》の殿《との》」を造りて此《こ》に於《お》いて元日の朝賀の儀式をあげた、と書いてある。大極殿を平城京から運んでいるということは、この史料を理解するときに非常に大きな意味があります。天平十四年の二月五日には、大仏造営が始まる場所、近江の国甲賀郡《こうがぐん》への道が恭仁京からつけられているわけです。そして天平十四年には、恭仁宮の宮垣が完成して、その完成に功績をあげたのが、太秦公《うづまさのきみ》の姓を与えられた秦嶋麻呂《はたのしままろ》であることも明記されています。秦氏は恭仁宮でも活躍しますし、平安京の造営にも長岡京の造営にも活躍しますが、秦氏が都造りに関係する最初の史料が明確に出てくるのは恭仁宮であるということも知っておいていただきたい。

そしてこれはあまり注意されていませんが、天平十五年の五月五日、恭仁京で重要な行事が行われています。それは皇太子であった阿部《あべ》内親王《ないしんのう》、後の孝謙天皇が、恭仁京の群臣の集まっている中で「五節《ごせち》の舞《まい》」を舞っているのです。これは明らかに、次の天皇は阿部内親王であるということを、群臣の前で公にした出来事です。五月五日というのは、多くの皆さんは端午の節句で、男の子のお祭りのように思っておりますが、これは鎌倉時代以後の話であって、古代においては女の日なんです。現在でも五月五日は「女の天下」と称して、早乙女《さおとめ》になる皆さんのお祭りが行われるところもあります。歌舞伎の好きな方は、近松門左衛門の「女殺油地獄」という芝居を観られた方であれば知っておられると思いますが、「五月五日は女の天下」という台詞が門左衛門が作った歌舞伎の中に出てくる。江戸時代でも五月五日は「女の天下」なのです。その五月五日に阿部内親王が天武天皇が定めたという五節の舞を群臣の前で舞っている。なぜかというと、聖武天皇のお子さんには県犬養広刀自との間に安積親王という有力な皇子がいました。この方が次の天皇になる可能性も十分にあった。橘氏とも深い関係があったし、家持とも深い関係があったことが『万葉集』で明らかです。天平十六年正月十一日に、「安積親王縁脚病従櫻井頓宮還」(安積親王脚の病によりて櫻井《さくらい》の頓宮《かりみや》より還る)とあります。そして、十三日には歳十七歳でにわかに亡くなっている。これは藤原氏の策謀によると考えて差し支えないと思います。

そういう状況の中で、恭仁京の宮で五月五日に舞が行われて、そして天平十五年の五月二十七日に「三世一身法《さんぜいっしんのほう》」が廃止になり、「墾田永年私財法《こんでんえいねんしざいほう》」という土地制度に関する根本的な改正法令が出された。国家的土地所有が崩壊して、初期荘園が誕生するスタートは、この天平十五年五月二十七日の「墾田永年私財法」の発布です。この重要な詔がでたのは平城京ではない。恭仁京なのです。しかも、天平十五年の十月十五日に、「東大寺大仏建立の詔」が出たわけですね。天平を彩る大仏開眼供養会は天平勝宝四年(七五二)の四月九日盛大に行われますが、その東大寺大仏の建立を正式に詔として出されたのは平城京ではない、恭仁京です。恭仁京がいかに天平文化と密接な関係を持ってきたかということは、今申し上げた史料をご覧になってもおわかりになると思います。

行基の活躍

この恭仁京の造営に大きな役割を果たしたのが、行基上人です。行基上人の父は高志才智《こしのさいち》という百済系の渡来人、お母様も蜂田古爾比売《はちだのこにひめ》という百済系の渡来人、両親共に百済から日本に渡ってきた渡来系です。その行基上人が大仏建立に非常に大きな役割を果たされて、天平二十一年の二月に八十二歳で亡くなります。

私の著作集の第七巻のなかで、行基上人のことを詳しく書いています。『行基菩薩伝』という行基の伝記です。それを読みますと、天平十三年の三月に行基が泉橋院《せんきょういん》、木津川を渡った北側、今も泉橋寺《せんきょうじ》というお寺がありますが、そこに滞在していた十七日の日に聖武天皇が泉橋院に行幸されている。そこで行基と「終日清談《せいだん》」したという重要な記事が書かれています。従来の行基研究でもこのことはあまり注目されておりませんが、今も泉橋寺に行くたびに恭仁京造営と行基の役割、行基と聖武天皇とのつながりを感じます。

その恭仁京の中心部に繋がる「賀世山道」を下ってくると、木津川市の馬場南遺跡に繋がります。平城京からは北へ約五キロメートルの場所です。神雄寺は神仏習合の寺でしたが、私は橘氏と深い関わりを持った寺であるということを、発掘成果の直後から終始となえてきました。

万葉木簡

そして、〝秋萩の下葉もみち〟という万葉歌木簡が出土しました。現在までに、万葉歌木簡は三点見つかっています。ひとつは、奈良県明日香村の石神遺跡です。これは〝あさなきにきやるしらなみ〟という万葉歌を記した木簡で、平成十五年（二〇〇三）に五六〇点出土した木簡中にあって、発掘した当時は気づかなかったんです。五年後に名古屋の先生が注目された。しかも、これは菱形の板に鋭利な刃物で歌の文句を書いています。そして左から右に書いている。〝あさなぎにきよるて〟というのは万葉の文句では「きやる」。「しらなみ」の「弥」が「你」になっていて、あまり歌の道に精通している人ではないし、鋭利な刃物で板切れに書いている一種の手習いの木簡です。

それからもう一つは、甲賀市の紫香楽宮、宮町遺跡から十年前に出土したのを、栄原永遠男さんが見つけられたわけですが、「あさかやま」の歌の上の句です。しかし、これはわずか一・二ミリの厚さです。表には王仁《わに》博士の歌と伝える〝なにわづにさくやこのはな〟の歌が書いてあり、〝あさかやま〟の歌が裏に書いてあります。紀貫之が『古今和歌集』の仮名序に書いておりますように、この二つの歌は手習いの最初に学ぶ歌の「ちちはは」である、と。これは、習書の木簡です。

確実な歌木簡は、京都府埋蔵文化財調査研究センターが発掘した、〝あきはぎのしたばもみちぬ〟という歌木簡。歌会の類の木簡です。しかも出土状況がはっきりとわかっています。その本物が、保存処理が終わりましたので、向日市文化資料館の「天平浪漫紀行・京都」の展覧会に、出品されました。

なぜ、現在のところ、唯一の歌会の類と関わりある木簡が木津川市の馬場南遺跡で見つかっているのか。これは恭仁京の問題と、橘氏の問題と、木津の港の問題とを抜きにしては語ることができないと思っています。

平城遷都千三百年で恭仁京の存在意識がほとんど言及されておりませんけれど、京都府民の皆様は、平城遷都千三百年は、我が京都の問題でもあるとお考えいただき、奈良時代における恭仁京の歴史的意義とその発掘成果をかえりみてほしいと思います。

王統の画期としての應神朝

應神天皇の王統

昭和四十二年（一九六七）の一月に、三輪王権から河内王朝への倭王権の推移を論究したことがある（『大和朝廷』角川書店、増訂講談社学術文庫）。その画期がいわゆる應神朝であることを、(1)誉田御廟山古墳（伝應神天皇陵）をはじめとする巨大前方後円墳の存在、(2)大王の諱《いみな》と和風の諡《おくりな》（ホムタワケ・イザホワケ・ミズハワケなど）、(3)大伴・物部などの有力氏族の本居、(4)国生み神話の背景、(5)宮居伝承（大隅宮・高津宮・丹比柴籬宮《たじひしばかき》・近つ飛鳥宮など）、(6)倭の五王をめぐる国際関係を理由に考察した。

その考えは基本的に変えていないが、河内王朝にかんする最近の見解は、「倭の五王とその時代」（『百舌鳥・古市大古墳展図録』近つ飛鳥博物館、二〇〇九）で論述したとおりである。私見は江上波夫先生の騎馬民族征服の王朝説とは、おもむきをかなり異にする。四世紀の三輪王権と五世紀の河内王朝との間には大きなひらきがあるが、ホムタワケ大王（應神天皇）の王統は、妻のナカツヒメによってオホタラシヒコオシロワケ（景行天皇）につながり、三輪王権が大和から西の河内へ王権の処点を遷すと考えている。したがって権威のシンボルとしての前方後円墳の伝統は発展的に継承されているとみなしているからである（『大和朝廷』講談社学術文庫）。

　應神朝を倭王権の史脈における画期とする歴史意識は、『古事記』・『日本書紀』をはじめとする古典の伝承のなかにもはっきりと反映されている。『古事記』が上巻を神代巻とし、いわゆる天皇のはじまりをカムヤマトイワレヒコ（神武天皇）からはじめて、ホムタワケ（應神天皇）までを中巻としているのも、そしてまた『古事記』がオホドノミコト（継体天皇）の系譜を「品太王（應神天皇）の五世の孫」とし、『日本書紀』が男大迹《おほど》（継体）天皇の系譜を「誉田天皇の五世の孫、彦主人《ひこうし》王の子」と明記して、應神天皇の王統につながることを強調しているのも、いわれあってのことである。

『釈日本紀』所引の『上宮記』逸文の系譜では、應神天皇から継体天皇までの系譜のなかみを書いているのに、『記』『紀』が若野毛《わかぬけ》二俣《ふたまた》王以下の中間を省いて、應神天皇「五世の孫」を強調しているのは、應神朝を王統の画期とした歴史意識にもとづくといえよう。

もっとも「五世」が特筆されたのは、慶雲三年（七〇六）二月の「五世王は皇親の限《かぎり》に在らしめよ」とする法令などによって、継体天皇が大王家の王統につながることを示したものだが、それでも應神天皇の「五世」として、應神天皇からの王統を主張するのは、應神天皇を画期とみなした意識のあらわれといってよい。

『古事記』が應神天皇の代に「秦造《はたのみやつこ》の祖、漢直《あやのあたい》の祖」が渡来したと記し、『日本書紀』が應神天皇の代に「弓月君《ゆづきのきみ》」が渡来したと述べるのも、さらに古代の日本で文字を伝えた手習いの先駆者とあおいだ百済からの王仁博士の渡来を、『古事記』・『日本書紀』がともに應神朝であったとするのも、渡来文化の重要な画期が、應神天皇の代であったとする観念の投影といえよう。

八幡信仰とのかかわり

北九州の有力神であった宇佐の八幡神が、律令国家との結びつきを強めたのは、天平十二年（七四〇）九月に勃発した大宰府の藤原広嗣の乱においてであった。乱平定の祈願が宇佐八幡神になされ、同年十月二十三日には広嗣が肥前の値嘉嶋《ちか》で逮捕された。翌年の閏三月二十四日、朝廷は八幡神に秘錦の冠・金字の最勝王経と法華経を奉り、得度の僧十人と封戸馬五匹を献じ、天平十七年聖武天皇不豫のおりには、八幡神に祈禱して効験があり、「三位」を贈り、封四百戸・度僧五十口（人）・水田二十町が寄進されている（『続日本紀』・『東大寺要録』）。そして天平勝宝元年

（七四九）の十二月には、八幡大神に皇族最高の一品《いっぽん》、比咩《ひめ》神に二品が奉られた。神階で品位を贈られる例はまれで、少なくとも天平勝宝元年のころまでには、應神天皇を主神とする八幡信仰が確立していたことを示唆する。

そして天平勝宝二年の二月には、八幡大神に神戸《かんべ》八百戸・位田八十町、比咩神に神戸六百戸・位田六十町が寄進された。合計千四百戸・百四十町の数は当時の伊勢神宮の神戸・位田をしのぐ。

藤原広嗣の乱を契機として宇佐の八幡神は国家神となり、しばしば重要な神託を託宣するようになる。八幡大神が一品となり、比咩神が二品となったのも、金光明寺（東大寺）の大仏建立に八幡大神が協力するという託宣にもとづく。神護景雲三年（七六九）大宰府の主神《かんづかさ》であった中臣習宜阿曽万呂《しゅうげあそまろ》が「道鏡を天皇にすれば天下は太平になる」という宇佐八幡神の託宣を朝廷に報告し、和気清麻呂によってその神託がいつわりであることが明らかにされる有名な弓削道鏡をめぐる神託事件などもそれである。

宇佐八幡の祭祀集団には大神氏の渡来系の辛島勝《からしまのすぐり》らがいて、内外の情報を入手したが、政界や宗教界の状況にすみやかに対応する情報の発信が、宇佐八幡神のしばしばの託宣にも反映されている。

秦氏の活躍と秦氏の神々

秦氏の活躍

古代の日本列島における渡来人とその後裔である渡来氏族は、その渡来の段階や居住の分布・職能など、きわめて多様であった。たとえば弘仁六年（八一五）に最終的にできあがった『新撰姓氏録』における平安京居住の渡来系氏族をかえりみても、「左京諸蕃」（上）として「太秦公宿禰に起《はじま》り、筑紫史《ふひと》に盡《おわ》る三十五氏なり」と述べ、「左京諸蕃」（下）として「吉水連に起り、清水首に盡る、三十七氏」と記す。さらに「右京諸蕃」（上）として「坂上宿禰に起り、田辺史に盡る三十九氏なり」と述べ、「右京諸蕃」（下）として「大山忌寸に起り、梅原造に盡る六十三氏なり」と記す。

その内容は加耶系・百済系・新羅系・高句麗系あわせて一七四氏におよぶ。そのなかでも、もっとも注目されるのは、秦氏・高麗（狛）氏・漢氏である。とりわけ秦氏系の存在が注目される。秦氏は豊前・筑後から東北の飽（秋）田におよぶ（たとえば久保田城跡出土の漆紙文書の「秦久尓」）。高麗氏や漢氏が点的に分布するのに対して、秦氏は面的に分布し、官人化した者もかなりいるが、どちらかといえば豪族的な側面が濃厚であった。

その秦氏の本拠地として有名なのが京都盆地の山背（城）の秦氏である。治水・灌漑などをともなう開発ばかりでなく、殖産のほか財政・軍事・外交などでも活躍した。それは秦大津父が大蔵の役人となり、秦河勝が物部守屋討伐のおりに「軍政人」（『聖徳太子伝補闕記』）・「軍允」（『聖徳太子伝暦』）となり、新羅使の「導者」（『日本書紀』推古天皇十八年十月の条）をつとめたことや六六三年の百済救援を名目に出兵した後国軍の有力武将に秦造田来津が、六七二年の壬申の乱のおりの大海人皇子側に秦造綱手が、近江軍側に秦友足がそれぞれ武将として参加した例などにもうかがわれる。

五世紀の後半のころから京都盆地で活躍した秦氏は、深草の地域と嵯峨の地域をバックとして勢力を伸張した。そのありようは、集落跡と古墳などにも反映されているが、深草の秦氏がたとえば秦大津父の伝承にあるように、馬の飼育と馬による交易によって、財力を集積していったことを改めて注目する必要がある。

馬の使用は軍事や交通の飛躍的な発展に寄与したが、商業などの展開にも大きな影響をおよぼした（『東アジアの古代文化』九〇号）。深草にはヤマト王権による屯倉があり、伊勢や東国につながる要地でもあった。そして深草・嵯峨の秦氏は、北河内の茨田堤や牧をもつ寝屋川の地域へも勢力を伸張していった。したがって危機に立った山背大兄皇子に三輪君文屋が、深草屯倉に遷り、そこから「馬に乗りて東国に詣る」ことを進言したのでもある（『日本書紀』皇極天皇二年十一月の条）。馬による交易はたとえば『日本霊異記』の平城京（左京）の楢磐嶋《ならのいわしま》が馬によって越前と交易していたという説話にもみいだすことができる。

秦氏の神々

日本の神々のなかには、渡来系氏族とかかわりをもった神々がかなり存在する。そこでそのタイプをつぎの三つに類別したことがある（「神々の世界の形成」、『日本の古代』十三所収、中央公論社）。渡来神を渡来集団がまつる渡来型と、渡来の神を在地集団がまつる重層型A、さらに在地の神を渡来集団がまつる重層型Bがそれである。

たとえば今来の神を今来の人びとがまつるのは渡来型であり、祈雨の場合などに殺牛馬を行なって「漢神」をまつるのは重層型Aである。『山背（城）国風土記』逸文に、稲荷山を神奈備とする信仰をうけついで、秦伊侶巨《いろこ》が社を創建し、『秦氏本系帳』に松尾山を神奈備とする信仰を前提に、秦都理《とり》が社を造営したとする伝承などは重層型Bである。

なお通説では『山背（城）国風土記』逸文の伊侶巨を伊侶具とするが、伊侶具は伴信友の補訂で、吉田（卜部）兼倶が奥書した『延喜式』神名帳頭注の逸文では「伊侶臣」であり、稲荷社の『社司伝来記』には注記して「名字鱗に作る」と特筆する。

秦氏の奉じた神に関連して注目されるのは、平安宮の宮内省でまつられていた韓神の社である。韓神は『古事記』の大年神の系譜のなかにみえており、韓神が平安時代になって誕生した神でなかったことは、天平神護元年（七六五）に「十戸」の神戸が奉充されているのにも明らかである（『新抄格勅符抄』大同元年牒）。

宮中祭祀で重きをなしたまつりに園韓神祭がある。そのおりにも奏されたのが御神楽「韓神」である。御神楽「韓神」は宮中のほかでは、伏見稲荷大社・石清水八幡宮・鶴岡八幡宮で伝承されている。本《もと》・末《すえ》の「神楽歌」にいう「加良乎支《からおぎ》」は「枯荻」ではなく、明らかに「韓招ぎ」であった。

そしてこの韓神は『古事談』・『江家次第』・『塵袋』が明記するとおり、平安造京以前からの地主神であった。『村上天皇記』によれば、内裏は秦氏の旧宅とする。秦氏の奉斎神であった可能性を物語り、渡来型のひとつということになろう。

東アジアのなかの古代京都盆地

京都盆地と渡来の人びと

京都盆地における歴史と文化の発展に大きく寄与した人びとのなかには、海外からの渡来の人びととその子孫の人びととがいた。古代の日本列島への渡来のうねりとして、一九六五年の六月に公にした『帰化人』（中公新書）のなかで、つぎの渡来の波のピークの時期を設定した。その(I)は弥生時代のはじまるころの段階であり、その(II)は五世紀の前後、その(III)は五世紀の後半から六世紀のはじめのころ、その(IV)は七世紀の後半とくに天智朝とする説がそれであった。埴原和郎説をはじめとする人類学者の研究においてもそのおよそは支持されている。

『日本書紀』や『続日本紀』あるいは「大宝令」や「養老令」にみえる「帰化」の用語は、いわゆる日本版中華思想にもとづくものであって、『古事記』や『風土記』では、「渡来」または「参渡来」が用いられている。

海外からの渡来の人びとには「古渡」と「今来」があったが、京都盆地では新羅系の秦氏や高句麗系の高麗（狛）氏が、(Ⅲ)の段階のころから史料にみられるようになる。秦氏ゆかりの伝承としては、葛野秦寺（のちの広隆寺）や松尾大社や伏見稲荷大社の創建の由来が有名である。高麗氏とのかかわりでは、八坂郷に居住した八坂造あるいは京都市西京区の樫原廃寺（とくに八角基壇の塔跡）や南山城の高麗寺などが知られている。高句麗系の画師として注目される黄文氏の本貫も南山城にあった。

秦氏は長岡京や平安京の造営とも密接なつながりをもち、百済の武寧王を祖と伝える高野新笠（光仁天皇の夫人・桓武天皇の生母）また桓武天皇の信任をえて尚侍（内侍所の女官長）となった百済王明信は百済の義慈王の王子善光（禅広）の後裔であった。百済系の津連の子孫菅野真道あるいは百済・加耶系の東漢氏を祖先とする坂上田村麻呂など、平安京遷都・桓武朝廷と渡来系の人びととの関係はきわめて深い。

唐・新羅・渤海との国交

遣唐使の派遣は六三〇年（舒明天皇二）から八三八年（承和五）まで十五回（うち迎入唐使一・送

唐客使二）、唐使の来日は九回（国使は八）、遣新羅使は六二三年（推古天皇三十一）から八八二年（元慶六）まで三十九回、新羅使は六一〇年（推古天皇十八）から九二九年（延長七）まで七十五回、遣渤海使は七二八年（神亀五）から八一一年（弘仁二）まで十五回（うち専使三・兼送使十二）、渤海使は七二七年（神亀四）から九一九年（延喜十九）まで三十四回を数える。

七世紀前半から九世紀前半までの外交を、しばしば遣唐使時代などと称する研究者もいるが、新羅や渤海との国交も軽視できない。そして唐の文化が新羅や渤海を介して導入された場合もあった。

遣唐使は「大唐」への朝貢使であったが、倭国王や日本天皇は冊封を受けず、他方、新羅や渤海を「蕃国」視した日本版中華思想が、外交関係にも反映されていた。たとえば七〇二年（大宝二）の遣唐執節使粟田真人が正四位下、七三三年（天平五）の大使多治比広成が従四位上というように、執節使・押使・大使には四位の者をあてたのに対して、遣新羅使の場合には、七〇三年（大宝三）の大使波多広足が従五位下、七〇四年（慶雲元）の幡文通は正六位上というように、おおむね五位の者ついで六位の者を任命し、七二二年（養老六）の津主治麻呂のごときは正七位下の例もあった。遣渤海使はどうであったか。七四〇年（天平十二）の大使大伴犬養や七五八年（天平宝字二）の小野田守が従五位下であったように、おおむね五位者が多く、なかには六位の者もあった。

こうした外交姿勢は『続日本紀』の七七九年（宝亀十）四月の条に載す政府裁定の「蕃国」使入京の場合、新羅使は馬上で答謝、渤海使は下馬して「再拝舞踏」したという記載にもうかがうことができる。

遣唐使はたんなる文化使節ではなかった。第一回（六三〇年）から第六回（六六九〈天智天皇八〉）までは仏教などの受容もあったが、政治目的が主であったことは、たとえば第二回（六五三年〈白雉四〉）翌年に第三回というあいつぐ遣唐使の派遣の例にもみいだすことができる。第七回（七〇二年）以降には法典類・仏教・建築・美術工芸などの導入がきわだってくる。

遣唐留学生・留学僧（学問僧）には、長期滞在の留学生・留学僧と短期滞在の請益生・還学僧とがあった。二〇〇四年の十月に公となった井真成墓誌によって、留学生のありようが改めて問題となったが、山城国乙訓郡出身の羽栗臣吉麻呂は、第八回（七一七〈養老元〉）に入唐して、唐の女性との間に翼と翔が生まれ、七三四年（天平六）父子共に帰国、翼は第十二回（七七七年〈宝亀八〉）に入唐して翌年帰国、翔は第十一回（七五九〈天平宝字三〉）に入唐したような留学生もあった。

第十四回（八〇四〈延暦二十三〉）に入唐した留学僧空海や還学僧最澄は平安京ゆかりの高僧として名高い。ちなみに桓武朝の遣渤海使は四回・遣唐使は一回、渤海使の来日は三回におよぶ。

「和魂漢才」の実相

海外の文明が古代の日本に与えた影響は多大であった。だがその導入や受容にさいして、たくみな選択がなされたこともみのがしてはならない。たとえば日本の古代法（「大宝令」・「養老令」）は唐令を母法にしたけれども、その令文は唐令とはかなり異なっていた。例をあげれば、唐の祠令と日本の神祇令とでは、祠令が四十六条で神祇令が二十条というちがいばかりではない。神祇令は祠令と異なって、(1)天神の祀と地祇の祭の区別はなく、(2)祠令のように祭祀の場所を明記せず、(3)サクリファイスの規定を欠き、(4)祠令にはみえない即位・大嘗・大祓を記載して、(5)釈奠の礼は「学令」で言及する。関市令においても、わが国では「過所」は難波津と長門津のみで必要とした。

宮都においても羅城を具備せず、科挙・宦官などの制も導入しなかった。こうした文明受容のありようは、『源氏物語』（乙女の巻）に「才を本としてこそ、大和魂の世に用ひらるる方も強う侍らめ」と述べるのにも象徴的である。すべてを受容するのではなく、選択がなされていたのである。この和魂漢才は日本の近代化における和魂洋才の前提ともなったが、欧米の文化のすべてに追随するのは、まことの「和魂洋才」ではない。

Ⅱ

古代学とのえにし

角田古代学の発展的継承

古代学協会の設立

一九五一年十月一日に角田文衞博士多年の念願だった、古代学協会が設立されました。そしてちょうど二〇一一年十月一日のこの日に古代学協会設立六十周年の式典が開催されることを、関係者の一人として心からうれしく思っております。この間、角田博士の努力は申し上げるまでもなく、その志を継いで、歴代の関係各位の方々が、古代学協会発展のためにご尽力されてこられたことに対して、心から敬意を表します。

古代学協会設立と同時に機関誌『古代学』が創刊されました。最初は大判の大変充実した学術雑誌でしたが、いまもなお『古代文化』という大変レベルの高い機関雑誌は発行されており、現在第六十三巻通巻第五八五号、六〇〇号に及ばんとする長い歴史を持った学術雑誌として多くの研究者に読まれ、学界の発展に大きく貢献しています。

角田博士は、単なる考古学者ではありませんでした。また単なる歴史学者でもありませんでした。平安時代の研究、イタリアのポンペイの研究は勿論ですが、私の知る限りでも平安時代だけではない、奈良時代、たとえばいち早く『国分寺の研究』をまとめ、新版の『新修国分寺の研究』七巻（吉川弘文館）の企画と編者になられたのも、角田博士です。『律令国家の展開』という名著は奈良時代政治史の発展を描かれた注目すべき著作で、今でも私は時折、この問題について角田博士がどのように考えておられたのかなあと繙く機会があります。奈良時代史についても深く研究されていました。平安時代は勿論です。平安京の発掘調査は協会の重要な研究作業でありましたが、角田博士はとりわけ王朝文学に対しても深い研究をされました。

『紫式部とその時代』という名著があります。先生は二〇〇八年五月、葵祭の前日でしたが、九十五歳で亡くなりましたが、この二〇〇八年という年はわが京都にとっても角田先生にとっても大変重要な年でした。なぜなら紫式部が自ら日記の中で、寛弘五年（一〇〇八）の十一月一日の条に、自分の書いた『源氏物語』に言及している、少なくとも『源氏物語』が一〇〇八年の十一月一日の頃に存在していたことが明らかです。それによって京都市では毎年十一月一日を「古典の日」とし、二〇〇八年を「源氏物語千年紀」としたわけです。そのことをだれよりも早く指摘されたのは、ほかならぬ角田博士でした。京都市では十一月一日古典の日に京都市生涯学習振興財団・京都市生涯学習総合センター、いわゆるアスニーで記念講演会を開催し、毎回私がその講師を務めておりますけれども、必ず角田古代学の功績に言及しているのは、「源氏物語千年紀」の指摘をされた先生が角田先生であったからです。王朝文学にも非常に詳しい先生は、京都には賀茂御祖神社《かもみおやじんじゃ》いわゆる下鴨神社、賀茂別雷《かもわけいかづち》神社いわゆる上賀茂神社が鎮座しています。伊勢神宮には斎宮《いつきのみや》、斎宮制度がありましたが、賀茂社においても斎王の制度がありました。その斎王が住んでいた紫野斎院がいったいどこにあったのか、ということを確定されたのは、ほかならぬ角田博士でした。平安建都千二百年のおりには、『平安京提要』さら、『平安時代史事典』を編集され、精力的な活動をされました。京都府はその功績を高く評価して、平成十九年度特別功労者として表彰しました。

　京都市に関しても、文化財保護審議会が全国の都市で一番早くできたのは京都市ですが、最初にできたのは昭和四十七年二月、文化財保護審議会という名前ではなく、文化観光資源調査会という会が作られます。会長は京都大学の建築学の村田治郎先生、委員には角田文衞先生、福山敏男先生、古文書学の赤松俊秀先生、フォークロア（folklore）のほうからは柴田實先生、私もその委員の末席に列なりました。後の文化財保護審議会とは違いまして、文化観光資源調査会は委員自らが調査をする。私は深泥池の歴史的考察と、京都市西京区の松尾大社の調査を命じられまして、調査会で報告したことがあります。そのときに角田先生が、「上田さん、大変いい研究ができましたね」と褒めてくださったことを懐かしく思い出します。それ以降、京都市埋蔵文化財研究所の理事として、毎回ご出席になり、糺《ただす》の森整備委員会学術顧問会議にも、私がその座長をしておりますが、角田博士は欠席されることなく、糺の森の整備にも協力されました。また冷泉家文庫の設立にも尽力されました。

そして角田博士は、世界を視野におさめた古代学者であったといって過言ではないと思います。ポンペイの調査をはじめとするギリシアの研究、そしてエジプトの研究、エジプトの発掘調査も自ら出かけられました。非常にスケールの大きい、グローバルで幅のある研究をされ、文献・考古学に精通された古代学者が角田博士でした。世の多くの人々が、角田博士の学問を角田古代学と呼ぶのも当然です。

古代学の提唱

私は機会があって古代学という名称を、いつ、誰が使い始めたのか、調べたことがあります。あまりご存じないかもしれませんが、最初に用いられたのは喜田貞吉博士であろうと考えます。先生は南北朝正閏論の教科書問題で免職になったと書いてある本がありますが、それは間違いで、文官分限休職になったのです。固定教科書に南朝のことだけでなく、北朝のことも同じくらいのページ数をさいて書いたことが、当時の衆議院・貴族院で問題となり、休職になってしまいました。その喜田先生が大正二年に京都大学に迎えられ、最初は講師ですがのちには教授になられました。国賊と呼ばれた喜田貞吉先生を迎え入れた当時の京都大学はすごいなあと感じておりましたし、私は喜田先生の学問についても、深い敬意を表しておりますが、角田先生も喜田先生の学問を高く評価しておられました。『東亜の光』という雑誌に明治四十二年、喜田先生は「考古学と古代史」という論文を書いておられます。ところが『回顧六十年』という自伝の中ではテーマを変えて、「考古学と古代学」というテーマにされています。おそらく古代学という名称を日本で一番初めに使った方は喜田貞吉先生ではないかと思います。

次いで古代学という名称を唱えられたのは、私の恩師の一人である折口信夫先生です。昭和三年（一九二八）、折口先生は『氷川学報』に「上代文化研究」という論文を出版されました。その中で「古代学」という用語を用いられ、以後しばしば使われました。折口先生の古代学は、中世であっても近世であっても古代の精神が受け継がれている。近世の研究もされましたけれども、折口先生は絶えず古代的精神の解明を重点に置いた国文学者・民俗学者でありました。柳田國男先生の第一の高弟でしたが、柳田先生は現代から過去を考える、私は柳田先生の学問は考現学である、現代を考える学問であると勝手に命名しています。ですから柳田先生の研究は、せいぜい遡って室町時代までですね。折口先生は、古代から中世・近世を考える、古代から近代・現代を考える、あくまでも古代に重点が置かれています。

昭和二十三年、『民族学研究』に有名な、柳田國男、折口信夫の対談が載っておりますが、その対談の中では、民族古代学、エスノロジー（ethnology）の「民族」ですが、この民族古代学をこれからはやるべきであると折口先生が触れておられます。しかしその概念規定は喜田先生においても折口先生においても充分ではありませんでした。「古代学」の概念規定をして、その理論と方法について言及されたのは、角田文衞博士でした。一九五四年、古代学協会が発足して三年後、『古代学序説』という大著を出版されています。その中で古代学とはなんぞやと問いかけ、古代に関するあらゆる学問を総合した学問が古代学である、という規定をして、その理論と方法を述べておられます。そしてそれは後に、大著『古代学の展開』にまとめられることになります。角田文衞先生は考古学者でもなければ歴史学者でもない、まさに世界を視野に収めた古代学者といって過言ではないと思います。

私事に亘って恐縮ですけれども、私が角田先生とお会いしたのは、昭和二十二年でした。京都大学の一回生、実は角田先生からお嬢さんの玖賀子さんの家庭教師になってくれというご依頼を受けました。「何をお教えするのですか」とお聞きすると、とにかく毎週一回歴史の話をしてもらえたらそれでいいんだとおっしゃる。普通の家庭教師とは違うんです。歴史を語る家庭教師でありました。毎週でかけて参りましたが、目的は別にありまして、戦後間もない頃でありまして、角田先生の所には米軍の将校が駐屯しておりまして、食パンとコーヒーが必ず出るのです。それが目的でした。食糧難の時代でしたから。いまでも玖賀子さんに歴史の話をしたことを懐かしく思っております。四女のつぶらさんに京大の歴史学研究室の事務を手伝っていただくことになりましたのも、角田先生とのご縁でした。

角田古代学とのつながり

私にとって忘れられないのは、東大の井上光貞先生が、『史学雑誌』に「国造制の成立」という論文をお書きになって、国造《くにのみやつこ》の制度がどのようにして成立したのか、大変優れた論文ですが、国造のもとに県主《あがたぬし》がある、国県制という制度が存在したのだということを論じられているわけでありますが、私はこれには異論があって、『歴史学研究』に「国県制の実態とその本質」という論文を発表して、井上先生の説を批判しました。古代史を学ぶ皆様であればよくご存じの井上先生と私の国県制論争というのが数回に亘って続きます。秋田大学の学長をしておられた新野直吉さんが至文堂から『国造と県主』という本をお出しになって、私と井上さんの論争を当時大相撲での柏戸と大鵬が両横綱で戦っておりましたのでそれになぞらえて、古代史学界の柏鵬戦であると書かれたことがあり、柏戸のほうが弱かったんですね。きっと新野さんは大鵬が井上で、柏戸が上田だと思って書かれたのではないかなと思います。井上さんが『日本国家の起源』（岩波新書）をお書きになった中で、私の説を批判された文を書いておられます。それを角田先生がお読みになって、「上田さん『古代文化』に反論をお書きなさい」といってくださって、はじめて『古代文化』に井上さんへの「日本古代国家の起源について」という反論を書きました。これも角田先生のお勧めでした。

周知の通り、戦後の古代史学界で非常に大きな問題になったのは、いわゆる好太王碑、すなわち広開土王碑の陸軍参謀本部による改竄説でした。中国、朝鮮民主主義共和国、大韓民国、台湾の学者も論争を繰り広げることになります。私は実物を見なければこの論争は解決しないと思いました。ちょうど一九七四年、京都市が昔の長安（今の西安）、集安市と友好締結を結ぶことになりました。市長は船橋求己市長でした。その代表団に学者として私に参加するようにという要請があり、はじめて中国を訪問することになったのが一九七四年五月でした。

そのとき中国社会科学院の委員長であったのが郭沫若先生でした。郭沫若先生はご病気でお会いできず、好太王碑をなんとか見学できないかと手紙を托しました。その後、郭沫若先生から御丁重な「近く見られるようにするから」というお返事をいただきました。その先生の親書は我が家の宝として今も大切に保存しております。一九八四年五月、ついに吉林省集安市の広開土王碑の調査を実施することができました。東京に飛行機で帰ってきましたら、朝日新聞社の天野さん、ＮＨＫの毛利さんが「いったいどうだったんだ」といって飛行機を降りるなり質問されたことを、思い出します。

その研究成果を発表するようにといって、角田先生のお勧めで古代学協会において発表したことも大変懐かしく覚えております。角田先生はあまり質問をなさらない方でしたけれども、そのときには色々と質問をされました。

角田先生の研究がいかにスケールが大きいか。だいたい昔の先生は、喜田先生にしても濱田耕作先生にしてもスケールが大きかった。今の若い研究者は個別研究が主で、時代の動向を全体を通じて総合的に論ずるということが少ない。スケールの大きい学問をしている人は大変少ない。そういう意味でも角田先生のように、世界を視野に収めた古代学研究のありようを私どもは発展的に継承していく必要があると思います。

忘れもしません、平成十年三月二十七日、角田先生を委員長、私が副委員長に指名され、世界における初期王権の研究会が組織されました。研究メンバーは総勢六十五名、第一回の研究会に多くの先生がお見えになり、文献・考古学は勿論、カルチャー・アンソロポロジー（Cultural Anthropology）、いわゆる文化人類学分野の先生方も参加しておられました。第一部から第九部まで研究会が編成されました。第一部は日本及び朝鮮半島、第二部は中国、第三部は中央アジア、以下南アジア・東南アジアの部会、西アジア・アフリカの部会、東北ヨーロッパ部会、南ヨーロッパ部会、西ヨーロッパ部会、アメリカ大陸部会というように六十五名のメンバーが九つの部会に所属して研究を行い、部会ごとに研究会を開催しました。しかし、ようやくその研究成果がまとまったというのに、なかなか出版社が見つからない。私は設立当初から角川文化振興財団の理事をしておりますが、角田先生も後から理事になられました。角川文化振興財団の助成金をもらって、角川から出版しましょうということで、角田先生、私、先生の秘書の西井芳子さんの三人で角川歴彦理事長に直接陳情して、助成金をいただき、できあがった書物が『古代初期王権の誕生』という四部作です。

このように振り返ってみますと、私どもは角田博士の学問がいかに、スケールが大きく、ご専門は考古学でしたから考古学は勿論のことですが、文献学に通じておられたかが分ります。あえて弱点をいうならば、フォークロア、エスノロジーの分野については不十分な古代学であったと思います。しかし先生の残された業績は量ばかりではない、質においてもきわめて高い。私も今後角田古代学をより重視して、発展的に継承していくべきではないかと思いますし、それが創立六十周年の節目の年に強く感じる私の実感です。改めて角田先生のご冥福をお祈りして記念講演を終わります。

＊本稿は二〇一一年十月一日京都ホテルオークラで開催された、財団法人古代学協会六十周年記念式典の記念講演である。

平安時代と古典文学

古典の祭典

二〇〇八年の京都は、源氏物語千年紀でいちだんとにぎわいをみせた。『紫式部日記』の寛弘五年（二〇〇八）十一月一日の条に、紫式部みずからが、『源氏物語』について言及しているのにもとづいての千年紀であった。

したがって昨年十一月の一日には、京都国際会館で、有意義な式典が挙行され、天皇・皇后両陛下が臨席された。京都アスニーでも記念の集いがあって、シンポジウム「源氏物語と平安時代」の基調講演を私がつとめた。その夜、両陛下のお召しで、大宮御所に招かれて夕食を共にし、二時間あまり懇談させていただいたのも、千年紀のえにしによってである。

京都アスニーの一階に、その名も平安京創生館と命名した展示場がスタートしたのは、平成十八年（二〇〇六）の十月六日であった。爾来、市民の方々はもとよりのこと、入洛の観光者への有力な平安京案内の発信基地の役割をになって活動してきた。そして二〇〇八年から毎年十一月一日を「古典の日」とすることが定まったのをうけて、その「古典の日」を記念してリニューアルオープンした。これまでの平安京の大規模模型や精緻な豊楽殿模型などに加えて、白河・鳥羽両上皇の洛南の鳥羽離宮や白河天皇造営の法勝寺模型を配置し、平安京ゆかりの出土品二百二十点などを展示する、より充実した内容をととのえた。今後ますます平安京探索の拠点として活用されることが期待されている。

二〇〇九年の十一月一日は、昨年の「古典の祭典」につづく「古典の祭典Ⅱ」が盛大に執行された。千玄室所長の「古典の日と日本人」の特別講演、さらにシンポジウム「古典文学と平安の先人」が、賀茂御祖神社新木直人宮司、京都産業大学教授・京都市歴史資料館井上満郎館長、京都女子大学瀧浪貞子教授をパネリストとして行われた。私は基調講演「平安時代と古典文学」とシンポジウムのコーディネイターを担当した。寛平六年（八九四）の九月二十日、菅原道真の奏言によって遣唐使の派遣が中止されたが（廃止ではない）、その後の時代はけっして「鎖国」の状況ではなく、東アジア文化圏から東アジア交易圏へと移り変わっていった。

菅原道真はその奏言のなかで「大唐の凋落」（唐王朝の衰退）と「遭賊亡身」（海賊による遭難）を

中止すべき理由としてあげているが、承和五年（八三八）の最後の遣唐使の場合でも、四隻・六百余名の派遣という大事業で、多額の費用（滞在費・朝貢品などを含む）を必要とした。当時の国家財政が窮乏していたばかりでなく、わざわざ派遣しなくても、中国との通商はきわめてさかんであって、「商旅」・「商賈人」の活躍にはめざましいものがあった。

実際にその奏言のどこにも「廃止」の文言はなく、道真らはその数年後まで遣唐使の役職名をおびていた。延喜五年（九〇五）から編纂がはじまって、延長五年（九二七）に完成した『延喜式』の条文にも、遣唐使にかんする記載があり、延喜八年（九〇八）・延喜十九年には渤海使が、延長八年（九三〇）には東丹国使が来日している。

藤原明衡の『新猿楽記』には、商人でもあったとする八郎真人の扱った五十三の唐物をあげているが、中国からの渡来品ばかりでなく、いわゆる唐物の内容には朝鮮・渤海・天竺（インド）・南海などの輸入品が含まれていた。『源氏物語』にもしばしば唐物が登場するけれども、渤海からのたとえば毛皮の「黒豹の皮衣」が「桐壺」・「梅が枝」・「末摘花」にみえている。

渡来の輸入品ばかりではない。日本からの輸出品もかなりの品目におよんだ。渤海との交易では絁帛・綾・糸・綿・絁・絹・纐羅・白羅・黄金・水銀・油・扇など多数であった。

遣唐使といえども朝貢使であって、朝貢の品目には、銀・絁・糸・綿・油・樹脂などがあり、そのなかみは渤海への輸出品と類似する。唐からは法典・経典など多くの文物を導入したが、日本から聖徳太子の著作と伝える『勝鬘経義疏』や『法華義疏』などが唐へ伝えられたのは注目にあたいする。宋へ渡った品物のなかには、源信の『往生要集』などもあった。

王朝文学を見直す

国風文化というけれども、その前提には「漢才《かんざえ》」すなわち漢詩や漢文学があった。紫式部が『源氏物語』の乙女の巻のなかで、光源氏の息子の夕霧の学問をめぐって、「才《ざえ》を本《もと》としてこそ、大和魂の世に用ひらる方《かた》も強う侍らめ」と述べているのも、けっして偶然ではない。「大和魂」という用語の確実な初見は『源氏物語』だが、王朝文学の成立と発展の前提に漢語・漢文学に対する教養の深さがあったことを忘れるわけにはいかない。

『源氏物語』五十四帖のなかで十八帖に白楽天の詩集『白氏文集』が引用されているのもいわれがあってのことである。紫式部の父の藤原為時が王維・李白・杜甫・白楽天などの詩を好み、紫式部が幼いころから漢籍（たとえば『史記』）に親しんでいたというのも、『源氏物語』誕生の土壌となっている。まさに「和魂漢才」のみのりとして王朝文学が結実したといっても過言ではない。

そのことを端的に物語るのが、『古今和歌集』の「真名序」、すなわち漢文の序文と仮名まじりの「仮名序」である。この勅撰和歌集がいつ成立したかについては、延喜五年（九〇五）説が有力だが、『古今和歌集』には、たとえば九一九・一〇〇六の歌のように延喜七年に詠まれた歌、あるいは延喜十三年の六八・八九・一三四の歌も収められており、延喜十三年以後の成立と考える説が妥当である。「真名序」と「仮名序」と、どちらが先に書かれたかといえば、「真名序」であって、紀淑望《きのとしもち》の作とみなされている。「序」は本来上奏文であって漢文で書くのが普通であった。それをうけて紀貫之作とする「仮名序」が執筆されたといってよい。

歌の史論としては、「仮名序」の方がととのっていて名文である。「真名序」は、現伝最古の漢詩集『懐風藻』冒頭の近江朝の大友皇子ではなく、天武天皇の三男大津皇子をあげて近江朝の漢詩の隆盛に言及し、柿本人麻呂や山部赤人を「和歌の仙」とし、ついで六歌仙を列挙する。そしてその後に「平城の天子、侍臣に詔して万葉集を撰ばしむ」と記述している。時代の順が逆になっていて杜撰のそしりをまぬがれない。

しかしここで注目したいのは、『古今和歌集』の編集に当って、まず漢文の「真名序」が書かれ、ついで「仮名序」が執筆されている点である。漢詩・漢文学をなかだちとして、仮名まじり文の王朝文学が登場するプロセスは、真名（漢字）と仮名の二つの序をもつ『古今和歌集』のありようにも象徴されている。

「難波津」の歌

『古今和歌集』の「仮名序」が「真名序」を前提に書かれていることは、たとえば「そもそも、うたのさまむつ（六つ）なり」とするのは「真名序」に「和歌有六義、一曰風（一に曰《いわ》く風）、二曰賦、三曰比、四曰興、五曰雅、六曰頌」をうけてのことであり、それはつづけて「からのうた（漢詩）にも、かくぞあるべき」と述べるのにもうかがわれる。そして「そのむくさ（六種）のひとつには、そへうた（「風」にあたる）、おほささぎのみかど（仁徳天皇）を、そへたてまつれるうた、

なにはづにさくやこのはな冬ごもりいまははるべとさくやこの花、といへるなるべし。

というように、「かぞへうた」（「賦」にあたる）、「なずらへうた（「比」にあたる）」、「たとへうた（「興」にあたる）」、「ただことうた（「雅」にあたる）」、「いはひうた（「頌」にあたる）」を列挙して、漢詩の「六義」と対比しているのをみてもわかる。

ところで「むくさのひとつ」として〝難波津に咲くや此の花冬ごもり今を春べと咲くや此の花〟をあげ、「おほささぎのみかど（仁徳天皇）が、なにはづ（難波津）にて、みこときこえける時（即位前で皇子《みこ》と申しあげていた時）、東宮をたがひにゆづりて（菟道稚郎子《うぢのわきいらつこ》皇子と皇位の継承を互いに譲りあって）、くらゐにつきたまはで、三とせになりにければ、王仁といふ人のいぶかり思ひて、よみてたてまつりける歌也。この花はむめ（梅）の花をいふなるべし」と、この「難波津」の歌を百済から倭国に渡来したと『古事記』・『日本書紀』などに伝える王仁博士の作と記しているの

が注目される。

王仁伝承の虚実

王仁博士にかんする古典の伝えは前にも言及したように、『古事記』はその中巻應神天皇の条に百済国から渡来した「賢《さか》しき人」として和邇吉師《わにきし》をあげ、「論語十巻、千字文一巻」を伝えたとして「此の和邇吉師は文首《ふみおびと》らの祖」と記載する。

『日本書紀』はその巻第十應神天皇十五年八月の条に百済王が阿直岐《あちき》という「経典」に理解の深い人物を派遣して、阿直岐が大鷦鷯尊《おおさざきのみこと》（仁徳天皇）の異母弟である菟道稚郎子《うぢのわきいらつこ》の師となったことを述べ、自分よりもすぐれた博士に王仁という人物のいることを應神天皇に進言したと伝える。そこで荒田別《あらたわけ》・巫別《かんなぎわけ》を百済へ遣わして王仁博士を招くことになり、翌應神天皇十六年の二月に、百済から王仁が渡来して菟道稚郎子の師となったという。そして「王仁は是文首《これふみおびと》らの始祖」であったと明記する。

この『記』・『紀』の伝承をそのままに信頼できないことは後述するとおりだが、この両書でみのがせないのは、『古事記』が和邇（和爾）吉師すなわち王仁を「文首らの祖」とし、『日本書紀』が「書首らの始祖」とすることである。

文（書）首のなかには天武天皇十二年（六八三）五月に連《むらじ》、同十六年六月に忌寸《いみき》、さらに延暦十年（七九一）四月に宿禰《すくね》姓に改姓した者もいたが、平安時代においても東・西の文氏が宮廷祭儀で重要な役割をはたしていたことは、たとえば『延喜式《えんぎしき》』の大祓《おおはらえ》のおりの「呪《じゅ》」を東・西の忌寸らが奏上していたことを記載するのをみてもわかる。

このように百済から渡来したという王仁博士は、河内の古市のあたりを本拠とした河内（西）の文氏の祖（始祖）としてあおがれた人物であって、王仁博士と河内の地域とのつながりにはきわめて深いかかわりがあった。したがって『続日本紀』に延暦十年（七九一）四月八日の文忌寸《ふみのいみき》最弟《もおと》らの言上として「王仁を貢《たてまつ》りき、是《これ》は文・武生《たけう》らが祖なり」と述べ、また大同二年（八〇七）に斎部広成《いんべのひろなり》がまとめた『古語拾遺《こごしゅうい》』にも「軽島《かるしま》の豊明《とよあかり》の朝《みかど》（應神天皇の代）に至りて、百済の王《こにきし》博士王仁を貢《たてまつ》る。是《これ》河内の文首の始祖なり」とも書きとどめるのである。

ところで『古事記』や『日本書紀』はもとよりのこと、『懐風藻』の「序」に「王仁始めて蒙を軽島《かるしま》（應神朝）に導き」と記し、また『古語拾遺』でも「軽島豊明の朝（応神朝）に至りて、百済王博士王仁を貢《たてまつ》る」などと記述する百済からの王仁博士の渡来伝承は、いったいどこまで信頼しうるのであろうか。

少なくとも七世紀後半から八世紀のはじめの段階に、儒教あるいは儒教の典籍をわが国（倭国）へ伝えた人物として百済の王仁博士の存在が知られていたことは、『記』・『紀』の王仁渡来伝承のみでも明らかだが、『日本霊異記』もその「序」で「原《たず》ぬるに夫《そ》れ、内経（仏典）外書（儒書）日本に伝はりて興り始めし代、凡そに二時あり。みな百済国より将《も》ち来る。軽島豊明宮御宇誉田天皇《ほむた》（應神天皇）の代に外書来り、磯城島金刺宮《しきしまかなさしのみや》御宇欽明天皇の代に内典来るなり」と記載するように、儒書が始めて応神期に百済から将来されたとする伝承は、九世紀にも受け継がれていた。

したがって、天慶六年（九四三）に宮中で行なわれた『日本紀』（『日本書紀』）竟宴のおりにも、大内記の橘直幹《たちばなのなおもと》が、王仁をテーマに〝わたつみの千重のしら波こえてこそやしまの国にふみは伝ふれ〟と詠んだのである。

だがその伝承のすべてを短絡に史実とみなすわけにはいかない。「王仁」をワニとよんだことは、『古事記』が「和邇吉師《わにきし》」と書いているのに確かめられる。吉師は「吉士」、「吉之」などとも表記し（新羅の官位一七階ではその一四階に吉士・吉次・吉之がある）、わが国では渡来系氏族の姓《かばね》の一つとなった。

『古事記』によれば、百済の照古《しょうこ》（肖古）王が、牡馬壹匹・牝馬壹匹を阿知吉師《あちきし》につけて貢上し、ついで和邇吉師が渡来したことになるのが、『日本書紀』では王仁が渡来したときは百済の阿花王の代ということになって、両書の渡来の時期が必ずしも一致しているわけではない。そしてより大きな問題となるのは、『古事記』に和邇（王仁）が「論語十巻、千字文一巻」をもたらしたと記すことである。『論語』十巻とあるのは、二十巻（編）と矛盾するが、あるいはその前十巻

（編）・後十巻（編）のいずれかを指すものかもしれない。

　それよりも先に述べたように「千字文一巻」が問題である。『千字文』は梁の武帝が周興嗣《しゅうこうし》（四七〇?〜五二一）に命じて編集させた文字習得のテキストであり、千字を集めた初級の教科書であった。いわゆる應神天皇の代よりは遅れた時代にできあがっており、王仁博士が渡来したとする時代には存在しない。

　そこでこの『古事記』の文はさまざまに解釈されてきた。たとえば新井白石は『小学』の「急就章《きゅうしゅうしょう》」のような書を『古事記』が間違って『千字文』と書いたとみなし（『同文通考《どうぶんつうこう》』）、谷川士清《ことすが》は梁の『千字文』ではなく、魏の時代に作られた『千字文』だとした（『日本書紀通証』）。しかし魏の時代に『千字文』があったかどうかは疑わしく、本居宣長は、「千字文を此時に貢りしと云《いう》ことは、心得ず、此御代のころ、未《いまだ》此書世間に伝はるべき由なければなり」と断じて、「されば、此は実に遥に後に渡参来たりけめども、其書重く用ひられて、殊に世間に普《あまねく》く習誦《ならいよ》む書なりしからに、世には應神天皇の御世に、和邇吉師が持参来つるよしに、語伝へたりしなるべし」と妥当な見解を述べている（『古事記伝』）。

　このように、王仁渡来の伝承の内容についてはなお検討すべき課題を残す。それなら『古今和歌集』の「仮名序」が、王仁博士の詠とした「難波津」の歌はどうであろうか。

歌のちちはは

『古今和歌集』の仮名序は、「なにはづのうたは、みかどのおほむはじめなり（「難波津」の歌は、仁徳天皇の御代の初めを祝った歌だ）」として、さらに「あさか山のことばは、うねめのたはぶれよりよみて」とする。この文にいう「あさか（安積）山のことば」とは、『万葉集』（巻第十六）の〝安積山影さへ見ゆる山の井の浅き心をわが思はなくに〟（三八〇七）を指す。そして「このふたうた（両歌）は、うたのちちはは（父母）のやうにてぞ、てなら（手習）ふ人の、はじめにもしける」と述べる。実際にこの両歌が手習いのはじめに用いられていたことは、「難波津」の歌については、徳島市国府町の観音寺遺跡や明日香村石神遺跡をはじめとする木簡や法隆寺の五重塔初層の天井組子の落書あるいは平城宮出土の墨書土器・墨書木製容器などによって明らかであり、「安積山」の歌については甲賀市宮町の紫香楽宮跡出土の習書木簡によってたしかめられる。

それればかりではない。「難波津」の歌が文字手習いのはじめとして有名であったことは、『源氏物語』の若紫の巻に、「まだ難波津をだにはかばかしう続けはべらざれめれば、かけなくなむ」とあるのにもみいだすことができる。そして謡曲「蘆刈《あしかり》」においてもみいだすことができる。「この二歌《ふたうた》は今までの、歌《うた》の父母《ちちはは》なるゆゑに、代《よ》々に普《あまね》き花色《はないろ》の、言《こと》の葉草《はくさ》の種《たね》取《と》りて、われらごときの、手習ふ《てならオ》始《はじ》めなるべし。」とみえている。

『千字文』をわが国に伝えた人物を王仁博士とする記載はともかくとして、「難波津」の歌を、王仁博士の作とする説は、たとえば謡曲「難波」では「今ぞ顕す難波津に咲くや木乃花と詠じつつ位をすすめ申せし百済国の王仁なれや」と詠われているのにもうけつがれてゆく。江戸時代の碩学《せきがく》のなかで、東アジアとりわけ中国・朝鮮などの史書や史伝を検索して、日本の歴史や文化を論述した屈指の人物松下見林《まつしたけんりん》は、大著『異称日本伝』の著者だが、その松下見林も『本朝学原浪華鈔』で、「王仁ノ和訓精錬ノ事ハ此一首（難波津の歌）ヲ明証ト為ス也」と述べている。

古典の読み手

いまは『古今和歌集』の真名序と仮名序のありようを中心に考察し、あわせて「難波津」の歌を王仁博士の作とした『古今集』仮名序がその後どのようにうけとめられてきたかを論究してきたが、このことは、日本古典の白眉といってよい『古事記』と『日本紀』（『日本書紀』）の読み手の問題ともかかわりをもつ。和銅五年（七一二）の正月二十八日に、太安万侶によって筆録されて「献上」されたという『古事記』は、その後の宮廷で講書の開かれた形跡は全くない。ところが漢文で巻三の神武天皇の代以降編年体で叙述する「日本国の紀」ともいうべき『日本書紀』は、養老四年（七二〇）の五月二十一日「奏上」の翌年から読まれており、平安時代に限っても、弘仁三年（八一二）・承和十年（八四三）・元慶二年（八七八）・延喜四年（九〇四）・承平六年（九三六）・康保二年（九六五）と少なくとも六回、講筵があったことがたしかめられ、元慶二年以降は竟宴があって参加者によって和歌が詠まれている。これは『古事記』の現伝最古の写本が應安四年（一三七一）・五年筆写の真福寺本であるのに対して、『日本書紀』の古写本が佐佐木信綱本（神代上断簡）・田中本（應神記）のように、奈良時代末葉から平安時代初期にさかのぼっているのとは対照的である。

平安時代に古典がどのように読まれたか。紫式部は『竹取物語』や『蜻蛉日記』を読んでいたが、「これら（物語）にこそ、道々《みち》しく、くわしきことはあらめ」（螢の巻）とした『源氏物語』の先行の物語との関係、さらに『源氏物語』以後の古典と『源氏』とのかかわりも探究する必要がある。『源氏物語』を女房ばかりでなく、一条天皇や藤原道長や藤原公任なども読んでいたことはたしかであり、また平清盛の娘の徳子が「源氏物語絵巻」（二十巻）を持っていたことも指摘されている。

日本の古典の歴史と文化における平安時代の意義はきわめて大きくそして重い。日本の古典のなりたちを東アジア世界の中で再発見すべきではないか。なお二〇一二年八月二十九日、議員立法で衆・参両院が十一月一日を「古典の日」とすることを制定したことを付記する。

坂上田村麻呂と清水寺

大本願田村麻呂

清水寺《きよみずでら》御本尊の御開帳ならびに開山堂、すなわち田村堂の坂上田村麻呂《さかのうえのたむらまろ》公像の御開扉が九十九年ぶり（二〇〇九年）に行われたのにちなんで、私は「坂上田村麻呂公と清水寺」というテーマで、この度の御開帳にふさわしいお話をさせていただきます。

この「言」という講座は大変貴重な講座で、関東からも関西からも優れた先生方が出講されていますが、奥の院の御本尊が御開帳になった平成十五年（二〇〇三）、「命の尊厳を見つめて」というテーマで講演をさせていただき、随筆家の岡部伊都子さんが私と対談するということになりました。今日もその時の記録を読んで懐かしい思いにふけっておりましたが、その思い出のある成就院の講演に再びお招きいただきました。

御開山は賢心上人です。後に名を改めて延鎮上人という。この方が清水寺の御開山ということになっています。「清水寺縁起」は三つありますが、その中で、宝亀九年（七七八）、天皇は奈良時代最末期の光仁天皇ですが、御開山の賢心上人が、今では有名な音羽の滝を見出されます。そこへ年をとった仙人が現れ、この仙人は観音菩薩の化身であるということが分かり、賢心上人が千手観音を造られてお祀りになったのが、清水寺の始まりとされています。奈良時代の末に、清水寺の誕生がととのってくるわけです。

その二年後、宝亀十一年、坂上田村麻呂の奥方、高子夫人が病に伏し、そのための薬を求める。これは文字どおりの「薬狩り」です。もともとの「薬狩り」は、道教の信仰とかかわって、長寿のための仙薬を求める狩りでした。東山に赴かれた時に、田村麻呂公が賢心上人と出会われたのです。優れた高僧ですから、深く帰依されることになります。それが御縁で、田村麻呂公が本願として、いろいろと寄進されて整備してきます。

西国三十三番札所の最も有名なお寺のひとつが清水寺ですが、観音菩薩は、三十三に姿を変えて、変化して人々を救われる。したがって、観音信仰では三十三という数は非常に大事な数で、花山法皇が西国の札所めぐりを始められたといわれています。平成十五年の御本尊御開帳のおりに、『京都新聞』をはじめ、いくつかの新聞に私のコメントが出ましたけれども、観音の信仰は西国を中心にさかんになるのです。観音信仰は西日本の文化を象徴していると思います。

東日本の仏教の文化は、不動明王です。成田山新勝寺は、皆さんもよくご存じでしょう。成田空港のある成田ですが、新勝寺の不動明王の信仰が関東を中心に全国へ広がっていくわけです。それに対して西日本は観音信仰なのです。観音様というのは、女性原理を代表している信仰だと私は思っています。男性がどんなに偉そうなことを言っても、子供を生む能力はありません。女性は赤ちゃんを生み育てていく。不動明王は対決の象徴であって、男性原理です。海外の文化を受け入れて、そして日本の在来文化と巧みに融合させ、そして日本独自の文化を生み出してきたのは、西日本からです。その西日本が観音信仰の中心地であったということを、関西の人々は認識していただく必要があると考えています。

その西国三十三番札所の十六番の札所が清水寺ですが、清水寺は法相宗《ほっそうしゅう》です。南都六宗と申しまして、奈良時代の仏教には六つの宗派がありました。学問を中心にした学問宗ですが、三論、法相、倶舎、律、華厳、成実というように、六宗それぞれのお寺で勉強するわけです。ですから、法相宗のお坊さんが、東大寺は華厳宗ですが、華厳宗のお寺へ行って勉強するということもあり得たのです。今は本願寺のお坊さんが日蓮宗の大石寺へ行って勉強するというようなことはありませんが、奈良時代では六宗兼学と申しました。

ところが、清水寺は八宗兼学ということを古くからいっているのです。これは清水寺というお寺のありようを象徴しています。その八宗の内容は、南都六宗以外に天台宗と真言宗を含んでいます。東西両本願寺の中心は親鸞上人、そのお師匠さんは浄土宗の宗祖法然上人。浄土宗の基礎を築かれた法然上人が、文治四年（一一八八）、鎌倉幕府ができる少し前――建久三年（一一九二）に源頼朝が鎌倉に幕府をひらきますが――それより少し前の文治四年に、この清水寺の阿弥陀堂で常行念仏を行なっておられます。清水寺は、特定の宗派を超えたお寺でもあると私は受け止めています。

先の貫主、大西良慶先生、現在の貫主、森清範先生を見ておりましても、きわめて国際的に活躍しておられる。森清範貫主は、日韓、日朝、日中、それぞれ仏教を通じて幅広いご活動をされていますが、これは清水寺の寺風がインターナショナルで、特定の宗派だけに閉じこもっているお寺と違うという内実を、象徴しているのではないかと思うのです。

賢心上人に帰依された田村麻呂公が、発願されて清水寺の造営をはじめられる。開山堂には坂上田村麻呂公と高子夫人座像が祀られています。高子夫人も観音信仰に深く帰依されて、仏殿を建てられた。それから、清水寺に三重の塔がありますが、この三重の塔は葛井親王が建立された。葛井親王は、田村麻呂公と高子夫人の間に生まれた春子夫人が、桓武天皇との間にもうけられた皇子です。いかに清水寺と坂上氏が深い関係にあるかということが、こういう史実を見ただけでもお分かりいただけると思います。

『日本人のこころ』のえにし

二〇〇九年の十一月一日、天皇皇后両陛下が三年ぶりに京都におみえになりました。源氏物語千年紀の式典が宝ヶ池国際会議場で行われるのに出席するためでしたが、十月二十二日に宮内庁の天皇侍従から電話がありまして、「十一月一日の七時から時間は空いておりますか」と。「午前中は講演があるんですが、夜は空いております」と申しましたら、「両陛下が先生と大宮御所で夕食を一緒にして、懇談したいと仰っている」と。京都には皇室ゆかりの方もおいでになりますので、そういう方々とご一緒にお招きを受けたのかと思って、「他のどなたがお見えになるんですか」と申し上げたら、「先生お一人です」と。私ははからずも二〇〇一年の宮中歌会の召人に選ばれまして、陛下のご要望で歌会が終わってから懇談させていただいたことがあります。その時にも両陛下から歴史についての質問がありました。

平成十九年（二〇〇七）秋には、秋の園遊会に招かれて参りました。五百人くらい呼ばれるんですが、赤坂御苑で隅のほうにいたんですが、両陛下のご先導をつとめておられたのが、百武式部官次長でした。私の宮中歌会の召人との電話があったときにちょうど急性肺炎で二週間ばかり入院していた後でもありましたのでご辞退申し上げたんですが、式部官が二人、亀岡においでになった。「陛下が先生に、とおっしゃっている」ということで、お受けしたんです。その時私の家へ来たお一人が、百武式部官でした。その時は式部官だったんですが、今は式部官の次長に栄転しておられます。その百武さんがご先導で、私の顔が見えたんでしょう、陛下に耳打ちをされたんです。すると陛下が隅のほうにおる私の所においでになりまして、「よく来ていただきました」とご挨拶いただいた。陛下がお声をかけたら、皇太子殿下、雅子様、常陸宮、秋篠宮、皇族の方々がみなお声をかけられる。

名札をつけていますので、皇太子殿下は日本歴史を専攻しておられますから、上田正昭という名前はご存じだった。秋篠宮殿下は前からよく知っておりますけれども、常陸宮さんとははじめてです。

「先生、最近ご本を出されましたか」とのお尋ねでした。その時にも気にかけてくださってるなとは思ったんですけれども、まさか私が招かれるとは、お目にかかるまでその理由が全く分からなかったんです。そしたら、二〇〇九年の四月に『日本人のこころ』（学生社）という本を出したんですが、それを両陛下が読まれて感銘されたらしく、会いたいと言われたらしいんです。

脱線してしまったんですけれども、陛下が最初に三つ質問された。それがすべて百済です。六六三年の白村江、その次は武寧王、そして聖明王です。なんと深く百済の歴史と文化にご関心を抱いておられるなあと思いました。皇后様からも色々ご質問がありました。一番最初に質問されたのは、「『継体欽明両朝併立説』というのが学界にあるのですが、この説は今、学界でどうなっていますか?」このような説を多くの人は知りませんね。今の若い学者も知らないでしょう。今の両陛下は隣国を含めての歴史と文化に非常に深い関心をもっておられる。

桓武天皇の生母は、高野新笠《たかののにいがさ》で、百済の武寧王の子孫になる方です。桓武朝廷の尚侍、すなわち内侍所の長官は百済王明信《くだらおうみょうしん》という女性でした。百済王明信を桓武天皇は重用された。この百済王氏というのは、西暦六六三年の、百済が最終的に滅びるときの王である、義慈王《ぎじおう》の王族の善光（禅広）の子孫です。陛下は義慈王のこともよくご存じで、六六三年、唐と新羅の連合軍によって百済があっけなく滅んだ。「なぜあんなに簡単に滅亡したんですか?」というのが陛下の第一番目のご質問でした。きちんと答えられる歴史学者が何人いるでしょうか。百済王氏からは九人も後宮に入り、百済王教仁は大田親王を、百済王貞香は駿河内親王を生んでおり、延暦九年（七九〇）の二月は、「百済王らは朕が外戚なり」との詔がだされています。これらは、その一例です。桓武天皇と渡来系氏族の関係はきわめて深い。その桓武天皇が田村麻呂を非常に信任されたわけですね。

苅田麻呂と鎮守府

田村麻呂公の父は、坂上苅田麻呂《かりたまろ》で、武将です。坂上田村麻呂と同じように、武に秀でた方でした。

天平宝字八年（七六四）に藤原仲麻呂の変が起こりますが、その時に孝謙《こうけん》太上天皇の側について、苅田麻呂は功績を挙げます。仲麻呂との息子の訓儒麻呂《くずまろ》を倒し、大きな武勲を立てた方です。この方が後に栄進して、陸奥鎮守府《むつちんじゅふ》将軍になっています。これは坂上氏の歴史を考える上で大事な点です。多賀城が陸奥鎮守府のあった場所です。この「鎮守」というのはどういう意味でしょうか。「鎮守」という言葉は、中国の古典にしばしばみえています。例えば、『三国志』の「魏書」、俗に「魏志」と申しますね。この『三国志』は西晋の陳寿が編纂した史書で、魏・呉・蜀の歴史です。その「魏志」の中に、「鎮守之重臣」という言葉が出てきます。鎮め、守るの「鎮守」です。「鎮」というのはどういう意味か。五世紀の中国北朝、北魏の時代には、軍隊の駐屯地を「鎮」と表現しています。唐の時代には軍政区を指す。したがってこの「鎮守」という言葉は、もともと軍隊の用語なのです。明治後の海軍も、呉《くれ》鎮守府や、舞鶴鎮守府などと称したわけです。今私どもが言う「鎮守」というのは、村の氏神様、「鎮守の神」、その森を「鎮守の森」といいます。小学校唱歌で「村祭り」というのがあります。「村の鎮守の神様の　今日はめでたいお祭り日／どんどんひゃらら／どんひゃらら」という、あの歌で「鎮守」という言葉が全国的に広がりますけれども、もとは軍隊と関係のある用語でした。日本では、「鎮守」を「土地を鎮め、守る」神様に使うようになるのです。私は歴史学が専門ですから、いったい「鎮守の神様」という言葉が、いつ頃から使われるようになるのかを調べたことがあります。これは平安時代の編年の歴史書ですが、『本朝世紀』の天慶二年（九三九）正月十九日のところに、「鎮守正二位勲三等大物　明神《おおものいみみょうじん》」と出てくるのが、私の調べた限りの神様に使っている「鎮守」という言葉の最初の用例です。

陸奥、東北の蝦夷《えみし》の人たちを治め、鎮めるために、坂上苅田麻呂が東北に赴いている。その苅田麻呂が、『続日本紀』に記載していますように、宝亀三年（七七二）の四月二十日に、朝廷に対して意見書を提出しているのです（『続日本紀』）。今も奈良県高市郡という郡があります。明日香村は、奈良県高市郡明日香村です。

今来郡の檜前

明日香村には、朝鮮半島から渡ってきた人々がたくさん居住しておりました。『日本書紀』にも「今来郡《いまきのこほり》」と書いた箇所がありますし、弘仁六年（八一五）に出来た五畿内一一八二の氏族の系譜をまとめた『新撰姓氏録《しんせんしょうじろく》』の逸文にも、「今来郡」と高市郡のことを書いています。田村麻呂公はこの高市郡明日香村（現明日香村檜前《ひのくま》）の出身です。古くは檜隈とも書きましたが、ここに住んでいた東漢氏《やまとのあやうじ》の子孫です。この氏は百済・加耶系です。朝鮮半島南部の西側の百済・加耶というのは、今で言えば慶尚南道《けいしょうなんどう》の大邱《たいきゅう》から釜山のあたりにあった国が加耶という国です。その地域から渡ってきた人々が倭国で本拠にした場所が、現在の明日香村の檜前です。田村麻呂はその地域の東漢氏の出身です。父の苅田麻呂が宝亀三年の四月に言上している内容は、「高市郡の郡の長官、郡司には我が一族を任命してください」という請願です。なぜかというと、高市郡が、應神天皇の代に阿知使主《あちのおみ》というのが自分達の祖先で、多くの人々を連れて住み着いた場所だ。「他姓者十而一・二」、すなわち「高市郡の中の八割、九割は我ら一族である」と書いてある。したがって「高市郡の長官には我が一族を任命せよ」と言上します。坂上田村麻呂公は、まぎれもなく朝鮮半島南部から我が国に渡ってきた百済・加耶系の人物です。その田村麻呂が、やはり渡来系と非常に深い縁を持っておられる桓武天皇の信用を得ることになるのです。したがって、清水寺の歴代の貫主が、日韓友好、日朝友好にご尽力されているのは、お寺の史脈、寺脈にふさわしいといえましょう。

そして、この田村麻呂公が蝦夷の征討に抜擢されます。宝亀十一年は坂上田村麻呂公が清水寺の開山である賢心上人、すなわち延鎮上人に帰依された頃です。東北では、蝦夷と呼ばれた人びとの大反乱が起こります。桓武天皇の父、光仁天皇の晩年です。その時の蝦夷のリーダーは呰麻《あざま》呂《ろ》という人物でした。大変優れた武将で蝦夷の各地で反乱軍を組織しました。

古代の七世紀後半から八世紀の初めに、律令制が整ってきました。律は刑罰法、令は民法や行政法などです。この法律によって国家体制を整える、こうした国家を律令国家といいます。律令国家の支配者たちは――日本は中国から言えば夷狄《いてき》ですね、そのなかの東夷《とうい》です、中国は中華の国です——しかしその東夷の日本も、中華であるという考えを強く抱くようになるわけです。

日本版中華思想

このような考えを、私は「日本版中華思想」とよんでいます。東夷の中で日本が一番優れた国で、例えば百済、高句麗、新羅という国は律令国家の法律では、「蕃国《ばんこく》」と称しています。野蛮の意味ではありません。朝貢する国、日本に貢物を持って来る朝貢国という意味です。日本の国内にも夷狄を設定します。その夷狄として、東北の人びとを「毛人《もうじん》」と書いたり、あるいは「蝦夷」と書いたりしています。蝦夷の皆さんが自ら「蝦夷」などと名乗っていたわけではなくて、律令政府が東北の人びとを「蝦夷」と呼んだり、「毛人」と呼んだりしている。南九州は「隼人《はやと》」。これは古代の「大宝令」や「養老令」をお読みになるとわかります。奄美の人、肥人《くまびと》は今で言えば熊本県の人です。これらの人びとも夷狄だとはっきり書いている。日本の国内にも夷狄をこしらえるわけです。だから古代の支配者たちがまとめた歴史書に書かれている南九州の人びとの歴史や、あるいは古代の東北地域の人びとについて書いている事柄を、そのまま史実だなどと思ったらとんでもない間違いになります。私は「蝦夷」の研究も多年してまいりました。日本の史料には、蝦夷のことを、狩猟をする人びとを「山夷《さんい》」といい、農耕をする人びとを「田夷《でんい》」と記しています。

もう一つ忘れてはいけないのが、海のルートで対内的、対外的な交易をやっている蝦夷すなわち「海夷」がいたことです。東北の平泉、藤原秀衡《ひでひら》のあのすばらしい金色堂の文化というのはどうしてできたのか。その背後には鉄の文化がある。もちろん黄金の文化もある。そして海をルートとする対内、対外の交易があるんです。例えば青森県の十三湊《とさみなと》の海の中から出てきた、たくさんの陶磁器からも明らかです。いかに古代の青森県の地域に住んでいた皆さんが、朝鮮、中国、シベリアの各地域の人々と交わりを持っていたかということが察知されます。海底から出てきた多数の陶磁器、おそらく事故で船が沈んだのでしょうが、あのすばらしい陶磁器を見ただけでもわかります。

その蝦夷が大反乱を起こしたので、朝廷は慌てて、紀古佐美《きのこさみ》を将軍にして第一次蝦夷征討をするわけです。史料によりますと、約五万の兵です。しかし、「蝦夷」はなかなか強い。第二回目の蝦夷征討のおりの将軍は、大伴弟麻呂《おおとものおとまろ》です。そして父の代から関係の深い——坂上苅田麻呂は陸奥鎮守府将軍にもなっていたわけですが——坂上苅田麻呂の子供である坂上田村麻呂公の秀れた武威が認められて副将軍に抜擢されます。しかし抵抗が激しく失敗に終わる。そこで第三次です。延暦十六年、長岡京から都は平安京に遷っています。西暦七九七年に正式に田村麻呂公が征夷大将軍に任命されて蝦夷征討に向かいます。田村麻呂公が亡くなったのは、嵯峨天皇の代です。桓武天皇の次は平城天皇、その次は嵯峨天皇。その弘仁二年（八一一）、五十四歳で坂上田村麻呂公が亡くなりました。弘仁二年の五月二十三日に亡くなりますが、『日本後紀』に田村麻呂公のことが詳しく書いてある。「将帥《しょうすい》の器量あり」、文武両道に秀でた大将の器の優れた人物であると書いてある。そして延暦二十年、激戦がくりひろげられます。その時の東北の蝦夷の側の大将は阿弖流爲《あてるい》、漢字は当て字です。副将軍が母礼《もれ》という人物です。「蝦夷」の皆さんの言葉で、アテルイ、あるいはモレとよんでいた。アテルイが将軍で、副将軍がモレでした。

アテルイとモレ

大変優れた武将たちでしたが、結局、延暦二十年の戦いで服属します。田村麻呂公はアテルイ、モレを連れて京都に凱旋する。そしてこれは、菅原道真公が編纂した歴史書の『類聚国史《るいじゅうこくし》』に書いてあるのですけれども、アテルイ、モレは非常に優れた武将だからと、田村麻呂公は助命嘆願をしているんです。現地へ帰して、現地の皆さんを指導する器量がある、と申し出るのですが、当時の公家は反対して、河内の杜山《もりやま》でアテルイとモレは斬殺されることになります。田村麻呂公の悲しみは察するに余りがあります。

平成六年(一九九四)は京都の皆さんにとって忘れてはならない大事な年です。なぜなら、長岡京から平安京へ遷って来たのが延暦十三年(七九四)ですから、平成六年は平安京に都が遷ってちょうど千二百年になるわけです。そこで、京都府、京都市、京都の商工会議所が中心になりまして、平安建都千二百年記念の事業を展開いたしました。イベントの数は約千八百件。そのおりに清水寺の森貫主さんから私もご相談を受けたんですが、岩手に「アテルイ顕彰会」というのがある。「岩手の県人会、関西岩手県人会、京都県人会が清水寺に慰霊の、供養の碑を建てたいと言っている」と。私はもちろん大賛成で、ちょうど建都千二百年の平成六年十一月六日、清水寺境内にアテルイ、モレの供養の碑が建ちました。仏教では「怨親平等」を言っています。味方の戦死者などを慰霊するだけではない。味方だけをするというのは凡人の浅はかな知恵であって、敵も味方も、傷ついた、あるいは亡くなった方を共に供養する、これは、仏教のすばらしい教えだと思います。これを森貫主様は実行されました。今もアテルイ、モレの供養碑が清水寺には建っています。坂上田村麻呂公と清水寺がどんなに深い関係があるかは、今日のお話でおわかりいただけると思います。

高松塚とキトラ古墳

そして、一九七二年の三月二十一日、この日は、私はよく覚えている日です。奈良県明日香村、檜前で高松塚壁画古墳が検出されたのです。私はその頃京都大学教授でしたが、学生を連れて葛城山のふもとの御所《ごせ》の地域の調査に行っていて、午後四時ごろ帰宅したのです。そうしたら京都紫野の家の前にジープが停まっていて、「あれ？　警察の車かな？」と思ったら共同通信の記者の車でした。「先生、とにかくこの車に乗ってください。明日香村で壁画が見つかったんです」と、拉致されました。

そして共同通信の車で明日香村へ向かいました。ご案内の通り、女性像八人、男性像八人、四人ずつ、四つのグループ、併せて十六名の人物像が描かれていて、朱雀は見つかりませんでしたけれども、北壁には玄武、東には青龍、西には白虎、天井には星宿図、つまり天文図がありました。高さ約五メートル、直径一八・五メートルの小さい円墳です。発掘を指導された末永雅雄先生も、まさかこんな小さい円墳に、あのような見事な壁画があるとは思っておられなかったと思います。新聞その他は「発見」と書きましたが、こんなのは発見とはいわないんです。末永先生は一貫して「発見」という言葉を使うことに反対されました。私も「検出」だと思います。あらかじめ、壁画がここにあるに違いないと思って発掘をしたのであれば発見です。誰が掘っても現われてくる壁画です。皆さんが掘っても出てくる。

あのすばらしい高松塚壁画古墳はどこで見つかったかというと、明日香村の檜前です。その檜前の高松塚から南へ約一キロ。キトラ古墳が見つかったんです。このキトラ古墳の場所も檜前です。これもよく覚えていて、一九九八年三月六日です。なぜかというと、この日に超小型カメラがキトラ古墳へ入って映像が映し出される。朝日新聞大阪本社で待機して、送られてくる画像を見て緊急座談会をやってくれ、と言うので、ずっと待機していました。鮮やかな玄武の姿が浮かび上がってきたんです。

そしてその後、青龍、白虎だけではなく朱雀もはっきりとわかりました。見事な朱雀でした。特に十二支像が見つかりました。今のところ、十二のうちの半分、子、丑、寅はじめ、六体が見つかっています。天井には高松塚よりもっと精密な天文図が描かれていました。あの壁画古墳が見つかった場所も、東漢氏の日本における故郷の檜前です。このことは非常に大事だと思っています。この地域の東漢氏の出身が、坂上田村麻呂公です。

その田村麻呂公が、清水寺の開山延鎮上人に深く帰依して伽藍を整えていく。奥方の高子夫人も仏殿を寄進する。そして娘の春子が桓武天皇との間にもうけた葛井親王が、三重の塔を造営しておられる。そういう歴史を考えると、清水寺は八宗兼学の名にまことにふさわしい寺院であって、ナショナルでしかもインターナショナルな寺であるということがわかってきます。

京都有終のみかど

仁孝天皇（在位一八一七—四六）の第四皇子であった熙宮統仁《ひろのみやおさひと》親王が、仁孝天皇のあとをうけて即位した。そのみかどが孝明天皇である。江戸時代最後の天皇が孝明天皇であり、延暦十三年（七九四）以来連綿とつづいた日本の首都、京都の有終の美を飾られた天子が孝明天皇であった。

平安遷都千百年の記念事業として創建された平安神宮には、平安京最初の天皇である桓武天皇が奉斎されたが、昭和十五年（一九四〇）の十月十七日から十九日にかけての遷座祭・鎮座祭によって、首都京都の有終のみかどである孝明天皇が合祀された。京都に鎮座する市民崇敬の平安神宮にふさわしい奉斎であった。

奉祀の動向

桓武天皇とならんで孝明天皇を奉斎する神宮を京都に創建しようとする動きは、平安神宮創建の当初からあった。その具体化は、明治三十一年（一八九八）の「孝明天皇奉祀会」の設立となり、明治三十五年には京都市長内貴甚三郎同意のもと、奉斎の趣意書が小松宮彰仁親王に奉呈された。そして明治四十四年には「孝明天皇神宮願」が起章されたが、明治天皇の崩御によって、奉祀運動は中絶した。

ふたたび孝明天皇奉祀の動きが活発化したのは、孝明天皇五十年祭にあたる大正六年（一九一七）前後からである。その動向は大正十四年三月にあらたな展開を迎えた。京都選出の衆議院議員森田茂・同川崎安之助らが「孝明天皇ノ神宮ニ関スル建議」を衆議院に提出し、さらに昭和二年（一九二七）には再度建議されたからである。

昭和三年に昭和天皇の御大礼が京都で執行されたのを契機として、京都府知事大海原重義ら京都府が中心となり、孝明天皇を祭神とする神宮の創建が浮上する。「京都神宮」あるいは「山城神宮」の社名が構想されたりもした。孝明天皇聖徳『顕彰会』を組織し、事業の一環として三浦周行京都帝国大学教授に『孝明天皇御事績紀』の編纂を委嘱した。こうして「孝明天皇御聖徳奉彰会」が結成されたけれども、三浦教授は昭和六年になくなり、編纂の仕事は徳重浅吉大谷大学教授にひきつがれて、昭和十一年六月の『孝明天皇御事績紀』の刊行となった。昭和十二年の一月、徳富蘇峰は『大阪毎日新聞』の連載「明治七十年」のなかで、「孝明天皇奉祀の日を待つ」

と孝明天皇奉祀の必要性を力説した。こうした風潮のたかまりによって、昭和十三年の三月には閑院宮載仁《ことひと》親王を総裁とする「孝明天皇奉祀奉賛会」の役員が決定した。平安神宮の祭神に孝明天皇を合祀する内務大臣の正式決定があったのは、昭和十三年の五月一日である。ちなみに、合祀実現の昭和十五年は、「紀元二千六百年」の歳とされていた。

孝明天皇の二十一年におよぶ在位の代は、まさに激動と変革の時期であった。そのありようは、たびたびの改元にも反映されている。すなわち弘化から嘉永・安政・万延・文久・元治・慶應というように、実に七度におよぶ改元であった。瑞祥にもとづく改元よりも、災害・政争・政変あいつぐなかでの世直りを期待しての改元であった。

弘化三年（一八四六）の大火や元治元年（一八六四）七月の禁門の変（蛤御門の変）の兵火ばかりではない。朝廷と幕府との対立と緊張が渦巻き、鎖国か開国か、尊王か佐幕か、息づまる内紛と外圧のプロセスの、まさに内憂外患の激変の時代であった。

孝明天皇の「孝明」は、『孝経』に「明王父に事《つか》へて孝、故に天に事へて明」とあるのに由来する。文字どおり「孝明」の生涯を貫かれたのが孝明天皇であった。

天保二年（一八三一）六月十四日（太陽暦では七月二十二日）に、仁孝天皇と待賢門院雅子《なおこ》との間に生誕、慶應二年（一八六六）十二月二十五日に崩御（改暦の後は一月三十日）、宝算三十六歳であったが、幕末・維新のなかの英邁の天子であった。

公武のはざま

徳川幕府の朝廷に対する政策は、きわめてきびしいものであった。それは元和元年（一六一五）に定められた「禁中《きんちゅう》並《ならびに》公家《くげ》諸法度《しょはっと》」をみてもわかる。たとえばその第一条には「天子御芸能の事第一御学問なり」とし、天皇のなすべき第一は学問であると規定した。順徳天皇の『禁秘《きんぴ》抄《しょう》』には「諸芸能事」について「第一御学問なり」とあるが、法度では天皇や朝廷が現実の幕府や各大名の政治に直接介入できないしくみを明確にした。公家に対してもそれぞれの「家々の御学問」を第一とした。

孝明天皇の祖父にあたる光格天皇はすぐれたみかどであって、従来の公武関係を変化させた天子であった。天明の大飢饉のおり、天明七年（一七八七）の六月七日から京の人びとの「御所お千度参り」が展開された。京都のまちびとは京都所司代や京都町奉行へたびたび嘆願したが、一向に埒《らち》があかず、朝廷に困窮救済を申し出たのである。

光格天皇は施し米の賑給《しんごう》や救い米などによる救済はできないかという勅旨を、武家伝奏を通じて、御所に参向した京都所司代戸田忠寛に申し入れられた。時は天明七年の六月十四日であった。その結果、七月八日に救い米五百石、八月五日にはさらに千石が提供されることになる。朝廷が幕府に直接申し入れをすること自体が画期的であった。

天明八年の一月、應仁・文明の大乱以来といわれる大火があって、京都は多大の被害をうけた。京都の大半が焼失し、京都御所・仙洞御所も焼失した。光格天皇の勅旨は、「古儀」による新御所の造営であった。御所の造営は幕府が責任をもって執行するのが常例である。幕府は財政の逼迫《ひっぱく》を理由に、造営は宝永年度の御所と同じものとし、なるべく質素に造営したいとした。朝廷の態度は変わらず、再三の交渉の末、天明八年十一月には、朝廷側の要望にそうことを決定した。公武の関係の変化は、こうした両者の交渉のありようにもうかがわれる。天皇の「御内慮」の伝達や幕府の回答は、武家伝奏が所司代へ出向いて行うのがしきたりであったが、所司代太田資親が病気療養のため江戸へ帰るおり、天皇の賜物を口実に、所司代が武家伝奏宅へ出向く「古儀」を復活した。

文化四年（一八〇六）の六月二十九日、ロシア軍艦が「蝦夷地」を攻撃した事件が、所司代から武家伝奏のもとへ報告された。幕府が対外関係を朝廷に報告した例はかつて無かった事態である。

光格天皇の内慮

光格天皇から仁孝天皇へ、仁孝天皇から孝明天皇へと、そのこころざしは受け継がれた。幕府に対する光格天皇の強い「御内慮」は、光格天皇の父である典仁親王への「太上天皇」号を賜る再三の申し入れにもうかがうことができる。幕府は皇位についたことのない方に「太上天皇」号を贈るのは道理がないとして再考を求めたが、それに対しては、たとえば後堀河天皇の父守貞親王あるいは後花園天皇の父貞成親王に「太上天皇」が贈られた前例をあげ、幕府が「容易ならざる儀」とするようなきびしい「御内慮」が示された。

光格天皇による朝廷権威の復活は、その諡号にも明らかである。崩御（天保十一年十一月十九日）の翌年閏一月、「光格天皇」の諡号が賜られた。「天皇」の諡号は光孝天皇（在位八八四―八八七）までであり、光格天皇の前代（御桃園天皇）までの間は、すべて「院」号であった。諡号に「天皇」がよみがえったのは光格天皇からである。

孝明天皇の治世に天皇・仁孝天皇の「御内慮」が受け継がれたことは、朝廷における学習所が学習院へと発展していくプロセスにも見いだすことができる。光格天皇の向学へのこころざしは、弘化四年（一八四七）の学習所の改設決定となり、嘉永二年（一八四九）四月七日の学習院へと生きつづいていった。傑出したみかどの「御内慮」は不滅であった。

即位以前

光格天皇のこころざしを継承された仁孝天皇と新待賢門院雅子（贈左大臣正親町《おおぎまち》実光の娘）との間に、待望の皇子が誕生した。時は天保二年（一八三一）の六月十四日（太陽暦では七月二十二日）

である。清和院門外の広小路南側にあった正親町第で出生、御七夜の二十日に煕宮《ひろのみや》と命名された。煕宮よりもさきに、三皇子（鍠宮《あきのみや》・鎔宮《のりのみや》・三宮《さんのみや》）が誕生していたが、いずれも幼少でなくなっていた。したがって煕宮の「降誕」が、一大慶事であったことは、多言するまでもない。仁孝天皇には二十三人の皇子・皇女・養子・猶子があって、和宮《かずのみや》（親子《ちかこ》内親王）は煕宮（孝明天皇）の異母妹である。

天保六年の九月十八日、親王宣下があり、煕宮は統仁《おさひと》親王とよばれることになる。そして天保十一年三月十四日には、立太子の儀がおこなわれ、同月二十六日には清涼殿において父皇《ちちぎみ》（仁孝天皇）との拝謁の儀が執行された。その日のことを、権中納言柳原隆光は『日記』のなかで、「聊《いささ》かも御感ひの気なく、舞踏せしめ給ひ、御作法拝見不覚にも感涙催《もよお》し了《おわん》ぬ」と述べている。

天保十一年の十一月十九日は、統仁皇太子にとっても忘れることのできぬ日となった。なぜなら光格太上天皇が宝算七十歳で崩じられたからである。在位三十九年、上皇としての治政の補佐二十三年、この長期にわたる偉業は、幕末の政治史に光彩を放つ。その寵愛をうけ、前途を嘱望されていた祖父光格太上天皇が、ついに黄泉路へ旅立たれたのである。統仁皇太子の悲嘆は察するにあまりある。

天保十五年三月二十七日、紫宸殿において、東宮（皇太子）の元服冠礼の儀が執行された。そのおりの加冠傳《かかんふ》は、平安神宮時代祭の維新志士列のなかにも登場する内大臣近衛忠煕《ただひろ》がつとめた。

元服加冠の儀の仁孝天皇の詔書には、統仁皇太子をたたえて、「天性聡敏にして神姿温柔、行ひは仁孝を修め、専ら明王の道を履《ふ》み、徳は元良に茂《しげ》く」と述べられていた。

即位の宣命

弘仁三年（一八四六）の二月十三日、統仁皇太子が践祚、同年二月二十三日には、御息所《みやすどころ》（基宮夙子《あさこ》）を女御《にょうご》と称することとなる。正式に入内《じゅだい》されたのは嘉永元年（一八四八）の十二月十五日で、女御の宣下があった。この夙子女御が、明治天皇の母君であり、後の英照皇太后である。

弘仁三年三月一日には、先帝に「仁孝天皇」の諡号が贈られた。その諡号が「院」ではなく「天皇」であったのも、光格天皇の先例にもとづく。「仁孝」の由来は、『礼記』の「仁人は物に過《あやま》たず、孝子は物に過たず」にある。

皇女和宮の誕生は弘仁三年閏五月十日であった。仁孝天皇の第八皇女で、母は前新典侍《さきのしんてんじ》橋本経子であった。そして弘化四年九月二十三日、即位の礼が紫宸殿でおごそかに執り行われた。新しいみかどの御年は十七歳であった。

その即位の宣命には、「掛《か》けまくも畏《かしこ》き近江の大津の宮に御宇奉《あめのしたしろしめしたまい》し天皇《すめらみこと》（天智天皇）の初賜《はじめたま》ひ定賜《さだめたま》へる法《のり》の随《まにま》に仕《つか》え奉《たてまつ》れと仰せ賜《たま》ひ授《さず》け賜《たま》へば恐《かしこみ》も受《う》け賜《たまは》り、進《すすむ》も不知《しら》に退《しりぞく》も不《し》知《ら》に恐《かしこ》み坐《ま》さくと宣《のりたま》ふ大命《おおみこと》」と記されていた。天智天皇以来の皇統が強く意識されているのが改めて注目される。天智天皇の皇統が復活したのは、天智天皇の皇孫光仁天皇であり、つぎの桓武天皇もまた天智天皇の皇統を強く自覚されていた。

同年九月二十七日には将軍徳川家慶の名代と将軍の世子家定の名代が参内、各大名の使者もあいついで馬代《しろ》・大刀代《たち》を献じた。この即位の大礼を拝した人物のひとりに久留米の水天宮の神職であった真木和泉守保臣《やすおみ》もいた。そして同年の十一月二十一日に大嘗会《だいじょうえ》がはじまり（卯の日）、辰・巳の節会《せちえ》とつづいて、十一月二十四日には豊明《とよのあかり》節会が執行された。

海防勅書

孝明天皇即位前後の朝廷をとりまく内外の情勢は、ただならぬ状況にあった。たとえば弘化三年（一八四六）の五月十九日には、寺町通四条上ル道場境内から出火、火災は翌日におよんで、民家九一〇軒ばかりが焼失した。天明の大火以来の大火災であった。内憂ばかりではない。通商などを要求する異国船もあいついだ。

天保十五年（一八四四）の三月にはフランス艦隊が琉球に来航して通商を要求、弘化二年（一八四五）の五月にはイギリス軍艦が琉球へ来航して通商を要求、同年七月にはイギリス測量艦が長崎に来航して測量の要求、翌三年閏五月にはアメリカ東インド艦隊が浦賀へ来航して通商を要求、六月にはフランスインドシナ艦隊が長崎に来航、ついでデンマーク船が相模鶴ヶ岡沖へ来航、八月には再びイギリス軍艦が琉球へ来航というように、外圧は風雲急をつげた。

弘化三年八月二十九日、朝廷は幕府に対して海防に関する「御沙汰書」を下した。これが「孝明天皇勅書」あるいは「海防勅書」と呼ばれる「御沙汰書」である。その「御沙汰書」のなかで、幕府に対し海防を強化して「神州の瑕瑾《かきん》」にならぬよう処置すべしとの勅旨が盛りこまれていた。

文化四年（一八〇七）の六月、幕府がロシアの「蝦夷地」攻撃事件を朝廷に報告したことじたいが異例であった。そのおりの朝廷は報告をうけるにとどまっていたが、このたびの朝廷は、海防の強化を積極的に幕府へ要請したのである。しかもそのよりどころとして、「異国船の儀、文化度の振り合いもこれあり候につき」と、文化四年の幕府報告を先例としているのは注目にあたいする。この「海防勅書」がこれまでの公武の関係を大きく変化させることになった。

弘化三年の十月三日、老中の指示にもとづいて、京都所司代から弘化三年の異国船来航状況が書付として朝廷に提出された。これがまた先例となって、幕府の対外政策に、朝廷が発言力をましてゆくこととなる。

弘化四年の一月三日、朝廷は所司代に石清水八幡宮の臨時祭執行の旨を申し入れた。文化十年（一八一三）以来、石清水八幡宮と賀茂社の臨時祭は隔年に実施することになっていたが、朝廷は石清水八幡宮の臨時祭は「乱逆取鎮の祭」でもあるから異国船来航の情勢にふさわしいことを強調した。同年四月二十五日、石清水八幡宮臨時祭が執行され、その宣命《せんみょう》では「交易は昔より信を通ぜざる国に濫《みだり》に許したまふことは、国体に拘《かかわり》ぬれば、たやすく許すべき事にもあらず」とされ、異国船が「再び来るとも」、「速やかに吹《ふ》き放《はな》ち、追《お》ひ退《しりぞ》け攘《はら》ひ給」うことが祈念されていた。この宣命にも、孝明天皇の叡慮が反映されている。「利を貪《むさぼ》るの商旅」・「隙《すき》を伺《うかが》うの奸賊」の撃退と「天下の静謐《せいひつ》」・「黎民《れいみん》快楽」の守護が力説されていることもみのがせない。

外圧の危機

嘉永五年（一八五二）六月十日、オランダ商館長ドンケル・クルチウスから、アメリカの東インド艦隊（司令長官ペリー）が来航して、幕府に開港を迫るという報告が幕府にあった。水戸藩主徳川斉昭《なりあき》によって、ひそかにその情勢が朝廷へ伝えられた。そして実際に嘉永六年の六月二日には、ペリー艦隊が浦賀へ来航した。幕府との交渉にはみのりがなく、ペリー司令長官は明年の春に再度来航する旨を幕府に告げて退去した。

同年の六月二十二日、十二代将軍徳川家慶《いえよし》が亡くなり、後をついだのが十三代将軍徳川家定である。この家定に薩摩の島津家から嫁いだのが、NHK大河ドラマ「篤姫《あつひめ》」で有名となった、御台所篤姫（天璋院）であった。

十一月二十三日に徳川家定への将軍宣下があり、江戸城へおもむいた武家伝奏の三条實萬《さねつむ》・坊城俊明は孝明天皇の勅旨を伝達し、外交にかんする「宸憂の状」を諭示した。そのおり老中阿部正弘らは、「叡慮ニ箇様遊《かようあそ》ばされ度卜《たく》申思召《おぼしめし》も存じなされ候ハヽ、御遠慮なく仰出され候様」と申し述べられていた。まさしく幕府が天皇の叡慮を重視せざるをえなくなった状況がはっきりと物語られている。

和親条約から通商条約へ

孝明天皇は外圧を憂慮されていた。それは、嘉永六年（一八五三）の十一月七日に、大納言三条実万《さねつむ》が関白鷹司政通の命をうけて、所司代脇坂安宅《やすおり》に「神州の大事、人心動揺など、深く叡慮を悩まされ候」と伝奏し、「国体を辱《はずかし》めざる様」とのおもむきを申し述べたのにもうかがわれる。

浦賀に来航したアメリカのペリー提督は、明年来航する旨を告げて退去したが、通告のとおり嘉永七年に再来港し、三月三日には日米和親条約（神奈川条約）を、ついで五月二十五日には和親条約の付録（下田条約）に調印した。下田・箱館の二港の開港によって、「開国」への道は開かれたといってよい。実際に八月二十三日には長崎で日英和親条約、十二月三十一日には下田で日露和親条約が調印されている。朝廷はやむなく調印を事後承認することになる。

情勢の緊迫は、同年の九月十八日、ロシア軍艦（ディアナ号）が大坂湾天保山沖に来航したさいに、彦根湾など七藩による京都御所警備態勢が準備され、彦根城への「遷都」の用意がされるという状況にもみいだされる。嘉永七年の十一月二十七日に嘉永は安政と改元されたが、安政元年の十二月二十三日、朝廷は諸国の寺院の梵鐘を大砲に鋳《い》かえることを「五畿内七道諸国司」に太政官符によって命令した。幕藩体制下に国司の実態があるはずもない。幕府はただちに訂正を申し入れたが、朝廷が諸国に太政官符をだしたこと自体が注目すべきできごとであった。

ここでみのがせないのは、嘉永七年の四月六日に京都御所が全焼したさいの幕府の態度である。天明大火のおりの新御所造営にさいしては、なるべく質素にと朝廷側の要求を拒否して、再三の説得と交渉の末、漸く朝廷側の要望にそうことになったのとは雲泥の差であった。幕府はすみやかに新御所の造営に着手し、安政二年（一八五五）の十一月には完成をみた。

安政三年の八月にはアメリカ駐日総領事ハリスが下田に着任、九月から通商条約の交渉に入る。そしてついに安政五年の六月十九日日米修好通商条約および貿易章程が調印された。

公武の政争

通商条約締結の動きを批判し、ひそかに朝廷との連絡をとっていた有力者が、前水戸藩主の徳川斉昭《なりあき》であった。安政四年の十二月二十九日・三十日、幕府は各大名に江戸城への登城を命じて、日米通商条約締結の方針を示して説得に努めた。尾張藩主徳川慶恕《よしたみ》・仙台藩主伊達慶邦《よしくに》・鳥取藩主池田慶徳《よしのり》・阿波藩主蜂須賀斉裕《なりひろ》らは、朝廷の勅許を求めるべきとする意見を述べた。こうして勅許をめぐる公武の政争が激化する。

幕府は大学頭《かみ》林復斎・目付《めつけ》津田正路《まさみち》を京都へ派遣し、安政四年二月二十九日には、武家伝奏に対して通商条約締結やむなしの事情説明につとめ、さらに外交担当の堀田正睦《まさよし》みずからが朝廷におもむいて勅許を求めた。

安政五年の一月二十五日、孝明天皇は三位・参議以上の公卿全員に意見の提出を命じ、関白九条尚忠への宸翰では条約拒否と「打ち払い」（攘夷）の決意が述べられていた。二月二十一日には朝議があって、「人心の折り合い」が必要であり、「三家以下諸大名の赤心聞《きこし》食《め》されたく思《おぼ》し召され候」との結論となった。三月五日にはこれを不満とした堀田正睦らは「人心の折り合い」については幕府が責任をもつので勅許されるようにと請願した。関白九条尚忠は、青蓮院宮尊融親王・左大臣近衛忠熙《ただひろ》の会合を禁じ、青蓮院宮の御所参内を禁止して、新たな「勅答案」を作成した。

だが、「勅答案」にある幕府一任の文案をめぐって朝議は紛糾し、三月十二日には八十八人の公家がその削除を求める願書を武家伝奏に渡し、さらに関白邸へ押しかけた。こうした動きに非蔵人《くろうど》（賀茂・松尾・稲荷社の社家など）も加わった。そこにはまさに「堂上」の「一揆」ともいうべき様相がただよっていた。三月十四日には朝議が再会され、さきの幕府一任の勅答案は「殊ニ御国体ニ拘《かかわ》リ、後患モ測《はか》リ難《がた》ク」、「猶《なお》三家以下諸大名へモ台命下サレ、再應衆議之上言上アルベシ」との勅旨となった。

絶体絶命の期

安政五年（一八五八）の四月二十三日、幕府は彦根藩主井伊直弼《なおすけ》を大老とし、同年六月十九日には日米修好通商条約を調印、同月二十五日には、紀伊徳川慶福《よしとみ》（後の家茂《いえもち》）を将軍の継嗣と定めた。六月二十七日、朝廷では「大評（議）」が開かれたが結論はでず、翌日には「絶体絶命の期《とき》」であり、譲位も辞さずとの孝明天皇の叡慮が伝達された。七月二十二日には再度譲位の意向が左大臣近衛忠熙《ただひろ》に伝えられている。

八月八日「御趣意書」（戊午《ぼご》の密勅）が幕府と水戸藩に送られた。「御趣意書」では幕府の軽率な措置を「不審」とし、国論の統一と挙国体制の確立が必要であることを説いて、公武の合体および幕府と各藩の「扶助」が強調されていた。親幕府派の関白をはずし、左右大臣・内大臣と三条実美《さねとみ》による朝議の決定に幕府は反発して、九月七日からはいわゆる安政の大獄を断行した。同月七日には老中間部詮勝《まなべあきかつ》が入洛、十月二十四日に参内して朝廷の理解を求めた。

しかし孝明天皇の叡慮は堅く、通商条約は「日本国の瑕疵《かひ》」であり、下田条約までが是認の範囲であるとされた。十一月九日、間部詮勝は返答書をさしだして、条約調印は大政委任の枠内にあり、勝算なき戦争はできないとする反論を述べた。そしてさらに十二月十八日には「書付」を提出して、開港・貿易を積極的に支持する幕府重職者はなく、軍事力が整備されれば「前々の国法」に引き戻すから、それまでは猶予の期間を認めてほしいと力説した。

これをうけて十二月二十四日には、「心中氷解」の宸翰が関白九条尚忠に渡され、十二月三十日、間部詮勝に「宣達書」が伝達された。このいわゆる「氷解の沙汰書」を与えられた幕府は、さきの戊午の密勅の撤回を求め、他方では天皇に五千両、摂家以下の公卿に計二万両を贈るという硬軟両面の朝廷策をとった。

皇女和宮の降嫁

時代はまさに激動と変革のさ中にあった。孝明天皇みずからが、「絶体絶命の期」と宣下されたみかどの苦悩は想像を絶する。安政五年の十月二十五日、徳川家茂は家定のあとをうけて十四代将軍となったが、安政七年三月三日（三月十八日万延と改元）には、桜田門外で井伊大老が水戸・薩摩の浪士ら十八人によって斬殺されるという大事件が勃発する。幕府は動揺した。

老中安藤信正らが画策したのは、朝廷から将軍家へ皇女を将軍の御台所として迎えることであった。将軍に皇女を迎えようとするこころみには、先例があった。将軍家綱のおりは後水尾天皇の反対によって失敗し、将軍家継のさいには皇女八十宮《やそのみや》を迎えることが霊元上皇の勅許で実現しかけたが、家継の急死で頓挫した例がそれである。

万延元年の四月十二日、「公武ますます御一和」のため、幕府は将軍家茂と孝明天皇の妹和宮との縁組を朝廷に申し入れた。有栖川宮熾仁《たるひと》親王との婚約がすでに決まっていたにもかかわらず、幕府は再三にわたって降嫁を要請した。

文久元年（一八六一）十月十七日の和宮への「勅諭」では「常に兄妹と相見ることを得ざらしむるは、骨肉の情に於いて忍びざる所なり。然れども朕は骨肉の愛情を以て国家を棄《す》つることは能はず、已《や》むを得ずして関東の請願を許容せむ」と述べられている。痛恨の叡慮がにじみただよう。同年十月二十日、和宮は京都を出発して、十二月十一日に江戸城に入り、文久二年の二月十一日に将軍家茂との婚儀が執行された。

文久元年の五月十五日には、長州藩士長井雅楽《うた》が藩主に建言した。「航海遠略策」が議奏三条実愛《さねなる》に陳述された。それは勅命を奉じて幕府が諸大名に命じ、皇威を海外へ達し航海の道を開くべしとする建策であった。そのおりに、

〝国の風　吹き起こしても　天津日《あまつひ》を　もとのひかりに　かえすをぞまつ〟

の御製が藩主毛利慶親《よしちか》に与えられたのは、注目にあたいする。

幕政の動揺

開国か攘夷か、佐幕か尊王か。国論の分裂は激化する。文久二年（一八六二）の一月十五日には老中安藤信正が水戸浪士ら六人に坂下門外で襲われて負傷した。同年の四月には島津久光が藩

兵千人ばかりを率いて上洛、幕政改革と尊王攘夷派志士の取締りなどの意見書を朝廷に提出した。

これをうけた朝廷は、勅使大原重徳《しげとみ》に島津久光を随行させて江戸へ派遣し、幕府はその要求に屈して、一橋慶喜《よしのぶ》を将軍後見職に、越前藩主松平慶永《よしなが》を政事総裁職に任じた。朝廷の意向にもとづく幕府要職の人事は異例であった。

幕府の権威が失墜しつつあった状況は、文久二年の九月十四日、中山忠能《ただやす》が武家伝奏に任じられたさい、所司代への血判の誓書提出のならわしを不満として辞退したのを機にその慣習が廃止されたこと、そして同年十二月十六日には、関白・大臣・伝奏の任命が従来は幕府の内諾をえて行われていたのが、まず天皇の宣下があった後に幕府へ伝達されるようになったこと、さらに翌年の三月三日には、日野家をはじめとする十七家の昵懇《じっこん》衆が廃止されたことにもうかがわれる。昵懇衆とは幕府の吉凶の礼に朝廷が使者を派遣する名代として進上物を幕府に贈り、譜代大名に準ずる扱いをうけていた公家たちであった。そればかりではない。文久二年六月の京都所司代の交替にも、朝廷優位の動向が反映されている。所司代酒井忠義が朝廷の反発もあって江戸へ帰ることとなり、その後任に宮津藩主本庄宗秀《むねひで》を任命したが、朝廷の異議で、漸く七月十日、長岡藩主牧野忠恭が所司代となった。

朝廷では尊王攘夷派の公家の勢力がたかまり、文久二年の十一月二十七日、勅使三条実美・姉小路公知《きんとも》が江戸城で攘夷督促の勅書を将軍家茂に伝えた。その應答の場は、勅使が上段、将軍は中段の第一席であって、奉勅攘夷の策を明年上洛して上申すると返答した。

和熟の治国

将軍家茂が二三〇年ぶりに徳川将軍として上洛したのは、文久三年の三月四日であった。七日に参内「征夷将軍儀、是迄通御委任」とされたが、ついに「大政」（国事）の委任はなされなかった。将軍の権限が「征夷」に限定され、攘夷決行を迫られた将軍家茂は、文久三年五月十日（太陽暦では六月二十五日）には外国船打払令を回答した。この文久の打払令には、暗に無条件の攻撃を抑止しようとする含みもあったが、五月には長州藩が下関を通過したアメリカ商船・フランス・オランダの軍艦を砲撃したが、六月にはアメリカ・フランス軍艦のはげしい報復攻撃をうけた。七月には薩摩藩が鹿児島湾に入ってきたイギリス軍艦を迎撃したが、逆に大きく反撃された。そして八月十八日には、尊王攘夷派の公家と長州藩兵の朝廷からの追放が行われた。いわゆる八・一八政変がそれである。

文久三年の十一月十五日、薩摩藩主島津久光に二十一ヵ条にわたる意見を求めた「密勅」がだされた。そのなかには「何処迄も公武手ヲ引、和熟の治国ニ致度候」と述べられている。この「和熟の治国」の方針が公にされたのは、翌年の一月二十一日であった。

元治元年（一八六四）の七月、あくまでも尊王攘夷を貫こうとする長州藩は、三家老が藩兵を率いて入洛、堺町御門、蛤御門を中心とするいわゆる禁門の変が勃発した。七月十九日からの兵火で被災は二万八千余戸におよんだ。

慶應二年（一八六六）の十二月五日一橋慶喜が第十五代将軍に叙任されて、明治維新の新政府へと時代は激変した。

孝明天皇の生涯の一端は、

〝人知らず　朕が身ひとつに
　思ひつくす　心の露の
　　晴るるをぞまつ〟

の御製にも凝集されている。首都京都有終のみかどは、「一和熟の治国」をめざされた天子であった。なお、弘化四年（一八四七）の三月九日、公家たちの学習会を学習所に組織し、さらに嘉永二年（一八四九）にこれを学習院として整備されたみかどが孝明天皇であったことを追記する。

和辻哲郎と津田左右吉の学問

両先学のまじわり

二〇〇八年は和辻哲郎文化賞二十年という節目の歳《とし》であった。この間、主催の姫路市はもとよりのこと、選考委員・推薦委員としてご労苦いただいた方々のご努力は忘れがたい。和辻哲郎文化賞の評価は学界はいうまでもなく、読書界をはじめ内外でますますたかまってきている。

和辻先生の学問と私がはじめてふれあったのは、『和辻哲郎全集』第四巻（岩波書店、一九八九年八月）の「月報」に言及したとおり、私が京都大学の学生であったころ、『風土』と『日本古代文化』を読んだおりからである。津田左右吉博士の『神代史の新しい研究』や『古事記及び日本書紀の新研究』はすでに読了していたから、その研究方法が対照的であり、あまりにも異なっているのに、眼をみはる想いであった。

『日本古代文化』の初版は大正九年(一九二〇)の十一月であり、大正十四年(一九二五)の改訂版、昭和十四年(一九三九)の改稿版、昭和二十六年(一九五一)の新版というように、その都度、和辻博士みずからによる「手入れ」がなされている。有名な「山陰を大陸の門戸とする近畿中心の銅鐸の文化と、筑紫を門戸とする筑紫中心の銅鉾銅剣の文化との対峙」論、いわゆる二大青銅器文化圏説は大正十四年の改訂版から登場する。

そして昭和十四年の「改稿版」の序に、久米邦武の『日本古代史』を読み、「ついでその頃に出た津田左右吉氏の『文学に現はれたる我が国民思想の研究、貴族文学の時代』から色々な意味で刺戟を受け、その書によって知った同氏の『神代史の新しい研究』を古本屋から探し求めた。しかし自分の疑問が津田氏の考察と丁度逆の方向に向ってゐたため、疑問はますます強められる結果となった」と述べられているのが改めて注目される。和辻哲学と津田史学とのかかわりとその研究の差異を、和辻博士自身が述懐されているのが、まことに興味深い。

残された課題

このすぐれた両先学の学問にはいろいろと学ぶところが多い。しかし、津田博士がその記・紀研究を通じて到達された結論すなわち『古事記』や『日本書紀』にはのちの「追補」や「変改」

があるとするその実態の究明は不充分であり、井上光貞東大教授を筆頭に多くの人びとが支持してきた、「帝紀と旧辞との最初の編纂」が六世紀なかばの「欽明朝前後のころ」とする見解は再検討を要する（『上田正昭著作集』第四巻、角川書店）。すでに考証したように、たとえば辛亥年（四七一）の稲荷山鉄剣銘文が乎獲居臣《おわけのおみ》の始祖からの八代の系譜を明記するとおり、五世紀の後半には原「帝紀」や原「旧辞」は存在したとみなすべきである。

和辻博士の二大青銅器文化圏説もそのままに支持するわけにはいかない。なぜなら昭和五十九年（一九八四）の夏に島根県斐川町の神庭《かんば》遺跡（荒神谷遺跡という遺跡名はあやまり）から銅剣三五八本が出土し、翌年に同じ場所から銅鐸六個と銅矛一六本が発見されたからであり、さらに平成八年（一九九六）の十月十四日には雲南市加茂町の加茂岩倉遺跡から銅鐸三十九個がみつかったからである。現段階の出雲出土の銅鐸はあわせて五十四個（伝三個を含む）となる。

昭和六十一年（一九八六）の三月に、松江市で開催されたシンポジウムで、神庭遺跡の銅剣は出雲でつくられた可能性を指摘し（『荒神谷の謎に挑む』、角川書店）、さらに平成九年（一九九七）十一月に大阪市で開かれたシンポジウムで、加茂岩倉遺跡出土の銅鐸のなかには出雲で制作されたものがあるのではないかと問題を提起して、「山陰を大陸の門戸とする」出雲を中心としたいまひとつの青銅器文化圏を設定すべきことを主張した（『古代出雲の文化』、朝日新聞社）。

両先学の考察に残された課題の究明は、今後必ずや古代学による研究成果の積み重ねとあらたな発掘のみのりによって、発展的な継承につながるにちがいない。和辻哲郎文化賞二十年に改めてその意義と和辻学と津田学の業績をかえりみる。

松本清張『古代史疑』との絆

『古代史疑』のえにし

松本清張さんとはじめてお目にかかったのは、『中央公論』に「古代史疑」を一九六六年の六月から翌年の三月にかけて連載しておられたおりであった。同じ『中央公論』誌で、松本さんと牧健二先生、佐原眞君と私とが加わって、〝邪馬台国〟をめぐって討論した。その司会は井上光貞さんがつとめられた。これがご縁となって、その後しばしば対談・座談会・シンポジウムなどでご一緒することになる。

江戸時代の碩学新井白石は、『読史余論』をはじめとして歴史についても造詣が深かったが、古代史にかんするすぐれた著作もあって、たとえば『古史通』、『古史通或問《わくもん》』はとくに有名である。残念ながらその著述は今に伝えられていないが、神代から持統天皇までの歴史を探求した『史疑』が執筆されていたことは、白石みずからが書簡のなかで述べているとおりである。

松本清張さんが、新井白石の『史疑』の存在を知っておられたかどうかについては、ついに確認できなかったが、邪馬台国問題を中心に情熱を傾けて考察されたその論述を、〝古代史疑〟と命名し、松本清張著『古代史疑』（中央公論社、一九六八年）をまとめられたのはさすがであった。

東大の井上光貞教授とは邪馬台国論争はもとよりのこと、英雄時代論争・国県制論争などでしばしば対立したが、一九六九年の三月から司馬遼太郎さんと私が顧問となって発刊された季刊雑誌『日本のなかの朝鮮文化』の座談会に、松本さんが金達壽《キムダルス》さんと相談し、その雑誌の第六号に、井上光貞さんと私、それに松本・金両氏が参加しての討論の場をしかけられた。

『日本のなかの朝鮮文化』は五十号までつづいたが、毎号の座談会は好評で、中央公論社から四冊の本となって公にされた（後に中公文庫となる）。第六号の座談会の司会も松本清張さんで、井上・上田論争を活発にするためにさかんに挑発されたのを、懐しく回想する。井上光貞さんは尊敬にあたいするすぐれた学究で、残念ながら見解を異にすることが多かったが、プライベートには親しく交わっていた。私の第一論文集『古代国家成立史の研究』（青木書店、一九五九年）をもっとも高く評価されたのは、ほかならぬ井上さんであった。松本さんもそのはじめは学閥の対立と誤解されていたようである。

一九八四年の七月には、島根県出雲市斐川《ひかわ》町大字神庭サイダニ（西谷）で銅剣三百五十八本がみつかり、翌年の七月には同じ場所から銅鐸六個、銅矛十六本が検出された。それまでに全国で出土していた弥生時代の銅剣の総数は約三百本であったから、たった一箇所で全国の総数を上廻る銅剣が見つかったのは驚くべき事実であった。

そこで一九八六年の三月二十二・二十三日に、松江市の島根県民会館でシンポジウムが開催された。そのおりの司会も松本清張さんであった。古代史にたいする松本さんの関心はずば抜けておりかつ執拗であった。このシンポジウムは松本清張編『古代出雲・荒神谷の謎に挑む』（角川書店、一九八七年）として公にされたが、その「あとがき」で、松本さんはつぎのように述べている。

「私はこのようなシンポジウムは、ひとつのショウであって、参加した専門学者にも難解な言葉を避け、良心的にわかりませんと繰り返すことなく、出来得る限り明解かつ断定的に発言するようにお願いして、一般ファンとのあいだで橋渡しの役をつとめたつもりである」と。

シンポジウムに参加した人びとに、なるべくわかりやすくとたえずつとめながら、それでいて問題点をズバリと指摘しておられた松本さんの姿が、改めてよみがえってくる。

日本神話の世界をめぐって

松本さんの要請によって「日本神話の世界をめぐって」の対談を東京のホテルでしたことがある。この対談は松本清張対談『続　古代史の謎』（青木書店、一九七六年）に収録されているが、一九七一年の一月から翌年の十一月まで、『文學界』に連載された『古代への探求』は、日本神話にかんする松本清張の古代探求であって、そこにはなみなみならぬ神話と古代史への清張さんらしい論究がみなぎっていた。その半分近くを書き改められた『古代探求』は、『古代史疑』と共に『松本清張全集』の三十三巻（文藝春秋、一九七四年）に収められている。

松本さんの執拗さは、「日本神話の世界をめぐって」の対談で、つぎからつぎへと質問され、すっかりくたびれはてて宿泊したホテルへ、翌日の午前九時から電話があって、「昨日聞き忘れたことがあるので」と三つばかりさらなる質問をされたのにもうかがわれよう。なにごとにつけても情熱をもって史疑した作家であった。そうしたかかわりを前提に、『松本清張全集』三十三巻の「解説」は松本さんの強い要望で私が執筆している。

私の郷里の京都府亀岡市では、一九八七年の九月二日に生涯学習都市構想策定委員会を設け、私が座長をつとめて、翌年の二月に谷口義久市長に答申したが、同年の三月には、関西でまっさきに生涯学習都市宣言を市議会で採択して内外に発表した。その三大シンボル講座は、フランスのコレージュ・ド・フランスにならったコレージュ・ド・カメオカと生涯学習市民大学、そして丹波学トークである。コレージュ・ド・カメオカの第一回にはノーベル化学賞を受賞された福井謙一先生にお願いしたが、その後も錚々《そうそう》たる方々をお招きしている。ご縁にあまえて一九九〇年の五月二十七日には、「歴史にみる人間像」のテーマで松本さんにご出講いただいた。

一九九二年の八月四日、ついに黄泉路へ旅立たれたが、闘病中に織田信長の比叡山焼打ちについて、延暦寺の側から書きたいと、角川歴彦《つぐひこ》さん（当時角川書店副社長、現代表）がテープ・レコーダーに私の考えを収録するため、わざわざ亀岡の拙宅にこられたこともあった。いま、しみじみと松本清張さんとの史疑の絆をかみしめている。

西嶋史学とのまじわり

西嶋史学の成果

史学会顧問・元理事長であり、アジア史学会評議員であった西嶋定生さんが体調をくずされて入退院をくり返されているとの報に接したのは、一九九八年の五月ごろであった。一日も早いご恢復を念じていたが、増血機能の異常に脳内出血を併発されて、七月二十五日の午後、七十九歳で逝去された。中国古代史の解明に数多くの業績を構築し、日本史・朝鮮史、東南アジア史を含む国際関係のなかの古代中国の実像を考察されたその論理と実証は、学界に広汎な影響を与え、東アジア古代史の研究に寄与されたその研究成果はまことに大きい。ついにまた巨学の先達が旅立たれた。痛恨のきわみである。二月十一日に林屋辰三郎さんが亡くなったのについでの偉大な史学者の急逝であった。

一九九八年の正月、西嶋さんからの年賀状には、「家人や弟夫婦を加えた知人たちに援けられながら」、淄博・済南・泰山・曲阜・徐州・洛陽・鞏県・嵩山・鄭州などを廻ってきたことがしたためられ、帰途の上海でもとめられた「夕暉残松書屋」の篆印が押されていた。西嶋さんとお会いしたのは、一九五〇年代の後半、歴史学研究会の大会のおりであった。一九四九年の「歴史学研究」の誌上に発表された「中国古代帝国形成の一考察――漢の高祖とその功臣」を読んで感銘をうけたことを記憶している。

学会などでお会いしたおりには、西嶋さんとよばしていただき、西嶋さんも「上田さん」と声をかけてくださっていたので、西嶋さんと書かしてもらうことにするが、忘れられない思い出がいくつかある。一九七四年の五月、はじめて中国へおもむいた時、中国側のご厚意で、乾陵と永泰公主墓を見学した。そして乾陵のたたずまいと永泰公主墓の壁画を撮影することができた。日中国交回復の前であったから、帰国後、西嶋さんから早速電話が入って、その現状と写真借用についての問合せがあった。中国古代史への熱い想いを実感した。十八年ばかり前のことだが、京大会館で食事をしていた時に、偶然西嶋さんとであった。久しぶりにお目にかかって、これからの古代史学のありようについて、二時間ばかり話し合った。おとろえを感じさせない学究だましいに感動した。

西嶋史学の研究成果の中心が中国古代史の分野であったことは多言するまでもない。『中国古代帝国の形成と構造——二十等爵制の研究』（東京大学出版会、一九六一年）『中国経済史研究』（東京大学出版会、一九六六年）、『秦漢帝国』（講談社、一九七四年）、『中国古代の社会と経済』（東京大学出版会、一九八一年）などの著作は、その代表作といってよい。

冊封体制論

私自身が西嶋さんのお仕事でたえず刺戟をうけ、また多くの教示をうけたのは、古代中国を中心とする東アジアの国際関係にかんするすぐれた考察であった。西嶋さんが展開された「冊封体制」論は、画期的な問題提起であった。その主要論文は『中国古代国家と東アジアの世界』（東京大学出版会、一九八三年）に収録されている。西嶋「冊封体制論」については、さらに検討すべき課題も残されている。その点については朝鮮史問題を中心に西嶋さんと激しく討論したこともあるが、「冊封体制」論は古代東アジア史の研究に、あらたな視角を導入された注目すべき業績であった。

西嶋さんは石母田正さんや井上光貞さんたちとも親交があって、研究会をつくっておられた。一度だけその研究会にお招きをうけて、研究発表をしたことがある。日本古代史への関心も深く、また考古学の発掘成果にもたえず注目されていた。千葉県我孫子市のお宅に隣接する我孫子白山古墳が破壊される直前、西嶋さんの尽力で、一九五八年に本格的な調査が行われ、西嶋さんの働きかけで我孫子古墳群の調査が継続されることになる。そして西嶋さんみずからが古墳の分布調査にとりくまれたという（「博古研究」第十六号）。「古墳と大和政権」（『岡山史学』一〇号、一九六一年）は、古墳を「大和政権」による国家的身分表示（カバネ）と関連づけた論説であって、当時の考古学界や古代史学界に大きな反響をよびおこした。この西嶋説発表の前提には、西嶋さんなりの古墳調査の経験と蓄積があった。その仮説をそのままには支持するわけにはいかないが、そこにも日本古代史への研究意欲が反映されていた。

「冊封体制論」を媒介とする古代の日本と東アジアの関係についての論究は、その後もつぎつぎに展開された。名著『日本歴史の国際環境』（東京大学出版会、一九八六年）や『邪馬台国と倭国』（吉川弘文館、一九九四年）などには、その歩みが集約されている。『日本歴史の国際環境』は、日本の歴史を東アジアにおける国際環境のなかで理解しようとした力作だが、とりわけ一～六世紀の東アジアと倭国および七～八世紀の東アジアと日本には、示唆にとむ指摘が多い。

『中国史を学ぶということ』（吉川弘文館、一九九四年）の冒頭を飾る「なぜ日本史を世界史として理解することが必要か」のなかで、「日本史の具体的事実を理解するには、その事実と国外の歴史との関係を認めなければ理解不可能である」所以が力説されている。「外国史の理解なくして日本史の理解は不可能となる」という言葉の意味は深い。「大陸から隔離された日本の歴史の孤立的性格」よりも、アジアと連動する日本の歴史の具体性を法則性によって理解しようとしたところに、西嶋史学の特色のひとつがあったといえよう。私が西嶋さんとのまじわりをもつことになるのも、その視座につながっていた。西嶋さんの遺作は『漢書』地理志倭人条注の「如墨委面について」（『東アジアの古代文化』九六号）であった。一九八一年二月の「日本古代文化の接点を探る」、同年七月の「遣唐使時代の日本と中国」をはじめとするシンポジウムで、討議しあったおりおりを回想する。西嶋史学の存在は古代日中関係史の巨峰でもあった。

広開土王陵碑と李進熙

『日本のなかの朝鮮文化』

李進熙さんとはじめてであったのは、一九六七年の朝鮮史研究会大会が京都で開催されたおりであった。旗田巍会長の依頼で、私は京都のなかの朝鮮遺跡めぐりの臨地講演をつとめた。太秦の広隆寺・木津川市の高麗寺跡などをご案内したが、もっとも熱心に質問されたのは、李進熙さんと金達壽さんであった。

そして京都在住の鄭韶文さんとその兄の鄭貴文さんが中心となって、季刊雑誌『日本のなかの朝鮮文化』が発刊される計画のなかで、東大阪市下小阪に住んでおられた司馬遼太郎さんの紹介で、鄭兄弟が私宅をたずねてこられたのが、一九六八年の九月である。司馬さんと私がその雑誌の顧問となって最初の会合にでた時、実質的に協力しておられるのが、金達壽さんと李進熙さんであることを知った。

『日本のなかの朝鮮文化』は五〇号までつづいたが、毎号の座談会はきわめて好評で、中央公論社から四冊の単行本としてまとめられ（後に中公文庫）、司馬・上田・金の編として刊行された。李進熙さんは朝鮮大学校との関係もあって、この雑誌にはその名がみえないが、当初の実質的推進者のひとりが李進熙さんであった。

広開土王陵碑の考究

李進熙さんといえば、一九七二年の十月に公にされた労作『広開土王陵碑の研究』（吉川弘文館）を忘れるわけにはいかない。李進熙さんの大著は数多くの拓本を分析し、陸軍参謀本部酒匂景信中尉らの役割を詳細に検討した画期的な問題提起であった。

酒匂中尉が陸軍参謀本部の「隠密探偵方」であったことは明らかであり（上田正昭『大王の世紀』小学館）、李進熙さんの問題提起によって、日本国内はもとより韓国・朝鮮民主主義人民共和国・中国・台湾の研究者が論争に加わり、広開土王碑（好太王碑）の研究は大いに前進した。いち早く朝鮮通信使の考察にも着手されていたが、その功績は『広開土王陵碑の研究』においてとくに顕著であったといってよい。

酒匂景信の持ち帰った雙鉤加墨本が、酒匂中尉のすりかえと断言しうるか、私は中国人の拓工の手によるものとする見解の方が妥当と考えているが、李進熙さんの研究なくして、その後の広土王陵碑の研究は結実しなかったといっても過言ではない。

当時中国社会科学院の院長であった郭沫若先生に、広開土王陵碑を実地に調査することをお願いし、一九七四年の六月十七日付の私宛の親書で、「その旨を考古研究所で検討させる」との返答をいただき、私自身は一九八四年の七月十一日に碑文を実地で観察することができた。そのおりの感想を帰国後すぐに李進熙さんに伝えたことを改めて想起する。

一九八五年の一月十一・十二日には、東京有楽町読売ホールで、広開土王陵碑をめぐるシンポジウムが開かれ、李進熙さんも参加された。そのおりの李進熙さんの演題は「広開土王陵碑の科学的再調査を」であった。

アジア史学会のなかで

中国における広開土王陵碑研究の第一人者は吉林省文物考古研究所の王健群所長である。王健群さんの提案が契機となって、一九九〇年の三月十六日、東京パレスホテルでアジア史学会の設立総会が開催された。日本・韓国・朝鮮民主主義人民共和国・中国の研究者が中心となって結集し、会長に江上波夫先生・会長代行に私が選出された。李進熙さんももちろん参加され、韓国・

朝鮮の研究者と親しく懇談されていた姿を記憶している。

第二回は一九九一年の五月、中国吉林省長春市で、アジア史学会と吉林省社会科学連合会との共催で、二十四日総会・二十五・二十六日の研究大会となった。大会のあと集安市の広開土王陵碑を王健群所長の案内で見学したが、李進熙さんのそのときの感慨はだれよりも深かったにちがいない。国内城さらに丸都山城へおもむいたが、李進熙さんは腰を痛めておられ、手を引いて山道を歩いたその日が懐しい。

李進熙さんとご一緒した旅で想い出深いのは、金達壽さんたちと対馬へおもむいた時である。そのおりの千俵蒔山からみえるはずの釜山がみない悲哭のありようは、金達壽さんの小説『対馬まで』に詳述されている。李進熙さんはすぐれた考古学者であり、歴史学者でもあった。

III

近代日本と東アジア

アジアのなかの大阪——東アジアと難波津

難波津は古代日本の表玄関であり、大阪の発展は東アジアの動向と密接なつながりをもっていた。菅原道真の遣唐使派遣中止の奏言によって、日本の国風文化が結実したとか、寛永十二年（一六三五）の日本人海外渡航禁止などを「鎖国令」とよんだり、寛永十六年（一六三九）のポルトガルの来航禁止をもって「鎖国の完成」とみなす見解は誤りである。瀬戸内海に鎖国の時代はなかったといってよい。ここでは大阪の過去と現在・未来を東アジアのなかで展望する。

遣隋使外交の意味

遣隋使の派遣は、六〇〇年から六一四年まで、五回におよぶ。そのなかでも最も有名なのは、『日本書紀』と隋の歴史書『隋書』が共に記す六〇七年の小野妹子を代表とする遣隋使である。

このとき、推古天皇の摂政（代行者）であった聖徳太子が、隋の皇帝煬帝《ようだい》に奏した国書には次のように書いてあった。

「日出ずる処の天子、書を日没する処の天子に致す」（『隋書』「倭国伝」）

これを見た煬帝は立腹したとされるが、「日没する処」として中国を表現していたから立腹したのではない。東夷の倭国の王者が「天子」を名乗っているから立腹したのである。「天子」と書けば外交問題になるかもしれないことは、聖徳太子ら有力者はわかっていたはずである。なぜなら、隋には新羅など倭国以外の国々も朝貢していたが、どの国も「天子」を名乗ってはいないからである。

五世紀の倭の五王の時代には倭国王が朝貢しているが、その時には「安東将軍」などの位を倭国の王は中国からもらっている。つまり、中国の皇帝から爵号や軍号を賜与される、冊封《さくほう》外交であった。

四七八年から六〇〇年の間は倭国から中国に使節を送っていないが、五世紀後半から中国皇帝しか使えない「治天下」の大王という称号を大王は使っていた。なぜ、使節を送らなかったのか、なぜ、「治天下」の称号を使っているのか。それは、冊封外交からの自立化をはかっていたのであり、聖徳太子がおこなった六〇七年の遣隋使の派遣は自主対等の外交をめざした画期的な試みであった。だから、遣隋使の派遣以後、倭国の大王・日本国の天皇は中国皇帝から軍号や爵号をもらっていない。冊封体制から冊封関係へ移行したことがわかる。

さらに、六〇八年には裴世清が隋使としてやってきて、倭国の王者に最高の敬礼（両段再拝）をしていることからしても、この使節派遣により自主対等の外交が成功したことも押さえておく必要がある。古代のロマンを求めてのみ「遣隋使派遣」を回想するのではなく、自主対等外交のさきがけとしての「遣隋使派遣」を再評価したい。

難波津は重要な港である

天武天皇六年（六七七）に、難波津がある摂津国に「摂津職《せっつしき》」という機関がおかれた。この機関は、従四位下である「大夫《だいぶ》」という高官が長官であり、難波津を出入りする国内外の船の管理や、外国使節の応対と接待などをする重要な役所であった。それほどに、難波津は重視されていたのである。

また、古代には「過所《かしょ》」という通行手形が必要であったが、海路で過所の必要な港は、長門津と難波津のみであり、その他の港を通るのに過所は必要でなかった。中国からの使節は瀬戸内海ルートで来るのであり、瀬戸内海の入口である長門津と並んで、出発地である難波津がいかに重要視されていたかは、このことによってもわかる。

この難波津から遣隋使や遣唐使は出発したが、大阪はアジアに通じる表玄関であるとともに、シルクロードの海上の終点でもあった。

遣唐使時代とその後のわが国の実相

遣唐使は、六三〇年から八九四年まで十八回任命されたが、うち三回は派遣が中止されたので、唐へ行ったのは六三〇年から八三八年までの十五回である。そのうち、唐の使節を送って行った（送唐客使）のが二回、入唐した日本の遣唐使を迎えに行った（迎入唐使）のが一回である。この間、遣唐使節は中国皇帝から位をもらっているが、天皇はもらっていない。つまり、自主対等外交は受け継がれていた。

菅原道真が遣唐使派遣中止を進言し、遣唐使派遣はなくなった。今でも「遣唐使派遣が廃止された後、外国との交渉はなくなり、そのあと、日本は国風文化になった」というように書いてある教科書は多いが、あたかも「鎖国」したかのように考えるのは間違いである。

唐とは国と国との正式な交渉はしていないが、民間貿易はずっとおこなわれた。また、渤海《ぼっかい》との交渉も延喜十九年（九一九）まで続いていたし、渤海の後に起こった東丹《トウタン》国からの使節もわが国にきている（九三〇年）。遣唐使の中止によって、わが国が閉ざされた国になったように言うのは、歴史の実相に反している。日本とアジアの国々との交渉はその後も続いていたのである。

完全な「鎖国」の時代はなかった

朝鮮通信使が初めて日本に来たのは一六〇七年である。二〇〇七年は朝鮮通信使来日四百年にあたっていた。朝鮮通信使来日四百年を記念して、日本でも韓国でもそれぞれ記念イベントが多彩に開催された。

朝鮮通信使は一六〇七年から一八一一年まで十二回に及ぶが、特筆すべきは一回の総人員が多いことである。たとえば第一回は四六七人、第二回は四二八人という数である。また、総人員のうち、江戸まで行かずに大坂に止まる人たちも多かった。

朝鮮通信使の一行には、官僚の他、学者、楽隊、武官、医師、通訳、画師などが加わっていた。政治のみならず文化交流も盛んにおこなわれた。

さて、今でも多くの教科書では、寛永十二年三代将軍家光の時代に「鎖国令」が出された後、寛永十六年ポルトガル船の来航禁止をもって、「鎖国は完成された」と書かれている。しかし、幕府が出した法令には、貿易の制限とキリスト教の禁止などは書かれているが、「鎖国」とは書かれていない。

そもそも、「鎖国」という用語は、長崎出島にあったオランダ商館のケンペルが書いた『日本誌』を志筑忠雄《しづきただお》が翻訳した一八〇一年に初めて使った用語であり、翻訳語であった。

また、徳川幕府は完全に鎖国をしていたわけではない。オランダと清国とは通商をおこなっており、「通商の国」と呼んでいた。だから、長崎にはオランダ商館があり唐人屋敷があった。通商に加え外交もする国は「通信の国」と呼ばれ、朝鮮王朝と琉球王朝が「通信の国」であった。したがって、琉球王朝からは使節が来るし、朝鮮王朝からは一六〇七年から一八一一年まで十二回に渡って朝鮮通信使が来日したのである。こういう史実があるのに、「鎖国」という言葉を使って日本の歴史を論ずるような見方、考え方はまちがっている。

そして、これらの使節は大坂の港まで船で来たのであり、依然として大坂はアジアに通じる表玄関の役割を果たしたといってよい。

雨森芳洲にみる善隣友好の外交

一九六八年の秋、滋賀県高月町雨森を調査に訪れたとき、幼稚園の隣に蔵があり、その蔵に雨森芳洲の文書や記録が多数残されていた。いくつかの文献を夢中になって夕暮れまでひもといた。中でも享保十三年（一七二八）の十二月二十日に、雨森芳洲が六十一歳のおりに対馬藩主に上申した『交隣提醒』に感動した。そこには五二項目にわたる朝鮮外交の心得が述べられている。その中で芳洲は「誠信と申し候は実意と申す事にて、互に欺かず争はず、真実を以て交り候」と述べている。まさに至言である。

芳洲は朝鮮のことも中国のこともよく学習しており、そして、日本についても熱心に研究した。アイデンティティを持った真の国際人、優れた思想家、外交の実践家であった。「互に欺かず争はず、真実を以て交り候」というその思想と行動は、国際化時代の指針である。

二〇〇三年十二月には日・ASEAN（東南アジア諸国連合）首脳会議がASEAN域外の東京で初めておこなわれ、二〇〇五年十二月にはマレーシアのクアラルンプール、二〇〇七年一月にはフィリピン・セブ島でASEAN十カ国と日中韓三カ国とニュージーランド・オーストラリアとインドの三カ国が参加して、東アジア首脳会議がおこなわれた。これらのことは、アジアと連帯しながら、アジアとのつながりの中で発展してきた「アジアの中の日本」を再認識する絶好の機会であった。二〇〇八年八月二十八日にアジア・太平洋地域十六カ国が、自由貿易協定（FTA）の締結に合意したことも軽視できない。

最後に琉球についてお話ししたい。琉球が十五・十六世紀に交易していた国にはタイ、インドネシアをはじめとする東南アジアの国々がある。琉球が東南アジアの国々と交易を続けていたからこそ、アジアの国々との交流が南太平洋へと広がっていったのである。

また、石見銀山がユネスコの世界遺産に登録されたが、銀を世界に輸出していたのは大阪府の堺であり、十五・十六世紀の堺はアジアの金融センターとしてアジアと強くつながっていた。ユーラシア大陸とのつながりばかりでなく、南方の島々・国々・島嶼連合の強化も見逃してはならない。

アジアの中に日本があり、アジアとの連携のなかで日本は発展してきた。そして、その日本におけるアジアへの表玄関は大阪と北ツ海（日本海）の主要な港であった。現在の日韓関係・日中関係は深刻だが、民衆と民衆のまじわりすなわち民際によって、連携の具体化に向けた動きがますます活発になることを期待したい。「東アジア共同体構想」の中核に日本・大阪がなりうる資格は充分にあることを自覚し、その実績を構築すべきであろう。

「民際」の原風景——猪飼野

民際の由来

『ニッポン猪飼野ものがたり』は足代健二郎さんと小林義孝さんが中心になって編集された、猪《い》飼野《かいの》を舞台とし、猪飼野を背景として、日本人と在日コリアンがまさに民際のまじわりのなかで構築してきた猪飼野の『ものがたり』である。

「国際」という用語は、明治六年（一八七三）のころからインターナショナルの翻訳語として使われたのにはじまる。国家と国家とのまじわりはもとより大切だが、国家権力と国益が必ずつきまとって、国際には大きな制約と限界がつきまとう。

国際をみのりあるものにするためには、民族際が必要となる。残念ながら同じ朝鮮民族でありながら、朝鮮半島は南北に分断されているが、大韓民国の人びとと朝鮮民主主義人民共和国の人びとは同一民族である。韓国とは国交があり、北朝鮮とは国交がなくとも、日本民族と朝鮮民族とのまじわりすなわち民族際の立場からすれば、その間にちがいはない。しかし「民族際」にも障壁が横たわる。ウルトラナショナリズムがそれである。

一九七四年の五月、京都市の代表団のメンバーのひとりとして、中国の西安（長安）との友好都市盟約締結のために、はじめて訪中した。その後、学術調査や学術交流のため十五回の中国への旅を重ねてきたが、最初の中国訪問のおりの感銘は、いまも記憶にあざやかである。

北京への直行便はなく、香港から深圳へ、深圳から広州へ、そして北京・西安へおもむいた。批林・批孔の真最中のおりであったが、行く先々で多くの民衆の熱烈歓迎をうけた。民衆と民衆のまじわりが、国際よりもそして民族際よりも肝要であることを実感したのはその旅からである。爾来おりあるごとに民際があってこそ民族際がほんまものになり、国際がみのりをあげることを力説してきた。

猪飼野に暮らす在日コリアンの民衆は、本国ですでにすたれてしまった生活習慣をいまも風化されずに持ちつづけている。そしてそれに猪飼野の日本の民衆がまじわりあって、民際交流をおりなしてきた。

二〇〇九年の十月、猪飼野の鎮守御幸森天神宮境内に、百済の王仁博士の歌と伝える〝なにはづにさくやこのはな冬ごもりいまははるべとさくやこの花〃の万葉仮名・和文・ハングルの歌碑が建立された。その集いに加わって、猪飼野における民際を実感した。在日コリアンばかりではない。こころある日本の民衆も参加した。

百済郡と百済王

大阪の猪飼野という地名にゆかりのある猪甘津がはじめて文献にみえるのは、『日本書紀』の仁徳天皇十四年十一月の条である。そこには「猪甘津に橋わたす。すなはちその処をなづけて小橋と曰《い》ふ」と記されている。この「猪甘」は「猪飼」に通ずる表記であり、「小橋」については『古事記』の仁徳天皇の条に「難波の堀江を掘りて海に通し、また小椅江《おばしのえ》を掘り」と述べられている。

上町台地の東側に広がっていた古河内湖、その後の草香江の一部の奥に、良港「猪飼津」ができ、その地は『日本書紀』の推古天皇二十一年十一月の条に記す「難波より京（飛鳥京）に至るまでに大道を置く」の国道第一号といってよい難波大道のルートにつながっていた。その地域は百済などからの渡来の人びとが早くから居住した場所でもあった。

生野区西部のあたりに百済郡が存在したことは『和名類聚抄』ばかりでなく、長屋王木簡霊亀元年（七一五）の「百済郡南里車長百済部若末呂」によって確認できるが、『日本霊異記』の上巻

第十四話に、百済人の釈義覚が百済が破れし時（六六〇年）に亡命して「難波の百済寺に住む」と記載しているのが参考になる。斉明朝までに、すでに難波に百済寺があり、百済評（郡）が存在したことを示唆する。

『続日本紀』の天平神護二年（七六六）六月二十八日の条には、刑部卿従三位百済王敬福《きょうふく》の詳細な薨伝がある。曾祖父の善光（禅広）は、百済の義慈王の子で、豊璋王子と共に舒明朝に渡来、百済が破れたので（六六〇年）鬼室福信が百済復興のために豊璋を迎えたが、禅広は日本にとどまって朝廷に仕えたと記す。さらにその子昌成は父より先に亡くなったが、天武朝に小紫（第六位）を贈られたことがわかる。そして持統朝には「号を賜ひて百済王」を称することになったと述べる。昌成の子郎虞《ろうぐ》は奈良の朝廷に仕えて摂津亮《せっつのすけ》に任じられたことも記載されている。

この百済王の善光・昌成・郎虞の三代がその本居とした地が百済郡であった。『日本書紀』や『扶桑略記』によれば、天智称制三年（六六四）に難波に居住したと伝えているので、そのころから百済人の多く住まいしていた百済郡に拠点を求めたのであろう。

百済郡に属する天王寺区の細工谷の発掘調査によって注目すべき史実が明らかになっている。そのひとつは奈良時代の井戸の中から「百済尼」、隣接する溝から「尼寺」と書かれた墨書土器がみつかったことで、百済尼寺の存在がたしかとなった。調査地の真法院谷を挟んだ南の堂ヶ芝廃寺は、いわゆる白鳳時代（七世紀後半）の百済最後の都（扶余）の軍守里廃寺の塔心礎と類似し、

『日本霊異記』の難波の百済寺とみなす説が有力である。

いまひとつは、天武天皇十二年（六八三）の四月の詔で鋳造された銅銭「富本銭」が出土したことである。奈良県明日香村の飛鳥池遺跡で富本銭の鋳型・鋳棹のみでなく、大量の富本銭がみつかって、『日本書紀』の天武天皇十二年四月の銅銭鋳造の詔の信憑性がたかまった。当時のマスコミの多くがわが国最古の貨幣と報道したのは、正確にはあやまりである。なぜならそれ以前すでに無文銀銭が鋳造されており、天智天皇の創建とされている近江の崇福寺の塔心礎から十二枚がみつかっているのをはじめとして、十七カ所計二百点をうわまわる無文銀銭が出土しているからである。

富本銭の出土地は藤原京跡・平城京跡ほか、長野県高森町下市田・同県飯田市高岡、群馬県藤岡市上栗須《かみくりす》と大阪市天王寺区の細工谷遺跡である。流通の範囲は限られていたようだが、『漢書』の食貨志や『芸文類聚』巻六十六・産業部下に明記する「富民の本」は食物の充足と貨幣の流通にあるとする開明的な富本の思想にもとづく富本銭が、百済郡内の遺跡でみつかっているのを軽視するわけにはいかない。

善光の曾孫百済王敬福は、天平勝宝二年（七五〇）に宮内卿となり、さらに河内守となったが、百済王氏は前述したとおりそのころに枚方市の百済寺跡（国特別史跡）を中心とする地域に本居を河内へと遷している。この百済王敬福が、天平文化を象徴する東大寺毘盧舎那大仏完成のための黄金を、天平二十一年（七四九）の二月二十二日に献上したのである（陸奥守在任中、最終的には九百両）。

当時越中守であった大伴家持が「陸奥国より金を出せる詔書を賀《ほ》ぐ歌」（『万葉集』四〇九四）を高らかに歌いあげ、その「長歌」のなかで、戦争中さかんに唄われた「海行かば　水《み》浸《づ》く屍《かばね》　山行かば　草生《くさむ》す屍　大君の　辺《へ》にこそ死なめ　顧《かえり》みはせじと言立《ことだ》て」ているのである。「海行かば」の歌詞の由来はあまり世に知られてはいない。

その敬福の孫が桓武天皇の信頼をえた右大臣藤原継縄《つぐただ》の妻の百済王明信である。彼女は尚侍《ないしのかみ》（内侍所の長官）となり、生母高野新笠が百済の武寧王の血脈につながる桓武朝廷に重きをなした。百済王氏は女人九名を後宮に出仕させ、百済王教仁は太田親王を、百済王貞香は駿河内親王を生んでいる。したがって桓武天皇みずからによって、延暦九年（七九〇）の二月二十七日に「百済王らは朕が外戚《がいせき》なり」の詔がだされるのである。

猪飼野の地名と〝なにはづ〟の歌碑

猪飼野の地名は『播磨国風土記』の賀毛郡にみえる「猪養（飼）野」のように古代からあったが、大阪市の猪飼野の地名がたしかな史料に登場するのは、応永三十一年（一四二四）にまとめられた『天王寺金堂舎利講記録』の「猪養（飼）野庄」からで、「猪飼津」を媒体に具体化してきた地名とみなされる。

それにしても百済郡や百済川の郡名や川名などにもうかがわれるように、在日コリアン集落形成の核はそのむかしの古代へとさかのぼる。

猪飼野の鎮守の御幸森天神宮の主神は仁徳天皇である。紀貫之は『古今和歌集』の「仮名序」のなかで、〝なにはづ〟の歌は、「おほさざきのみこと（仁徳天皇）」と菟道稚郎子《うじのわきいらつこ》王子とが大王の位を譲りあって、王位につかなかったおりの王仁博士の歌とする。御幸森天神宮境内に、百済の王仁博士の〝なにはづ〟の歌碑が建立されたのは、そのえにしにふさわしい。

「王仁伝承の虚実」については別に詳しく論究したが（『古代日本のこころとかたち』所収、角川書店）、紀貫之が『古今和歌集』の「仮名序」で手習いの「ちちはは（父母）の歌」として〝なにはづ〟の歌をあげたように、古くから手習いの習書の歌としてもっとも日本の民衆に親しまれてきたのは〝なにはづ〟の歌であった。

それは七世紀後半の明日香村石神遺跡や徳島市国府町の観音寺遺跡、藤原宮跡や平城宮跡さらに平安京藤原良相《ふじわらよしみ》邸跡出土の木簡、あるいは滋賀県甲賀市の紫香楽宮跡などの習書木簡、さらには法隆寺五重塔の初層天井組子の落書や平城京跡出土の墨書土器など、現在のところ木簡に十八点、土器に十二点、建築部材に三点、瓦に二点、檜扇に一点というありようによってもうかがうことができる。そしてそれらの時期は、七世紀後半から十世紀前半までにおよび、出土した場所は畿内を中心に、東は越中（富山県）、西は阿波（徳島県）にかけて分布する。いまは猪飼野の民際交流の実際に学んで、猪飼野の原風景を若干かえりみたにすぎないが、ひとりでも多くの人が猪飼野がおりなしてきた歴史と文化を学びとっていただけるなら幸いである。

併合百年の影と光

一九一〇（明治四十三）年八月二十二日、明治の政府は韓国に、軍事力を背景として併合調印を強要しましたが、二〇一〇年はちょうどその百年になります。一九一〇年から四五年まで、世界の歴史をかえりみても悪質な植民地支配を強行しました。隣国の朝鮮半島の方々に対して、私どもはその歴史をしっかりとみきわめて反省しなければならないと思います。しかしながら、影を見つめるだけでは前進いたしません。影に友好の光を当て、影の正体を明らかにしなければならない。中途半端に光を当てますと影はかえって長くなります。真正面から、そして一番上から友好の光を当てて、影を消さなければなりません。

併合百年の影

一九一〇年の八月二十二日「日韓ノ併合ニ関スル条約」を強要調印しました。一九一〇年八月に強引に併合の調印をしましたが、実は併合の五カ月前の一九一〇年三月から日本政府は朝鮮半島の土地調査事業を開始しています。そしてそれは一九一八年十一月まで続きます。一九一一年の「土地収用令」、一九一二年には「墓地等取締規則」を施行し、墓地なども整理し、奪っていきます。

それればかりではない。一九一一年には「朝鮮教育令」を実施して、朝鮮半島の学校で朝鮮語を使うことを禁止し、大日本帝国臣民としての教育を行うようになります。いわゆる「皇民化」政策です。土地を奪い、言葉を奪っていった。

一九一二年には「会社令」という法律を施行して、朝鮮人が朝鮮人のための会社を設立することも制限している。

そして、こともあろうに、一九四〇年二月十一日「紀元節」の日には、朝鮮人の名前を日本の名前に変えさせる「創氏改名」の法令を出しています。「創氏改名」は自己申告であって強制していないということを言われる方もおられますが、自己申告は建前で、自発的に名前を変えることを強要しているのです。名前も奪っている。

このような植民地政策を強行した国は、本当に少ない。最悪の情けない植民地政策を試みたものだと残念に思っています。そして「徴用令」「徴兵令」を適用して、強制連行が行われたことはご存じのとおりです。土地を奪い、言葉を奪い、名前を奪い、命を奪った。私はこれを「四《し》奪《だつ》」と呼んでいます。まことに痛恨の植民地支配でした。

しかし一九一〇年から一九四五年、だけの問題ではありません。私は歴史学が専攻で、現在、アジア史学会の会長も務めておりますが、日本の歴史は島国日本のなかだけでみつめるのでなく、アジアのなかで考えていかなければ本当の姿が見えてこないと、一九六〇年代から強く主張して今日に至っています。

征韓論――「中華」と「夷狄」

古代

朝鮮半島では五三二年に金官加耶《かや》が新羅《しらぎ》に併合され、北には高句麗《こうくり》、南部の東側には新羅、南部の西側の百済《くだら》と、三つの国が存在することになります。しかし、唐・新羅の連合軍によって六六〇年百済が滅び、六六三年に復興軍も唐・新羅の連合軍によって敗れ、白村江の戦いで敗北、ついに百済は滅びます。そして六六八年には、同じく連合軍の攻撃で高句麗が滅びます。

ふりかえってみますと、白村江での大敗北、六七二年の皇位をめぐる簒奪《さんだつ》の戦い（壬申の乱）

のあとの、七世紀後半からのいわゆる白鳳時代に、刑罰法の律と行政法や民法にあたる令によって国家の体制を整えました。律令国家が具体化します。有名なのは「大宝令」という法律で、完成したのは七〇一（大宝元）年です。したがって、「大宝令」ができた段階の朝鮮半島は統一新羅の時代です。

七三八（天平十）年に成立した「大宝令」の注釈の『古記』が明記していますように、「大宝令」に記す隣国は中国なのです。唐にわざわざ大をつけて、「大唐」、そして統一新羅は「蕃国」と書いています。朝鮮を低く見なすようになっています。蕃の字は野蛮の意味ではなく、藩国すなわち朝貢国とみなしています。日本版の中華思想と私は呼んでいますが、朝鮮半島の北側の渤《ぼっ》海国《かいこく》、これも「蕃国」視しました。日本の国内では、南九州の隼人、東北の蝦夷、これは「夷《い》狄《てき》」とみなしたわけです。

しかし新羅は統一後、唐と対立するようになり、日本と友好的になります。『日本書紀』によれば、六七〇年から七〇一年の間に、新羅使は二十五回、遣新羅使は十回という状態でした。だが新羅は、一時対立していた唐との関係が修復し、むしろ日本政府に対等の外交を要求するようになり、七二一（養老五）年のころから新羅との関係が悪化してきます。七三五（天平七）年、聖武天皇のときですが、新羅の使節が来ましたが、これを拒否。

こうして七五七（天平宝字元）年から、政府の中で新羅征討論が起こってきます。七六一（天平宝字五）年十一月十七日、日本政府は新羅征討の軍隊を出動させるための命令を下しています。軍船四百隻、兵士四万、水手《かこ》一万七千の大動員でした。しかし政府のリーダーだった藤原仲麻呂が政界の紛争に巻き込まれて失脚し、朝鮮出兵は挫折しています。

古代の日本と朝鮮半島の関係は、微妙な友好関係にありました。律令国家成立以後は、日本版中華思想にもとづく、朝鮮蔑視が当時の支配者の間にあったわけです。

そもそも「三韓征伐」という言葉は、七一二（和銅五）年一月にできたという『古事記』にも、七二〇（養老四）年五月に完成した『日本書紀』にも、ありません。したがって「三韓征伐」というのはいつごろから使われてきたのかを調べてみました。なんと鎌倉時代の初期、『竈門山《そうもんざん》大菩薩記』に「三韓征伐」という言葉が出てきます。しかも『日本書紀』が描いている新羅の都の地理的状況、進攻の経路などは実際とまったくちがっています。

したがって「三韓征伐」（神功皇后が行ったとされる新羅出兵。新羅降伏後、百済・高句麗も日本の支配下に入ったとする）を歴史的事実だったと言うことは、どんな右よりの方でも立証することはできないはずですが、しかしこの「三韓征伐」説話は、その後長くわが国の有識者の朝鮮観に影響を与えています。

近世

一六〇七（慶長十二）年から一八一一（文化八）年まで朝鮮王朝は十二回にわたって、わが国に善隣友好の使節団を送っています。朝鮮通信使がそれです。二〇〇七年が朝鮮通信使の四百年に当たっていて、韓国と日本でも通信使のシンポジウムが各地でありました。善隣友好の歴史は事実ですけれども、なぜ一八一一年で朝鮮通信使が終わってしまったのか、なぜそれが続かなかったのかということを明らかにしなければ、朝鮮通信使の研究は十分とは言えないことを、私はこれまでたびたび参加してきた通信使のシンポジウムでも指摘してきました。

それは、幕末に、征韓論が起こってくる状況とも関連があります。

大坂には懐徳堂という注目すべき塾がありました。一七二四（享保九）年に有力町人たちによって創設され、町人に開放された異色の学問所でした。すぐれた町人の学者がたくさん出ています。しかし、幕末になると、徳川幕府の御用学的要素をおびるようになります。中井積善（一七三〇―一八〇四）は、松平定信の諮問に答え、それを『草茅危言』にまとめました。「神功の遠征以来、かの国服従朝貢し、わが国の属国たること歴代久しく絶えざりしに、今の勢いこれに異なり」として、朝鮮通信使を特別に待遇しているのはけしからんと進言しています。

吉田松陰も、こと朝鮮に関する考えはまちがっていました。一八五四（安政元）年に書いた『幽囚録』の中につぎのような一文があります。

「朝鮮の如きは、古時我に臣属せしも、今は即ちやや倨《おご》る。最もその風教を詳らにして、これを復さざるべからざるなり」「朝鮮を責めて質を納れ、責を奉ること、古の盛時の如くならしめ」「神功の征韓このかた、列聖の為したまふ史を按じて知るべきなり」と。

吉田松陰のようなすぐれた思想家でも征韓論者だったんですね。こうした見方や考え方が、幕末から明治に起こってくるのです。

近代

一八七三（明治六）年の征韓論争を学校の歴史の時間にお習いになったと思います。征韓論の西郷隆盛に対して、木戸孝允たちは征韓論に反対する。しかし木戸孝允たちは朝鮮出兵に本気で反対したのではなく、時期が早いと反対しただけです。

事実、一八七五（明治八）年には、江華島事件を起こします。江華島に朝鮮王朝の砲台があったのですが、それを海のほうから軍艦（雲揚）で攻撃して破壊、占領しました。これは朝鮮侵略のはじまりです。そして条約の締結を迫る。これが「日朝修好条規」（一八七六年二月）です。

一八五八（安政五）年の日米修好通商条約、ついで蘭・露・英をはじめ欧米列強と結んだ修好通商条約の体制下で、欧米列強には、治外法権は認めるわけにはいかん、関税自主権を自分たちに、と言いながら、朝鮮王朝には不平等条約を押しつけたのです。

福沢諭吉はすぐれた思想家であり教育者でした。しかしその朝鮮観は残念ながらまちがっています。一八八一年に福沢諭吉が書いた「時事小言」の一節をご紹介いたします。

「我が近隣」なる中国・朝鮮などを論じ、「遅鈍にしてその勢に当たること能《あた》はざるは、木造板屋の火に堪《た》へざるものに等し。故に我が日本の武力を以てこれを保護し、文を以てこれを誘導し、速に我が例に倣《なら》って近時の文明に入らしめざるべからず。或は止むを得ざるの場合に於ては、力も以てその進歩を脅迫するも可なり」と力説しています。

福沢諭吉が朝鮮の近代化を進めたいと思っていたことは事実なのですが、しかしこのような朝鮮観を軽視するわけにはまいりません。

特に一八八五（明治十八）年の「脱亜論」では、中国や朝鮮に「接するの法も、隣国なるが故にとて特別の会釈には及ばず、正に西洋人がこれに接するの風に従て処分すべきのみ。悪友と親しむ者は共に悪名を免《まぬ》がるべからず。我れは心に於て亜細亜東方の悪友を謝絶するものなり」。

そして実際に、事実、一八九四・九五年、日清戦争（明治二十七・八年戦争）となる。朝鮮半島における権益を日本がいかに守るかということで、清朝との間に戦争が始められた。一九〇四・〇五年に日露戦争（明治三十七・八年戦争）。朝鮮と遼東半島の権益を守るためにロシアと戦う。そしてその結果が、「韓国併合」につながっていったことがわかります。

決して、一九一〇年から一九四五年までの、植民地支配だけをとり上げただけでは、十分な検証にはなりません。石川啄木が「地図の上朝鮮国にくろぐろと墨をぬりつつ秋風を聴く」と歌っております。たいへん意味のある象徴的な歌です。

友好の光

渡来人

しかし、そのような過去を見るだけでは、やはり不十分です。六世紀後半から七世紀前半の飛鳥時代。あの聖徳太子の仏教の先生が、高句麗から来た慧慈と、百済から来た慧聡。儒教の先生は、百済から来た覚哿《かくか》。朝鮮文化が飛鳥文化にいかに影響を与えたかはこうした例をみただけでもわかります。

法隆寺の東側の中宮寺には天壽国繡帳《てんじゅこくしゅうちょう》があります。聖徳太子の后であった橘大郎女《たちばなのおおいらつめ》が太子が亡くなったあと、太子の往生を念じて、刺繡を凝らしてつくった帳《とばり》です。これには銘文が残っていまして、「画者東漢末賢《えがけるものやまとのあやのまけん》・高麗加西溢《こまのかせい》・東漢奴加己利《あやのぬかごり》」です。「令者椋部秦久麻《つかさどれるものくらべのはたくま》」でした。絵を描いた人、そして全体を指導をしたのは、まぎれもなく、百済系、新羅系、高句麗系の絵描きさんたちでした。

二〇一〇年は七一〇（和銅三）年の三月十日に都が平城京に移って千三百年ということで、私もシンポジウムの基調講演などに呼ばれました。ところが、天平文化についてほとんどの研究者は、中国との関係ばかり言って、お隣りの朝鮮半島との関係も天平文化を彩っていたことは、言わない。知らないで言わないのであれば不勉強、知っていて言わないのは朝鮮軽視あるいは無視、と言わざるをえない。

正倉院にしても、新羅の使節が持ってきた貴重な文物があるのです。しかし正倉院は、中国のもの、インドのもの、シルクロードとの関係は言いますが、新羅の文物は、あんまり言わないでしょう。

七五二（天平勝宝四）年の四月九日に東大寺大仏開眼の大供養が盛大に営まれました。『続日本紀』を見ると、「なす所の奇偉、あげて記すべからず、仏法東帰より斎会の儀未だ嘗ってかくの如く盛なるはあらざるなり」と明記しています。盛大にすぎて筆舌に尽くせない、百済の聖明王により五三八年に伝わってきて、未曾有《みぞう》の大法要である、と書いています。

あの奈良の大仏を実際に造った現場のリーダーは、いったい誰か。これは六六三年に百済の徳率国骨富（徳率は官人の四位）が日本に亡命してきまして、国中という村に移住したのにちなんで国中を名乗りました。そのお孫さんの国中連公麻呂が、大仏造立のリーダーだったのです。この大仏師は在日三世です。

また、七九四年に京都に都を定めた桓武天皇の母の高野新笠が、百済の武寧王の子孫であるということも、明らかですね。

一九六五年の六月、今から四九年ばかり前ですが、「帰化」と「渡来」とは違うんだということを、実証的に本に書きました（『帰化人』中公新書）。それまでは「帰化人」という呼び名が学会の主流でしたが、古代において大陸や南方から日本に移住した人を「帰化人」という言葉から「渡来人」に切り替えるように提唱しました。「帰化」というのは中国の中華思想の産物です。「大宝令」でも「養老令」でも「帰化」の定義ははっきりしているわけです。日本に本拠をさだめて戸籍に登場する。「籍貫に付す」あるいは「戸貫に付す」ということが「帰化」である、と。日本で戸籍の一番古いのは、天智天皇九年（六七〇）の庚午年籍や持統天皇四年（六九〇）の庚寅戸籍です。これ以前には「帰化」しようと思っても帰化すべき統一国家ができていない。そして戸籍のない時代に「帰化人」なんて起こるはずがないのです。私の研究が日本の歴史研究に貢献できたその一つの例です。「帰化人」という言葉が、漸く歴史の教科書からもなくなりました。これは私が学問をしてきた一つの成果です。

大仏開眼の大供養会（七五二年）の前に話を戻しますが、七四九年、陸奥守百済王敬福が黄金九百両（合計）を献上します。聖武天皇は大喜びです。百済の最後の王を義慈王といい、わが国に来た義慈王の子の善光（禅広）の孫が陸奥守百済王敬福です。

そのことを聞いた大伴家持の長歌「陸奥国より金を出せる詔書を賀く歌」というのが『万葉

集』に載っています。先に言及しましたように、その長歌の中に、〝海行かば　水浸く屍　山行かば　草むす屍　大君の　辺にこそ死なめ　顧みは　せじと言立て〟という歌詞があるのです。私どもの親友が「海ゆかば」を歌って戦地へおもむき亡くなっていった。あの出典は、百済王敬福の大仏造立黄金献上に伴う大伴家持の歌によっているのです。

そして大仏建立のために全国行脚して、物資を提供させた大僧正は行基上人です。同じ天平二十一（七四九）年に八十二歳で亡くなっています。この行基上人の父は高志才智、母は蜂田古尓《こに》比売《ひめ》。両親ともに百済系の渡来人の出身です。そういう歴史を、平城遷都千三百年でもなぜ語られないのでしょうか。

唐との関係はもちろん大事ですけれども、いまだに朝鮮との関係史が正当に評価されていないことを、本当に残念に思います。

朝鮮通信使

そのような関係の歴史は、山もあり谷もありましたが、連綿として続いています。朝鮮通信使につきましてはかなり評価されるようになりましたが、その内実は十分には理解されておりません。

通信使は室町時代から始まっています。「信」は信頼の信、「まこと」という字。「まこと」を相手に通わす。これが通信です。この言葉はすばらしい言葉です。

江戸時代は鎖国の時代だったという誤った歴史観が根づいていますが、一六〇七年から一八一一年までの二〇四年間、十二回におよぶ朝鮮通信使の来日は、江戸時代の外交関係を考えるうえでもたいせつです。

私の専門は、弥生時代から平安時代までが最も私の得意とする分野です。けれども、もちろん古代、中世、近世、現代についても、朝鮮の歴史についても、研究をつづけてきました。私が通信使の研究を始めたきっかけは、一九六八年です。桑原武夫先生から、日本の名著シリーズの『新井白石』を出版するので、協力してくれと言われました。白石の自叙伝『折たく柴の記』に白石ほどの碩学が「対馬《つしま》にありつるなま学匠」として、対馬の藩儒雨森芳洲をライバル視している。そこで滋賀県長浜市高月町雨森に、雨森芳洲の史料を求めて行き、そこで『交隣提醒』に出合ったのです。これは雨森芳洲が六十一歳の時に、朝鮮外交心得を五四項目にわたって書いた、対馬藩主に出した上申書です。享保十三年（一七二八）年十二月二十日の日付ですが、その中にすごいことが書いてあった。

豊臣秀吉の朝鮮侵略を、明確に「大義名分のまったくない無名の戦」とし、両国の人民が無数に殺されたことを指摘しています。名言ですので、ぜひお読みください。

「耳塚とても豊臣家無名之師《イクサ》を起し、両国無数之人民を殺害せられたる事に候へハ、其暴悪をかさねて可申出事ニ候而いつれも華耀《クワヨウ》之資《タスケ》には成不申。却而我国之不学無識《フガクムシキ》をあらはし候のミニ而御座候」と明言し、さらに前にも言及した「誠信之交と申事、人々申事ニ候へとも多ハ字義を分明ニ不仕事有之候。誠信と申候ハ実意と申事ニて、互ニ不欺カ不争ハ真実を以交リ候を誠信とは申候。」との卓見を述べています。

今でも通用する名言です。「なんと、すごいな」と私が感動したのは、「誠信の交わり」とみんな言うけれども、本当の意味を知らない、「誠信」とは、互いに欺かず、争わず、真実を以て交わることが誠信なんだ、と言っているのです。一七二八年の時にです。十八世紀前半の対馬の藩儒の提言です。

私は、この雨森芳洲という人物の研究に一九六八年から取り組み、そしていつの日か芳洲先生の伝記を書きたいと思っていました。ようやく執筆に着手しまして、二〇一一年四月に、京都のミネルヴァ書房から『雨森芳洲』を出版することができました。

そして私が通信使の研究に夢中になったのは、第七回から、朝鮮通信使の歓迎に、幕府、各藩、知識人のみならず、多数の民衆が参加していることです。

「国際化」「国際化」と今みんな言うのですが、しかし、ほんとうの意味を知らない。「国際」は「インターナショナル」の翻訳語なのです。国際という漢字は、朝鮮の漢字の文献にも、中国の文献にも出てきません。一八七三年（明治六）に日本で箕《み》作《つくり》麟祥《りんしょう》という法学者が、「インターナショナル」を「国際」と訳した。今や中国でも「国際」という言葉がさかんに使われています。しかし国際というと、どうしても国家と国家の関係が重視される。それよりもだいじなのは、自治体と自治体の外交、さらに民衆と民衆の交わりです。これを私は一九七四年の五月から「民際」と呼んでいます。

「国際」を本物にするためには、「民際」がしっかりとできていなければなりません。徳川幕府や各藩は、朝鮮通信使の歓迎に民衆が参加することを禁止していました。しかし、その禁止を乗り越えて民衆が交流したのです。私が通信使の研究に真剣に取り組んできた理由のひとつは、民際がおりなされていたからです。

朝鮮通信使の研究で大事なのは、なぜ一八一一年（文化八）で終わったのか。そのことも問わねばなりません。前述したように、征韓論が再燃してきたからです。

浅川伯教、浅川巧

植民地化の時代、そのような時代に、注目すべき日本人がいたということを、次に申します。それは山梨県、甲州の出身の浅川伯教《のりたか》と弟の浅川巧《たくみ》です。

兄の浅川伯教は一九一三年、併合の三年後に、小学校の教師として朝鮮半島に渡ります。そして朝鮮のすばらしい焼き物に出合うのです。朝鮮白磁のすばらしさにうたれて、そうしてそれを持って、柳宗悦《やなぎむねよし》のところへ訪れるのです。柳宗悦を朝鮮民芸の世界へいざなった人です。浅川伯教は朝鮮の美術に魅せられて、朝鮮の美術品がいかにすばらしいかということを紹介することに生涯を費やしました。弟の巧は林業の技師で、兄よりも一年遅れて一九一四年に朝鮮に行きました。巧は、朝鮮の山や川を愛し、朝鮮の文化と風土を尊重し、朝鮮の心をわが心として生きました。浅川兄弟は、朝鮮民族美術館を、植民地化の時代に、柳宗悦らの応援によってつくります。残念ながら巧は一九三一年、四十歳で亡くなったのですが、そのとき、柳宗悦が追悼文を残しています。

「浅川が死んだ。取り返しのつかない損失である。あんなに朝鮮の事を内から分かつてゐた人を私は他に知らない。ほんとうに朝鮮を愛し朝鮮人を愛した。そうしてほんとうに朝鮮人からも愛されたのである。（浅川巧さんの）死が伝へられた時、朝鮮人から献げられた熱情は無類のものであつた。棺は進んで申出た朝鮮人達によつてかつがれ、朝鮮の共同墓地に埋葬された。私とは長い間の交友である。彼がゐなかつたら朝鮮に対する私の仕事は其半をも成し得なかつたであらう。朝鮮民族美術館は彼の努力に負ふ所が甚大である。そこに蔵される幾多の品物は彼の蒐集にかゝる。」

朝鮮の民芸を世界に紹介したのは柳宗悦ですが、その背後には浅川伯教・巧兄弟の功績があったことが、ここにも語られています。私は、この兄弟の人生に、今の世にも学ぶべき多くのことがあると思っています。

光を明らかにし、未来に向かって影をなくしていく

一番最初に、影をただ反省するばかりではなく、友好の光を真正面から当てなければ、影はなくならない。そして影の正体もわからないということを申しあげました。私は、あえて今日のテーマを、光と影としないで「影と光」としました。影よりも大事なのは光です。その光をしっかり照射して、未来に向かって影をなくしていかなければならないと存じます。

私は最近、「民際」をめぐって、堂々たる隣人になることが必要だと痛切に思っております。朝鮮通信使というのは、前にも申したように信を通わせる、「まこと」を互いに通わせる。これが通信です。聞くべきことは聞き、言うべきことは言う「堂々たる隣人」になるべきです。

併合百年の今日、私どもは今一度、日本と隣国の関係史をしっかり捉えて、二十一世紀を人権文化が燦然《さんぜん》と輝く新しい世紀として前進したいと思います。

日本人のこころ——石田梅岩・雨森芳洲・南方熊楠の英知に学ぶ

平成二十三年(二〇一一)の三月十一日午後二時四十六分、ご承知のとおり、マグニチュード九というかってない大震災が起こりました。報道によると、高いところでは三十メートルを超える大津波が襲撃しまして、さらに福島第一原発の事故が起こり、放射能汚染が深刻な問題になっています。

私は日本の歴史をアジアの中で多年研究してきましたけれど、日本の歴史を振り返ってみても大地震、大津波、放射能汚染というような大震災ははじめてではないかと思います。私は国家が危機に瀕する国難が到来したと深刻に受け止めています。

しかしこれまでにも、浅間山大噴火、関東大震災、そして第二次世界大戦の悲劇、さらに昭和二十年(一九四五)八月六日の広島原爆、八月九日の長崎原爆と、かってない震災の被害を、あるいは人災の被害を受けてきましたが、時間はかかりましたが、日本人はみごとに復興してきました。また、こんなに大災害がおこっても暴動が今のところひとつも起こっていません。これはおそらく世界の歴史でも非常に珍しく、私は、日本人は危機に瀕して粘り強く不屈の精神を持っているということを今度の震災を通じて学ばせていただきました。被災された方々に心からお見舞い申し上げますとともに日本人は必ずこの国難を乗り越えていくと、その実際を未曾有の被災の皆さんの暮らしの中から深く学び取っています。

今日は、生まれは和歌山ですが、晩年は紀州の田辺に住まわれた南方熊楠《みなかたくまぐす》先生。そして滋賀県すなわち近江国伊香《いか》郡《ぐん》雨森《あめもり》、現在の長浜市高月町雨森出身の雨森芳洲《あめのもりほうしゅう》先生。そしてわが京都丹波国、私の故郷ですが、桑田郡東懸《とうげ》村で現在の亀岡市東別院町東掛《とうげ》で生まれた石田梅岩《いしだばいがん》先生。三人の我々の先輩の英知を皆さんと一緒に学んで、震災の復興に少しでもお役に立つような講演ができればありがたいと思っています。

こころの発明

最初に、石田梅岩先生の話をします。石田梅岩先生は現在でいいますと、亀岡市の東別院町東掛というところで貞享二年（一六八五）九月十五日に生まれた方です。亡くなったのは延享元年（一七四四）九月二十四日。六十歳で亡くなりました。東掛で生まれた家は中流の農家です。石田勘平《かんぺい》というのが本来の名前です。梅岩は号です。十一歳のときに京都に奉公に出て、十五歳の時に郷里へ帰られます。二十三歳で再び京都に奉公に出られます。黒柳という屋号の呉服屋に勤められて番頭をされました。小栗了雲《おぐりりょううん》という先生に商売の傍ら儒学を習われました。

そして、四十五歳の時、享保十四年（一七二九）に京都で塾を開きました。京都の御池通車屋町上る、現代で言えば地下鉄烏丸御池の東北の辺りです。先生が一生懸命説かれたのが、呉服屋で奉公した商いの道を通じて、商人はいかに生きるべきかという、商人の道です。そして人間の心、本心を発明することが大事である。本心を豊かにしていることが大事である。私はすばらしい提言だったと思います。石門心学では「心の発明」という言葉も使っています。

今、学校教育でも改めて物中心の世界ではなく、心をもう一度考える教育が必要だということが言われています。先生の学問は、心の問題を重視しながら心の発明を説いて心の学問を唱えましたから、後に心学というようになります。現在では発明という言葉は技術の開発、物の発明に使います。物の発明はもちろん大事ですが、いまの世は、心の発明をすっかり忘れています。「本心発明の修行」。これは石田梅岩先生の高弟の、手島堵庵《てしまとあん》先生の『安楽問弁』という著書の言葉です。いい言葉ですね。人間本来の心の発明をめざして修行する。これが人生だということを唱えています。

現在、心の教育が文部科学省を中心に唱えられていますが、この先覚者は、十八世紀の前半に京都で、塾を開いて、「心の大切」さを京都で説かれたのです。

塾を開かれた折の言葉が大変印象的です。「席銭いり申さず候。どなたさまにてもお聞きくだされたく候」（授業料は一切いりません。どなたでも関心のある方は私の講義を聞いてください）。借家で講義を始めるわけです。それだけであればそんなに感銘しないのですが、「女中の方はご遠慮なく奥へお通りくだされたく候」。女性にも呼びかけているのですね。十八世紀の前半に女性に学問をすることを呼びかけた学者は梅岩先生以外に私はあまり知りません。

今、男女共同参画社会ということが言われています。国連でも女性の権利を守る。女性差別撤廃条約が採択されておりますが、江戸時代の中期に我が国で、しかも京都で女性に学問することを呼びかけました。事実、弟子には女性の学者がいます。たとえば、慈音尼兼葭《じおんにけんか》という女性の弟子です。この人は江戸で石田梅岩先生の教えを広めます。江戸心学の基礎を築いたひとりが女性の弟子でありました。いかに、女性の地位向上ということを本気で考えておられたかがおわかりになると思います。

江戸時代は皆さんもよくご存じのように、いわゆる士農工商という身分制がありました。武士が一番偉い。その次が農民。工商といいますように手工業者・商人いわゆる町人です。商人の身分は農民の下です。商人はさげすまれていたのです。金儲けをすることは卑しいことだという考えもありました。そういう考えは間違いだということを、生涯を通じて、亡くなられる六十歳までの間、一所懸命に説かれたのです。

『都鄙問答《とひもんどう》』。この書は今でいえば、石田ゼミナール、弟子の質問に答えて解答を言われたのを弟子が問答体で書いた書物ですが、そのなかに、

「売利を得るは商人の道なり。元銀に売るは商人ということを聞かず」「商人は勘定委しくして今日の渡世を致す者なれば、一銭軽ろしと言うべきに非ず。是を重て富をなすは商人の道なり。富の主は天下の人々なり」「我教える所は商人に商人の道あることを教ゆるなり。すべて士農工のことを教ゆるにあらず」（商人が利益をえるのは当たり前のことだ。仕入れた値を利益をとって商売することは商人として当然のことで、仕入れた値で商いをしたら商売は成り立ちません。金儲けをして世の中を渡っていくのが商人だから一銭といえども軽んじてはならない。金儲けは商人が行う当たり前のことだ。天下の人びとが商人を育てるのだ。武士のことや農民のことや手工業をする皆さんのことを自分は教えているのではない。商人には誇りと自信を持って行う商人の道がある）ということを説くわけです。商人のモラル。

よく石田梅岩先生のことを、「梅岩は倹約を勧める。今のこういう社会の中では質素倹約というのは時代に逆行する」と言われる方がいます。しかし先生の倹約は、単なる質素倹約ではありません。「財宝は過不足なく費やすべし」（儲けたお金は過ぎてもならず。不足してもならず。上手に使いなさい）消費を否定しているわけではありません。ただ、金儲けだけを勧めたのではありません。正当な消費はなすべきである。「ただし三ついるところあらば二つを使い、ひとつを世に返

すべし」（二つ使わなければならないところは二つで済まして残った一つは世の中に活かす）。先生の倹約はわれわれが考える倹約とは違います。先生が言われる商人のモラルは、いまの商人にとっては当たり前のことのようですが、十八世紀前半、江戸時代の中期にこうした商人の道を説いた学者はあまりいません。

例えば江戸時代の碩学の発言を揚げておきます。荻生徂徠《おぎゅうそらい》という大学者がいます。幕府の信頼を得た儒学者です。東京大学の丸山真男《まるやままさお》教授は日本政治思想史の有名な学者ですが、荻生徂徠という人物は日本の朱子学を完成した大学者である、と激賞しておられます。荻生徂徠の書いた『政談《せいだん》』という著書の一節に、

「商人は不定なる渡世をする者故、善悪右に云が如し、然れば商人の潰ることはかってかもうまじきなり」

荻生徂徠のような優れた学者が商人を差別しています。林子平《はやししへい》は、寛政の三奇人のひとりで優れた人で、『海国兵談』の著者として有名です。「江戸の水はロンドンにつながる」非常にグローバルな、江戸時代の学者にしては珍しくヨーロッパを視野に入れていた学者ですが、商人について次のように述べています。「商人と申候は只諸人の禄を吸取る計りにて、外に益なき者に御座候。実に無用の穀つぶしに有之候」（金儲けばかりする者であってろくでもない連中である）こういうことを堂々と『上書《じょうしょ》』に述べています。高野昌碩《たかのしょうせき》も偉い学者ですけれど、「遊民《ゆうみん》と申は、商

人などの類にて耕やさず食い、織らずして売る者に御座候」遊民とは遊んで暮らしている人間です。働かないで暴利ばかり貪っているのが商人だと『富強六略《ふきょうりくりゃく》』のなかで述べているのです。

こういう時代に、石田梅岩は、商いに自信をもてと商人を励まし、利益をあげてその利益の三分の一は世の中に返すべしと言っています。いま、メセナという国家や企業などによる援助が盛んに言われていますが、江戸時代に利益を公に返すということを唱えた先学が京都から登場していることを知っていただきたいのです。

誠信の交わり

その次に紹介したいのが、雨森芳洲です。寛文八年（一六六八）石田梅岩先生より少し早く生まれておられるのですが、亡くなったのが石田梅岩よりは遅く、宝暦五年（一七五五）で、八十八歳で亡くなりました。江戸時代、八十八歳まで生きたというのは長寿の先学です。芳洲は対馬藩、長崎県の対馬——天気のいいときには千俵蒔山《せんぴょうまきやま》という山の上に行きますと、かすかに韓国の釜山がみえます。韓国に一番近い島です。この対馬藩の儒学者です。

雨森芳洲の先生は木下順庵《きのしたじゅんあん》で、京都の出身です。十八歳の時に江戸に出て木下順庵先生の塾で勉強されました。木下順庵の門下は木門《もくもん》といいます。

皆さんがよく知っておられる新井白石《あらいはくせき》は、順庵の弟子です。新井白石、室鳩巣《むろきゅうそう》、祇園南海《ぎおんなんかい》、榊原篁洲《さかきばらこうしゅう》、雨森芳洲というこの五人は順庵先生の弟子で、木門五先生《もくもんごせんせい》といいます。私は京都府立第二中学校の二年生の時の歴史の授業で雨森芳洲という人の名前は聞いたことがありました。しかしそんな偉い先生とは思っていませんでした。新井白石は歴史学者でもあります。古代史についての鋭い考察、『古史通《こしつう》』・『古史通或問《わくもん》』という著作もあります。白石ほどの偉い学者が、「対馬におりつるなま学匠」生意気な学者がいるといって雨森芳洲をライバルにしていました。私は白石ほどの学者が対馬藩で石高わずか二三〇石しかもらっていない雨森芳洲をこんなにライバル視しているのは一体どうしてかと思い、芳洲のことを調べることになりました。

出身地は、滋賀県の伊香郡高月町雨森というところです。いまは長浜市に合併されました。長浜市高月町に十一面観音で有名な渡岸寺《どうがんじ》という寺院があります。そこから一キロばかり北へ行ったところが雨森芳洲先生の故郷です。当時は幼稚園があってその横の蔵のなかに芳洲の著作がありました。そして『交隣提醒《こうりんていせい》』という本に出会いました。私は本の名前にまず感動しました。「隣と交わるときは醒めて携われ」。これは享保十三年（一七二八）十二月二十日に対馬の藩主に儒学者だった雨森先生が差し出した、五十四カ条の朝鮮外交の心得です。

皆さんは、江戸時代は、鎖国の時代であったというようにお習いになったと思います。現在でも権威ある歴史の年表に、寛永十二年（一六三五）に幕府が日本人の海外渡航を禁止するなど、貿易統制令をだしたのを鎖国令発布と書いてあります。三代将軍徳川家光のときです。寛永十四年島原の乱がおこります。そして寛永十六年、日本と交渉を持っていたポルトガルの来航を禁止しました。年表には鎖国の完成と書いてあります。教科書にも鎖国が完成したと述べているのがあります。こういう歴史の見方、考え方を私は鎖国史観として批判してきました。

江戸時代は、完全鎖国はしておりません。幕府の記録をみても通商の国（外国と貿易をする国）はオランダと中国（当時は、清朝）。長崎にはオランダ商館があります。オランダ商館の使節は江戸城へ行っていますね。長崎には唐人屋敷があって今風に言えば中国の大使館にあたります。通信の国（外交もやるし貿易もやる）は琉球、そして、朝鮮王朝。実際に朝鮮王朝からは前述したとおり朝鮮通信使が十二回来ています。慶長十二年（一六〇七）から文化八年（一八一一）まで十二回、朝鮮から友好の使節団が来ています。少ないときでも三三六名。多いときには五〇〇名の大文化使節団が、鎖国といわれている時代に来ています。

対馬藩は朝鮮と古くから交渉を持っていた国です。対馬藩の儒学者、雨森芳洲は藩儒ですが、朝鮮方佐役という役になっています。『交隣提醒』五十四カ条の中に、「耳塚とても」と書いてあります。今京都国立博物館の北側に豊臣秀吉を祭っている豊国神社があります。その前の通りを正面通といいます。そこを西へ行っていただきますと耳塚があります。もとは鼻塚と申していました。林羅山が「耳塚」と称してからは耳塚と呼ぶようになります。慶長二年（一五九七）秀吉は第二回目の朝鮮侵略を実行します。第一回は文禄元年（一五九二）です。第二回目の時に首実検といって、敵の首をきって実見することは古くからありますが、朝鮮人の将兵の指揮官や兵士の鼻をそいで塩漬けで送らせた。さすがの秀吉も心が痛んで鼻塚を造ったのが国の史跡になっている「耳塚」です。その耳塚について芳洲が指摘しています。「耳塚とても豊臣家無名之師を起し」、私はこの文章を読んで感動いたしました。大義名分のまったくない戦争です。朝鮮侵略といわれても仕方がない。弁解の余地はありません。はっきり江戸時代の学者で大義名分のまったくない戦であるということをこのように名言した学者は芳洲です。「無用の戦を起し、両国無数之人民を殺害せられたる事に候へば」、この耳塚のあるところに通信使を連れて行ってはならんということをずっと述べているわけです。耳塚の近くの方広寺大仏への参詣をさせることへの批判です。

かつては李朝、李氏朝鮮といいましたが、いまでは朝鮮王朝と呼ぶ韓国でも北朝鮮でも、李朝という言葉は使わなくなりました。朝鮮王朝と申しておりますが、朝鮮王朝の人だけをいうのではなくて日本の兵士も沢山死んでいるわけです。両国無数の人民を殺害した戦争であるということを雨森芳洲はみごとに指摘しています。前にも引用しましたが、「誠信の交と申事、人々申事に候へども」（誠と信頼、その交わりということは皆が言うけれど）「多くは字義を分明に不仕事有之候」（多くの人はその本当の意味を知っていない。）「誠信と申し候は実意と申すことにて互いに欺かず争わず」この言葉に感動します。「互いに欺かず争わず。真実を持って交わり候を誠信とは申し候」、互いにと書いているところが、重要です。日本人が朝鮮人を欺いたりしてはなりませんが、朝鮮人も日本人を欺いてはなりません。

雨森芳洲は釜山へ少なくとも五回は行っておりますし、長崎で朝鮮語と中国語の勉強もしました。十八世紀前半の日本を代表するインターナショナルな国際人といっても過言ではありません。私が「雨森魂」ということを昭和四十三年（一九六八）からずっと言い続けてきたのですが、『朝日新聞』のコラムに、年賀状にまで雨森魂と上田は書いている、と紹介されたこともありました。

私は滋賀県の武村正義知事（当時）に進言し、昭和五十五年（一九八〇）の十一月三日にりっぱな東アジア交流ハウス芳洲庵ができました。五年目に地元の方々のご要望で、私の、雨森魂という碑が立っていますが、おいでになったらご覧頂きたい。その当時からなんとか先生の伝記を書きたいと思っておりましたのが、やっと八十四歳でミネルヴァ書房から評伝『雨森芳洲』を書き上げることができてほっとしています。果して十分に書けたかどうか疑問ですが、十八世紀の前半にすばらしい国際人が滋賀県から出ている。現在でも誠信の交わりという言葉を国際化という言葉に置き換えたらいいと思います。「国際化と申すこと、人々申すことに候へども多くは字義を分明に仕へまつらざることこれあり候。国際化と申し候は実意と申すことにて互いに欺かず、争わず、真実を持って交わり候を国際化とは申し候」と置き換えることができる。まことに名言です。

自然と人間の営み

最後に、南方熊楠先生の紹介をしたいと思います。慶応三年（一八六七）、和歌山市で生まれました。昭和十六年（一九四一）、七十四歳で亡くなります。明治十七年（一八八四）に東京へ出て大学予備門に入学します。後の第一高等学校です。一高の前身は大学予備門です。数学が苦手でした。せっかく入ったのに先生とけんかをして退学します。そしてアメリカに留学し、あとは独学です。イギリスへ、そしてロンドンの大英博物館に勤務しながら勉強します。ロンドンで中国革命の祖といわれる孫文とも交友することになります。大英博物館で働き、明治三十三年（一九〇〇）十月に故郷和歌山へ帰ってきました。

先生の学問は今でいえば生物学です。特に植物、動物よりは植物のほうがお得意で、粘菌の研究の先駆者になります。昭和天皇も生物学を専門とされ、わざわざ和歌山へ行って熊楠と面会されたことがあります。そのときに新しい粘菌が見つかったというので熊楠が差し上げたのがキャラメルの箱に入れたものでした。普通だったら桐の箱などに入れますが。そういうところに熊楠らしい人柄がにじみでています。生物学者であり同時に民俗学者でした。アメリカで勉強し、イギリスで勉強されましたから地球規模で自分の学問を深めました。

明治三十四年（一九〇一）から神社の合併が始まります。本格的に始めたのが明治三十九年（一九〇六）。明治政府は明治三十九年から神社合併を強行したと書いてある書も多いですが、実際は明治三十四年から三重県次いで和歌山県が始めます。そのことは『東アジアのなかの日本』（思文閣出版）という本の中の「鎮守の森と南方熊楠」という論文に書いています。

熊楠は、最初はその神社合併の弊害に気がつかなかったが、実際に合併の現実をみて明治四十二年（一九〇九）の九月から起ちあがり、神社合併反対という意見を新聞に書き講演で述べることになります。学者として当然なのですが、鎮守の森には貴重な植物があり、動物がいます。伝説もあれば遺跡もあります。こういうものをつぶすのは許せない。今で言えばエコロジー、環境を守る、環境保全の先駆者。生態学の先駆者は南方熊楠先生でした。

明治四十三年（一九一〇）八月二十一日、和歌山県が神社合併推進の講演会を行ったとき、会場に乗り込んで壇上に駆け上がって批判しました。逮捕され、十八日間拘留されました。行動でも示したわけです。

合併は内務省神社局が中心になって推進しましたが、最終判断は知事に任せました。京都府では神社合併はほとんどありませんでした。そのときの知事は偉かったと思いますね。

明治四十五年（一九一二）、『日本及日本人』という雑誌の四月号、五月号、六月号に、「神社合併反対意見」というのを三回に亘って連載している。その論文を京大二回生のときに図書館で読みました。なんとすごい人がいたなあと、初めて熊楠のことを知り、南方熊楠の研究にも取り組むようになりました。

植物病理学の権威白井光太郎宛の書簡反対意見の中で「神社合祀で敬神崇祖を高めたりとは、地方官公吏の書き上げに欺《あざむか》れ居るの至りなり」。政府が勝手に各地の官吏公使に欺いて書かせているということをあげている。神社合併によって敬神崇祖の念は起こらない。むしろ廃れる。二番目に「神社合祀は民の融和を妨ぐ」。三番目に「合祀は地方を衰微せしむ」。四番目に「神社合併は国民の慰安を奪い人情を薄うし、風俗を害する事おびただしい」。五番目に「神社合祀は愛国心を損ずることおびただしい」。六番目に「神社合祀は土地の治安に大害あり」。七番目に「神社合祀は史蹟と古伝を滅却す」。八番目に「合祀は天然風景の天然記念物を亡滅す」。これらの点を生物学者・民俗学者の立場から強く述べています。

これをもとに全国に訴えたのが、明治四十五年の四月号、五月号、六月号の『日本及日本人』に書いた「神社合併反対意見」です。柳田國男も熊楠の見解を、植物分類学の大家松村任三宛と白井光太郎宛の書簡を「南方二書」にまとめて有識者に配布しました。

白井宛の書簡とは内容を少し改めていますが、そのことについては前掲の『東アジアのなかの日本』の論文で、詳述しています。八番目の文をのぞき、たとえば二番目の文に「合祀は民衆の融和を妨げる」と前に書いておりましたのを『日本及日本人』では「合祀は人民の融和を妨げる。自治機関の運用を阻害す」というように書き改めています。これは注目すべき点だと思います。

湯川秀樹先生も優れた物理学者でしたが、湯川先生の先輩に寺田寅彦という物理学者がおられます。昭和十年（一九三五）十二月に亡くなる前の十月に書かれた論文が「日本人の自然観」です。寺田寅彦先生は、ヨーロッパの学問は自然と対決し自然を克服して発展してきたが、日本の学問は、自然と調和し自然と調和する知恵を蓄積して発達してきたと書いておられます。しかし、戦後の日本は開発優先・科学万能で自然の力、自然と調和するのではなくて、自然をいかに克服するか、自然といかに対決するかという異なった方向を歩んできたと思います。

高さ十メートルという防波堤、巨大な防波堤のようですが、安心しきっていたけれど3・11の大津波で破壊されました。地球温暖化がさかんに叫ばれるなかで、原子力発電はまったくCO_2を出さない、環境保全にもっとも役立つ発電であるということを盛んにテレビや新聞でも報道しまして、今度の福島第一原発の事故に放射能汚染となります。寺田寅彦先生は自然に学ぶ、自然と調和することが必要で、日本人が「母なる土地」の享楽に酔い、洪水や台風や地震などの「厳父の刑罰」を忘却していると警告しておられますが、そのような学問のあり方が風化してきた。南方熊楠も鎮守の森を壊すことは自治の機関を阻害すると強調しました。共に鋭い指摘だと思います。

今、文部科学省では学校教育のあり方を変えまして郷土を愛する愛郷心、国を愛する愛国心の教育を強く前面に打ち出しています。郷土を愛するということはもちろん大事なことです。いかに民主主義の国になっても愛国心をおろそかにしてはなりません。しかし、愛するに値する国家を築かなければ愛国心は育ちません。いかに愛郷せよ、故郷を愛せよ、といっても愛するに値する郷土を築かなければ郷土愛は育ちません。

郷土愛というのはいつ頃から育ったかといえば、南北朝（一三三五－九二）です。京都の北朝と吉野の南朝の間の対立が続いた時代に荘園制は崩壊し権力が互いに争っていますから、村々を規制する力が弱まりました。その機会に村々の地域を越えた連帯が始まります。これを惣村《そうそん》とか惣《そう》郷《ごう》とかといいました。そして鎮守の森に集って、村のおきてを定め、ムラのオサ（長老）を皆が選んで、決めています。まさに自治が南北朝から始まります。なかにはムラ八分のような規定もありましたが、村おきてが定まるのが南北朝です。それまでは、税金が重くなって払えなくなる。権力者が来る。逃げるのですね。村を捨てて逃げる。最大の抵抗は逃亡でした。南北朝からは日本の民衆は故郷を捨てません。なぜなら愛するに値する郷土が出来上がってきたからです。その中心が鎮守の森でした。

その鎮守の森を合併することに熊楠は自治の機関を阻害する点を加えて反対しているのは大変重要なことだと思います。私はこのたびの3・11の大震災のなかで自治がいかに大事かということを学んでいます。町役場や消防署などが流され、村の機能、町の機能が完全に失われた被災地があります。国はもちろん大事ですが、自治がいかに大事かということを、今度の震災が私どもに教えてくれています。

そのことを、南方熊楠はいち早く唱え、権力に拘留されても屈しませんでした。そして大正七年(一九一八)衆議院議員が神社合併無益という決議を出します。神社合併はそれで終わります。

調べてみますと、神社合併以前神社は、全国に約十九万ありました。大正六年の統計、神社合併無益の決議が起きる前年の統計では約十一万。約八万の社が消えていきました。これはまさに環境の破壊であります。自然をないがしろにし、自然の中に神を見出していた民衆の祈りを踏みにじってきた行為であるといわざるをえません。「共生」は「とも生き」だとよく言われますが、人間と人間が共に生きることは、もとより大事ですが、自然と人間が共に生み、クリエイティブに創造する方向を南方熊楠はめざしていたと思います。

日本とアジア――その歴史と現代の課題

二十世紀とは、どのような時代であったか

二十世紀という時代を考えるとき、次の四つは、どうしても忘れられないことです。

一つ目は、第一次世界大戦、第二次世界大戦という戦争の名称が象徴しているように、地球全体が戦争の渦に巻き込まれた、文字通り戦争の世紀でした。二十世紀後半でも、各地で戦争が続いています。

テレビ報道でも、パレスチナとイスラエルの対立をはじめとして深刻な状況を迎えています。だから、何としても二十一世紀には平和を築く必要があります。多くのみなさんが、そのように願っているにもかかわらず、現実は反対です。

二〇〇一年九月十一日のニューヨークの世界貿易センターあるいはペンタゴンへの自爆テロ、アフガニスタン戦争、イラク戦争というふうに二十一世紀は戦争で始まるという、たいへん残念な状況におかれています。私たちは、もう一度、平和とは何かを改めて考える必要があると思います。

二つ目は、自然の破壊、環境汚染がこんなに深刻になった時代は、かつてなかったことです。国連は人権問題にも懸命に取り組んでいますが、環境問題にも努力を重ねています。一九七二年スウェーデンのストックホルムで、環境問題を考える国際会議が開かれました。これは十年ごとに会議がおこなわれています。二〇〇二年は南アフリカのヨハネスブルグで会議が開かれました。一九九七年十二月には、京都宝ヶ池国際会議場で、地球温暖化防止の、いわゆる京都議定書が採択されました。クリントン大統領のときで、アメリカも京都議定書に賛成していましたが、ブッシュ政権になり、京都議定書から脱退しました。ロシアのプーチン大統領も保留して、京都議定書は宙に浮いたかっこうになっています（後述参照、二〇〇五年発効）。環境の問題は、人権の問題と並んで、二十一世紀の人類への重要な宿題になっているわけです。

三つ目は、民族紛争が、これほど激化した時代はかつてなかったことです。本来、宗教は人類の救済をめざして教えを説いてきたはずでしたが、宗教をめぐる紛争も、きわめて深刻な状況になっています。そして、多くの難民が祖国を追われ、さまよっています。今日では、三千万人を超える人びとが難民となり、飢えに苦しみ、病に倒れています。

二十世紀は人権受難の世紀であった、と言っても過言ではないと思っています。したがって、二十一世紀は、人権文化が豊かに創造される世紀にしなければならないと思います。

二十世紀前半を振り返ってみると、世界の政治・経済・文化をリードしたのは、ヨーロッパでした。後半はアメリカが世界の主導権を握って、現在に及んでいます。言い換えますと、二十世紀は欧米が世界をリードした世紀でした。アジア、アフリカなどの独自性、その輝きが評価されなかった時代です。これが四つ目です。私どもアジアに住んでいる人間としては、アジアが輝く世紀にすべきであろうと願っています。

一九九〇年に、アジアの歴史学、考古学を研究している先生方が中心になり、「アジア史学会」という国際学会を作りました。第六回大会で、はからずも私が会長に選ばれ、二〇〇三年に第十二回大会を迎えました。アジア史学会の先生方にも、アジアが輝く世紀にすべきではないか、それだけの潜在のエネルギーがある、歴史がある、文化がある、それをアジアが自覚していないのではないか、と繰り返し言っています。それも、私が二十世紀をそのように考えているからです。

日本列島の歴史と文化は東アジアの世界と連動して発展してきた

日本は周りを海でかこまれた文字通りの島国ですから、日本の歴史や文化はこの島国の中だけで発展してきたように考えている日本人が多いのです。

しかし、そうではありません。南からは黒潮（日本海流）が北上しています。その分流（対馬海流）は、玄界灘から山陰の沖を北上し、能登半島へと及んでいます。輪島市に重蔵神社がありますが、本来はヘクラ神社と呼ぶべきですが、ここの夏祭りでは南九州の神話伝承につながる祭りが、現在もおこなわれています。これは黒潮分流による海上の道によって、南九州の神話伝承が重蔵神社の祭りに伝わっていることがわかります。黒潮の主流は太平洋側を千葉県房総半島の方へ北上していきます。北からは親潮（千島海流）が、北海道の東から九十九里浜の方へ向かって南下しています。

「日本海」は、古く日本の古典では「北ツ海」と呼ばれていました。「日本海」という名称が初めて具体化したのは、一六〇二年です。マテオ・リッチというイタリアの宣教師が北京で「坤輿万国全図」を描いている中に、「日本海」という名称がはっきり書き込まれています。朝鮮民主主義人民共和国の方や大韓民国の方が、世界地名会議の席上で、「『日本海』という名称を使うのはもってのほかである、『東海』と呼ぶべきである」と主張をされています。しかし、「日本海」

という名称は、明治政府が付けた名称ではなく、十七世紀のはじめから使われています。私の調べた限りでは、日本で最初に「日本海」という名称を使ったのは、山村才助という蘭学者の一八〇二年の『訂正増訳采覧異言』です。特定の国の名称を、公の海に付けているのはけしからん、という意見もありますが、そういう例は他にもあります。たとえば、インド洋もそうです。私たち日本人は、「日本海」を「東海」と呼ぶことはできません。『日本書紀』・『出雲国風土記』・『備後国風土記』逸文などには「北海」(北ツ海)と書いています。

その「日本海」には、ウラジオストックの沖を南下して、朝鮮半島の東側を流れるリマン海流が流れています。そして、黒潮分流と合流して、北側へ回流しています。

日本列島は周りを海で囲まれていますから、逆に海外とのつながりは盛んであったわけです。「島国だから閉ざされていた」という考え方は歴史の実際とは、異なっています。私はこの考えを島国史観として批判してきました。

「遣唐使時代」の実相

遣唐使は、六三〇年から八三八年まで中国へ十五回行きました。そのうち、一回は中国へいった使節が帰ってこないので迎えにいった使節です。中国からきた使節を送って行く使節が二回。あわせて十五回です。だから遣唐使の回数は多くない。唐からの使節は九回(正式には八回)なのです。われわれの学界では、八世紀から九世紀のこの時代を、よく遣唐使時代と呼びます。しかし、こういう考えも再検討を要します。なぜなら、七二七年から九一一年まで、約二百年間続いた渤海《ぼっかい》という国との交渉もあったからです。わが国から十五回使節が行っています。渤海からは、正式に国書をもってきたのは三十四回に及ぶのです。つまり、唐との関係ばかりで、七・八世紀から九世紀のわが国の外交を論じたら、歴史の実態にはそぐわないのです。まして、当時の朝鮮半島は、統一新羅でした。新羅が約九割を統一していました。新羅との交渉は、唐や渤海とよりも、はるかに頻繁でした。一番、密接に外交関係をもっていたのは、朝鮮半島との間です。

菅原道真が遣唐使派遣中止を進言し、遣唐使派遣はなくなりました。いまでも「そのあと、日本は国風文化の時代になった」と書いている教科書が多いようです。しかし、唐との公の交渉はしていませんが、民間貿易はずっとしています。あるいは渤海との交渉は続いていますし、渤海の後に起こった東丹《とうたん》国からの使節も、わが国にきています。遣唐使の中止によって、わが国が閉ざされた国になったように言うのは、歴史の実相に反しています。

完全な「鎖国」の時代はなかった

もっといい例は「鎖国」という考え方です。前にも言及しましたが、今の歴史年表でも歴史教科書でも、一六三五（寛永十二）年三代将軍徳川家光の時代に、貿易に関する制限の法律を出したことが載っています。それを「鎖国令」と記しています。寛永十六年には、ポルトガル船の来航を禁止しました。多くの教科書は、これを「鎖国の完成」と書いています。そもそも「鎖国」という言葉は、一六三五年、一六三九年に幕府が出した法律には書かれていません。「鎖国」という用語は、オランダ商館のケンペルが書いた『日本誌』の翻訳本が一八〇二年に出たとき、志筑忠雄が初めて使った言葉であることは前に指摘しました。

そして、完全に、徳川幕府が鎖国をしていたわけではありません。幕府が「通商の国」と呼んでいたのは、オランダと清国でした。だから、長崎にはオランダ商館があり唐人屋敷がありました。貿易も外交もする国は「通信の国」と幕府が呼んでおり、朝鮮王朝と琉球王朝でした。したがって、琉球からも使節がきますし、朝鮮王朝からも一六〇七年から一八一一年まで十二回に渡って朝鮮通信使が来日します。こういう史実を「鎖国」という言葉で消し去って、日本の歴史を論ずるような見方、考え方はまちがっています。

日本の歴史と文化はアジアと連動しながら、アジアとのつながりの中で発展してきました。もちろん、日本の歴史や文化は、日本列島の内なる要因によって発展してきたことは言うまでもありません。しかし、外なるアジアとのつながりによって発展してきたことも、はっきり見ておく必要があります。

飛鳥時代と渡来の文化

飛鳥時代は、推古天皇の代を中心とする時代で、聖徳太子が活躍した時代です。聖徳太子すなわち廐戸皇子《うまやどのみこ》の周りには、百済、高句麗、新羅からの人びとが多くいました。そして、六〇〇年に第一回遣隋使を派遣し、六一四年まで正確には五回、隋に使節を派遣しました。太子はきわめてインターナショナルな人物でした。廐戸皇子は四十九歳で没しました。その死を悲しみ多至《たち》波奈女郎《ばなのいらつめ》が天寿国への往生を願って刺繡をさせた帳が「天寿国繡帳」です。その全部は残っていませんが、一部が正倉院や中宮寺に残っていました。刺繡をしたのは、宮廷の采女たちでしたが、その繡帳の絵を描いたのは、高句麗・百済・加耶《かや》系の渡来人でした。絵全体のディレクターをしたのは、新羅系の人物でした。描かれている絵を見ると、男性の服装や女性の姿かたちは、高句麗の壁画に非常に似ています。

これはその一例ですが、朝鮮半島や中国とのつながりを抜きに、飛鳥文化が日本固有の文化であるというのは、史実とは異なります。

「大宝令」や「養老令」の「職員令」は、役所の名前とそこにいる職員のことを、くわしく書いている法令です。八省のひとつ治部省に「雅楽寮」というのがありました。ここは歌と舞をつかさどるところです。日本の伝統的な舞や歌を習うメンバーもいますが、「唐楽師十二人」とあるように唐楽を日本の役所で勉強させています。また「高麗、百済、新羅」の楽師がそれぞれ十二名います。雅楽寮のメンバーは、総計しますと四五九名です。それ以外に楽戸の人たちがいました。当時の役所の中で、職員のもっとも多いのが、「雅楽寮」でした。

雅楽はアジアの音楽と舞を日本で集大成したもの

日本の雅楽は、日本のもっとも古い古典芸能です。平安時代には、家元制度がありました。一八六九年には宮内省の楽部になりました。雅楽は、京都、奈良、大阪の三つのグループ（楽所）にわかれて伝承されてきます。雅楽は日本の古典芸能ですが、アジアの音楽と舞をわが国で集成したものなのです。平安時代のはじめ、九三三年の頃、左方と右方の両部制を採用します。それが現在に続いています。左方は唐楽が中心で、林邑（ベトナム）楽などが加わります。右方とは高句麗、新羅、百済、渤海の楽です。もちろん、伝統的な日本の歌や舞もありますが、アジアの音楽と舞が雅楽の中心なのです。

雅楽は芸能として今でも生きているものです。つまり、雅楽は生ける正倉院です。多くのみなさんが、日本独自の固有の芸能だと思っている雅楽も、そうではなく、アジアの音楽と舞を日本で集大成したものなのです。いかに、日本の文化がアジアとつながっているかということが、この例をみてもおわかりだと思います。

アジアとの長い関係史には、光もあれば影もあった

非常に残念なことに、豊臣秀吉およびそのブレーンが中心になって、日本でいう「文禄・慶長の役」、朝鮮民主主義人民共和国のみなさんや、大韓民国のみなさんがいう「壬辰・丁酉の倭乱」です。これはぬぐうことのできない朝鮮侵略でした。また、日露戦争以後、露骨に朝鮮を支配する政策をとり、日本の植民地として、三十六年間、朝鮮を支配しました。そして、朝鮮のみなさんの名を奪う、いわゆる「創氏改名」を強制し、土地を奪い、命を奪うという、まことに残念な行為をおこないました。中国も侵略しました。このようにアジアと日本の関係は、かならずしも友好の歴史ばかりではありません。

太平洋戦争では、東南アジアをはじめ南方の諸地域の人びとにも、さまざまな被害を与えたことは、言うまでもありません。アジアと日本の関係を論じるときに、この影の部分をどこかに置いてしまって、親善友好の光の部分だけを語るわけにはいきません。

影の部分は、しっかり認識する必要はありますけれども、影に光をあてて、その正体を浮き彫りにする必要があります。侵略の、あるいは植民地支配のアジアの人びとに及ぼした被害を、私どもは率直に認めるべきですし、その正体を今一度、明確にしておく必要があると思います。

しかし、友好の歴史の方が、侵略や植民地支配の歴史よりも長かったということも事実です。

その例が、朝鮮通信使です。朝鮮通信使の始まりは、朝鮮王朝側ばかりでなく、対馬藩や徳川家康が朝鮮との関係を修復するために努力して、実現したわけです。しかし「通信使」という名前が使われるのは、第四回からです。それまでは、朝鮮側は徳川幕府から申し出てきたので、それに応じるかたちですから「回答使」あるいは、日本にたくさんの捕虜が囚われているわけですから、それを取り戻す「刷還使」あるいは「探賊使」と称しています。

朝鮮通信使は、多い時で五百名を数える大文化使節団です。第四回からは医者も参加しました。第七回からは「曲馬上覧」が恒例化します。使節団のなかには江戸まで行かず大坂止まりの人たちもいました。一番少ないときでも、三百三十六名でした。そして、第七回の頃から当時の民衆が歓迎し、民衆が朝鮮通信使の宿をたずねました。今でいう善隣友好の潮流に、江戸時代の民衆が参加していたわけです。そういう歴史を明らかにすることによって、誤れる侵略や植民地支配の正体を明確にしていくことが必要だと思います。

危惧されるあらたな脱亜論や興亜論

私たちがアジアを考える場合、三つの立場があります。一つは「脱亜論」です。この考えは、今でも日本のインテリにかなりあります。アジアは遅れている、欧米と手を結ばないと日本の未来はないのだ、という考えです。これは、福沢諭吉が一八八一年の「時事小言」の中で書いています。そして一八八五年の「脱亜論」でははっきり「アジアの友は悪友である」と断言しました。これを私は日本版中華思想だと言っているのです。こういう考え方が「帰化人」という言葉を生んでいくのです。「帰化」という言葉は中華思想の産物です。明治の「脱亜論」では、後進国はアジアであり、先進国は欧米なのです。日本の近代史を振り返ると、外交の基軸は欧米で、それは今もあまり変わっていません。アジアの同盟という視点は、現在もきわめて弱いと思われます。また、再び、「興亜論」が大きくよみがえり始めています。満洲事変以後、こういう考えが強くなってきました。一九三八年十二月には内閣に興亜院という役所ができるほどでした。これが「八紘一宇」という言葉に重なるわけです。アジアを興すことはいいのですが、アジアの中心が日本だという考え方です。これが「大東亜共栄圏」になります。

この二つは、いまもなお、かたちを変えて、アジアの問題を論ずるときに必ずでてきます。私はあらたな「脱亜論」「興亜論」の正体を見極める必要があると思っています。

それならば、どうしたらよいのか。「アジアのなかの日本」という立場が大切です。よく「アジアは一つ」と言いますが、それは虚像です。アジアほど、民族が多く、言語がバラバラで、宗教がこんなに多様である地域はむしろめずらしい。だから、なかなか友好と連帯も難しい。アジアは一つではありません。しかし、歴史を振り返れば、アジアの歴史には友好・連帯の歴史も数多くあります。私どもは、その歴史の記憶を取り戻す必要があります。

そして、現在、大事なことは、民衆同士が連帯していくことです。一九七四年の五月から主張してきた民際交流です。民衆サイドのアジアのネットワークが大事なときではないかと思います。まさに、パートナーシップを組んで、民衆のネットワークを構築するために努力していくべきではないでしょうか。そのためにも善隣友好・一衣帯水の光の歴史を、もう一度かえりみる必要があると考えています。

歪曲された朝鮮観を問いただす

朝鮮観のゆがみ

私が在日の韓国・朝鮮人問題とかかわりをもつようになったはじまりは、一九五〇年の八月から京都府立鴨沂《おうき》高等学校の三年十一組のクラス担任をしたおりからであった。

クラスのなかの在日朝鮮人の生徒の家庭訪問をしたさい、A君が涙ながらに小さいころから差別されてきたことを訴え、柳行李《やなぎごうり》のなかから一九一九年の三月一日からはじまった三・一独立運動参加者の処刑銃殺の赤茶けた写真をとりだして私に示した。その時のA君のまなざしを、いまもはっきりと想起する。

差別のなかの在日のきびしい生きざまを肌に実感した。それ以来、日本列島と朝鮮半島の関係史を真剣に研究するようになり、微力ながら部落問題や在日の問題にとりくんできた。そして『帰化人』（中公新書）、『日本と朝鮮の二千年』（井上秀雄氏と共編、太平出版社）、『日本と朝鮮の二千年』（姜在彦《カンジェオン》氏と共編、大阪書籍）をはじめ数多くの論著を公《おおやけ》にしてきた。一九六九年の三月からは、司馬遼太郎《しばりょうたろう》さんと一緒に季刊雑誌『日本のなかの朝鮮文化』の顧問となって五〇号までの編集に参与し、金達壽《キムタルス》さんとともに、日本各地での「日本のなかの朝鮮文化遺跡めぐり」を三十二回実施した。そして現在も高麗《コリョ》美術館館長をつとめている。そのえにしは、一九五〇年八月の在日高校生A君との出会いからであった。

私がはじめて朝鮮通史をまとめたのは、一九九二年の四月から刊行された『まんが朝鮮の歴史』（全十六巻、ポプラ社）の解説においてである。ユーラシア大陸につながる朝鮮半島は、たびたび他民族・他国家から侵略された。にもかかわらず、朝鮮民族が他民族・他国家を侵略した例はほとんどない。高句麗《こうくり》はそうではなかったという人がいるかもしれないが、その建国の地は遼寧《りょうねい》省の桓仁《かんじん》であって、南下こそすれ大規模な侵略はこころみてはいない。むしろそれは侵攻に対する激しい闘いであった。

朝鮮の近代史にも「侵さず侵されず」の歩みをよみとることができる。日本帝国主義の植民地支配と、その差別と迫害のなかの独立をめざす粘り強い抵抗の実相に、その史脈は明らかである。

日本列島と朝鮮半島との間には、注目すべき善隣と友好の歴史があった。たとえば飛鳥《あすか》文化と百済《くだら》・新羅《しらぎ》・高句麗との密接なつながり、あるいは一六〇七年から一八一一年にかけての十二回におよぶ朝鮮通信使とのよしみがそうである。だが古代においても「征韓」論はあった。たとえば天平宝字三年（七五九）のころからは新羅征討計画が具体化して、天平宝字五年（七六一）の十一月には、船舶約四百隻、兵士約四万、水手約一万七千の征新羅軍の陣容がととのえられていた（「古代の日本と新羅」『有光教一先生白寿記念論叢』所収）。

一八七三年の征韓論争は有名だが、これを征韓派と非征韓派にわかつ「常識」は、ことの真相とはほど遠い。たとえば非征韓派とされる木戸孝允《きどたかよし》はその『日記』にも明らかなように明確な征韓論者であり、いまは内治に重点をおくべしとして西郷隆盛《さいごうたかもり》らの征韓論に反対したにすぎない。内政をめぐる権力闘争であって、朝鮮侵略をめぐって対立したわけではない。いついかに実行するかについての意見が大きくへだたっていたのである。

征韓論は江戸時代にもあって、『日本書紀』の新羅征討説話をよりどころとした論者はかなりいる。山鹿素行《やまがそこう》の『中朝事実』が「三韓毎年朝聘《ちょうへい》」の由来を「三韓征伐」に求めたのもその例である。『日本書紀』には誤れる地理認識にもとづくいわゆる神功《じんぐう》皇后の新羅征討説話を記載するが、新羅王はもとより、百済王・高句麗王の服属の史実はなく、「三韓征伐」の用語も『日本書紀』にはない。そもそも「三韓征伐」という言葉じたいが新しく使われるようになった用語で、鎌倉時代初期のころの『竈門山《そうもんざん》宝満大菩薩記』の「三韓征伐」を初見とする。

朝鮮通信使が文化八年（一八一一）で終わったひとつの理由も『日本書紀』の新羅征討説話を典拠としたゆがめられた朝鮮観にあった。たとえば大坂懐徳堂の中井積善《なかいせきぜん》が『草茅危言《そうぼうきげん》』で、「神功の遠征以来、かの国服従朝貢し、わが属国たること歴代久しく絶えざりしに、今の勢いこれに異なり」と幕府に進言した。佐藤信淵《さとうのぶひろ》・橋本左内《はしもとさない》・勝海舟《かつかいしゅう》も『日本書紀』のいわゆる神功皇后の三韓征伐をよりどころとした征韓論者であった。日本のペスタロッチともいわれる吉田《よしだ》松陰《しょういん》も例外ではない。その著『幽囚録《ゆうしゅうろく》』に「朝鮮の如きは、古時我に臣属せしも、今は則ちやや倨《おご》る。最もその風教を詳《つまび》らかにして、これを復《かえ》さざるべからずなり」と述べ、「朝鮮を責めて質を納《い》れ、貢を奉ること、古《いにしえ》の盛時の如くならしめ」と力説した。いうところの「古時」「古の盛時」が『日本書紀』の神功皇后の新羅征討にあることは、「神功の征韓このかた、列聖の為《な》したまふ所、史を按じて知るべきなり」としたためているのにも明らかである。

四奪の内実

アヘン戦争などによって中国の市場を掌握した欧米の列強は、朝鮮半島にも勢力伸張した。一八七一年の五月、アメリカ艦隊五隻が江華島を攻撃して、草芝鎮や広域の砲台を占領したのもそのひとつであった。朝鮮の守備隊が撃退したが、そのころ大院君（李是應《イハウン》）が各地に建てた碑に「洋夷侵犯、非戦則和、主和売国、戒我万年子孫」（洋夷の侵犯に対して、戦わずして屈服するのは売国の徒である。子孫万年までの教訓とする）とあるのも、当時の列強侵犯のありようを反映する。

大院君の政権はやがて高宗の妃であった閔妃《ミンビ》とその一族によって打倒され、閔氏政権となる。日本の政府は閔氏政権の内紛のすきをついて、一八七五年の九月、軍艦（雲揚）によって江華島砲台を攻撃、翌年の二月には、「日朝修好条規」（江華条約）を強引に締結させた。明治の政府が一八五八年の「日米修好通商条約」をはじめとする欧米との間に結んだ不平等条約の改正を懸命に進めていた他方で、不平等条約を朝鮮の政府に強要したのは、きわめて不条理であり外交方針そのものの矛盾であった。そしてそれは朝鮮侵略の具体的な第一歩となる。

一八九四・九五年の日清戦争が朝鮮半島の支配権をめぐる日本と清国との戦争であり、一九〇四・〇五年の日露戦争が朝鮮と遼東半島の権益をめぐる日本とロシアとの戦争であったことをあらためて想起する必要がある。着々と朝鮮の支配権を手中に収めた日本政府は、一九一〇年の八月二十二日、ついに武力を背景として朝鮮を「併合」した。石川啄木《いしかわたくぼく》が〝地図の上朝鮮国にくろぐろと墨をぬりつつ秋風を聴く〟と歌ったのはそのおりであった。

「併合」の結果、朝鮮統監府にかわって朝鮮総督府が設けられ、憲兵と警察をひとつにした憲兵警察制度による「武断統治」が強行された。「集会取締令」で朝鮮の人々の言論・出版・集会・結社の自由を奪い、一九一一年の八月に「朝鮮教育令」を公布して、日本語の学習を強要した。いわゆる「皇民化」政策が顕在化する。それればかりではない。一九一〇年の三月から一九一八年の十一月にかけて「土地調査事業」を、これに並行して「林野調査事業」を実施、一九一一年の「土地収用令」、ついで翌年の「墓地等取締規則」などによって朝鮮人の土地を奪う。また会社の設立を「会社令」による朝鮮総督の許認可制として、民族資本の成長を抑圧した。

こうした朝鮮民族に対する差別と迫害に朝鮮の人々の粘り強い抵抗があったことは、『まんが朝鮮の歴史』の解説でも言及したとおりである。

前に述べた三・一独立運動は、日本の支配層に打撃をあたえ、「武断統治」からいわゆる「文化政治」への転換を余儀なくさせた。しかしその内実は有力者たちを「親日派」としてだきこみ、朝鮮の独立運動を分断して、朝鮮半島を日本の独占的市場とし、さらには中国侵略への兵站《へいたん》基地にしようとするもくろみにもとづいていた。

したがってたとえば朝鮮語とハングルを守り生かそうとする朝鮮語学会を一九四二年に解散させ、日本の労働力の不足をカバーするための「強制連行」を行ったにとどまらず、朝鮮にも「徴兵令」「徴用令」を適用した。言葉を奪い、「創氏改名」に象徴されるように名を奪い、さらに土地を奪い、いのちすらを奪ったのである。

新しい通信使

古代史の研究を中心に、考古学・民俗学などを駆使して考察をつづけた喜田貞吉《きたさだきち》博士は、文部編修として関係した教科書『尋常小学用日本歴史』がいわゆる南北朝正閏《せいじゅん》問題で、「文部省は天に二日の存在を認めるのか」の責任を問われることになる。一九一〇年（明治四十三）の末から翌年にかけては、喜田みずからがいう「受難の時代」のピークとなった。喜田の筆法は「両朝対立の事実のままに、之《これ》を並記して軽重を附せざる筆法」であったが、ついに第二十七回帝国議会で問題となり、一九一一年（明治四十四）の二月二十七日、「文官分限令」第十一条第一項第四号によって休職を命じられ、翌日には教科用図書調査委員を依願免職となる。

休職が満期となった「国賊喜田貞吉」を、当時の京都帝国大学は一九一三年（大正二）に専任講師として迎えた。そして喜田は一九一九年（大正八）の一月には個人雑誌『民族と歴史』（後に『社会史研究』と改題）を発行し、その第二巻一号を部落問題の研究号にした。喜田の部落問題研究はこれを契機に本格化する。一九二〇年（大正九）の七月五日には京都帝国大学教授に就任したが、その後も部落問題の研究は継続した。一九三九年（昭和十四）の七月三日、六十九歳でこの世を去ったが、松本治一郎が全国水平社を代表して弔辞を献じたのもいわれあってのことである。

喜田博士は朝鮮問題についても深い関心をいだいて民族史の視覚から究明をつづけた。喜田の民族史研究は一九〇六年（明治三十九）末からであって、朝鮮問題をめぐって「日鮮同源論」を本格的に主張するようになったのは、一九一〇年の「併合」の時からである。日本歴史地理学会が「併合」を記念して講演会を主催し、喜田博士は「韓国併合と国史の教育」を講演した。その前半部分が「国史の教育を論ず」（『歴史地理』十六巻六号）となり、後半部分が「韓国併合と教育家の覚悟」（『歴史地理』朝鮮号）となった。その講演を前提に書物となったのが『韓国の併合と国史』である。

喜田博士の部落問題研究の限界と弱点は「古代学と喜田貞吉」（『古代学とその周辺』所収、人文書院）で論じ、朝鮮問題研究の欠陥は「喜田貞吉の民族史」（『古代伝承史の研究』所収、塙書房）などでも指摘したが、喜田の「日鮮同源論」は、皇国史観にもとづく「日鮮同祖論」とはおもむきを異にしていた。

「先住土着の民衆」を「国津神なるもの」とみなした喜田博士は、「所謂天孫民族」を「もと南方民族」とする説には批判的であった。喜田博士によれば「第二次的渡来者」とする「弥生式民族」も「国津神」であるという独特の解釈になる。それならいわゆる「天孫民族」を喜田博士はどのように理解したのか。「わが天孫民族は天降人種として、其の祖国なる所謂高天原は之を天上に求むべく、容易に之を現代の地球の表面に指示し得べきものではないが、而《しか》も其の言語なり、其の祖先に関する伝説なりの、頗る高句麗と相似たるものあるは注意すべき事実である」と考え、「無論、軽率にわが天孫民族を以て扶余《ふよ》族となし、高句麗・百済等と同系であると断ずべきではない」と前置きしながらも、「併しながら、両者遠い古へに於て共同の祖先を有し、共に同じ祖国から渡来したものと解しても必ずしも無稽の言とのみは謂はれない」との異色の意見を公にした。「天孫民族」を高句麗・百済などの扶余族系とするその天津神とかかわっての立論は、戦後における江上波夫《えがみなみお》博士の「騎馬民族征服王朝」説に類似する先駆的な視角であったといえよう。だが所詮《しょせん》は「日韓併合」を合理化する論評にとどまった。「併合」百年に当たる二〇一〇年を迎えて、喜田博士の史論に欠落したそのゆがみを、歴史研究者のひとりとしてみずからに問わねばならぬ。先学の批判はたやすい。だが、あらたな民族史の研究を構築するのはむずかしい。先学の見失ったもの、その史観と方法の限界を克服しなければならない。

慶長十二年（一六〇七）から文化八年（一八一一）まで、十二回にわたってくりひろげられた朝鮮通信使の研究にも、一九六八年の秋からとりくんできたが、第八次（一七一一年）・第九次（一七一九年）のおり対馬《つしま》藩の真文役として、善隣友好を実践した雨森芳洲《あめのもりほうしゅう》が、享保十三年（一七二八）の十二月二十日、六十一歳の時にまとめた『交隣提醒』のつぎの一節をたえずかみしめている。

「誠信之交と申事、人々申事ニ候へども多ハ字義を分明ニ不仕事有之候、誠信と申候ハ実意と申事ニて、互ニ不欺不争事実を以交り候を誠信とは申候」

芳洲が「互に欺かず、争はず」と述べている点が重要である。通信使の「通信」とは、互いに信《まこと》を通わすという意味である。かつて朝鮮王朝と室町幕府の間にも「通信使」による外交が展開されたが、江戸時代に入って朝鮮王朝と徳川幕府とが「通信使」外交を復活させた。その修好の実現に大きな役割を果たしたのが、朝鮮王朝の高僧松雲大師であった。松雲大師は日本の事情を探る「探賊使」でもあったが、慶長十年（一六〇五）の二月に徳川家康《とくがわいえやす》と伏見城で「謁見」した（「松雲大師の存在と役割」『歴史と人間の再発見』所収、藤原書店）。その二年後から朝鮮王朝の使節が来日する。だが、三回までは回答使兼刷還使を名乗っていた。「刷還」とは豊臣秀吉《とよとみひでよし》らの朝鮮侵略によって捕虜となった人々の調査と早期の送還をもその目的にしていたからである。朝鮮王朝側が「通信使」を称したのは、第四回からであったこともみのがせない。

私がかねがね注目してきたのは、日本の学者や僧侶《そうりょ》たちばかりでなく、民衆が通信使とのまじわりをもったことである。第七回のころから活発となる。私のいう「民際」の先例がそこにもあった。徳川幕府や各藩が奨励したわけではない。むしろ、まじわりを禁じている。そのなかの「民際」であった。そのあかしは、岡山県牛窓町の唐子《からこ》（韓子）おどりや、三重県津市の唐人（韓人）おどり、あるいは各地の神社に奉納された絵馬や通信使にちなむ人形などにもはっきりとみいだすことができる。

「併合」百年をたんなる告発と懺悔《ざんげ》の年にしてはならない。「四奪」の実相をしっかりと見定め、その過ちをくり返さないためにも、あらたな日本側からの通信使の派遣が必要となる。京都を中心にその計画が進みつつあるが、その実現を衷心より期待する。「併合」百年を新しい善隣友好のチャンスにすべきである。

まちづくりと人権文化の輝き

人権文化とは何か

姫路市の人権啓発センターがオープンいたしましたことに、心から敬意を表します。開設に当たり、石見利勝市長をはじめ関係各位のご尽力に敬意を表します。

私は、二十世紀という時代は人権が受難した世紀であるといいつづけてきましたが、二十世紀がどういう時代であったかということを振り返ってみる必要があると思います。

ご存じのように二十世紀の前半には第一次世界大戦、第二次世界大戦が勃発しました。十九世紀にも世界の各地で戦争はありましたけれども、地球全体が戦争の渦に巻き込まれたのは二十世紀前半のことで、核兵器が登場して十九世紀までの戦争とは次元を異にするほど、多くの尊い人命が奪われています。

やっと戦争が終わって新しい時代が始まるのではないかと期待しておりましたが、二十世紀の後半は民族の対立、宗教を巡る争いが次から次へと各地で起こり、今日に至っています。イラクをはじめとする問題しかり、最近の東アジアの緊張した関係しかりです。そればかりではない。二十世紀には環境の汚染が非常に深刻になって、地球の温暖化の防止、生物の多様性の保存、国連を中心に二十一世紀の課題として、環境問題が私どもの前途によこたわっています。

後でも申し上げますが、一九九四年十二月に国連は第四十九回総会において「人権教育のための国連十年」を決定いたしました。そして、行動計画を発表しました。一九九四年のそのときの内閣総理大臣は橋本龍太郎さんでした。政府も国連の人権教育十年に賛同して人権教育十年の本部長には総理大臣自らが就任されました。その国連の決議の中で初めて「人権文化」という言葉を使いました。これはすばらしい言葉です。人権を文化としてとらえる。原文はculture of human rights人権の文化という言葉です。私は、この言葉のとおり、二十一世紀は人権の文化が輝く世紀にしたいと思っており、その内容をしっかり見極めることが大事であることを痛感しております。

現在各地で起こっている民族の対立、宗教をめぐる争い、領土をめぐる紛争、難民の数は、千万をこえるといわれております。

それだけではない、地球の温暖化によって島が沈んでゆく。環境が非常に悪化して難民になっているみなさんが国連の発表では二千六百万とされています。私どもはこんにち食べ物を食べるのにあまり不自由はしておりませんけれども、アフリカをはじめとして飢えに苦しんでいる人類は約八億五千万人といわれています。人権受難の二十世紀は現在もなお続いているといわざるを得ない。

国連は人権文化というすばらしい言葉を使いましたけれども、残念ながら定義はしていないんです。早く定義をしてくれることを望んでおりますが、私の著作集の第六巻には、私がこれまで関わってきた人権に関する論文を集めました。したがって、人権文化を鍵にしています。毎回それらの巻の巻頭には私なりのその巻の目的、内容、成果に触れておりますので、第六巻人権文化の巻では人権文化を定義しないわけにいかない。私の定義が正しいかどうかは国連のみなさんの判断を仰ぐよりほかないのですけれども、私は、人権文化というのは命の尊厳を自覚し、自分の命だけではありません、他人の命、動物や植物の命、命の尊さをはっきりと自覚し、命の尊厳を自覚し自然とともに、人間だけではありません、自然と共に人間が人間の幸せを生みだしていく、その努力とその実りが、人権文化であると定義しております。

人権問題にとって一番大事なのは、命の尊厳を自覚することです。ところが、現実はどうでしょうか。毎日、新聞やテレビを賑わしているのは、親が子どもを殺し、子どもが親を殺し、自殺するみなさんが毎年三万人を超える。こんなに命が軽く扱われてきた時代はありません。そして、差別のために、自らその苦しみや、悲しみに耐えることができなくなって自殺する人も依然として存在します。

アメリカの社会学者E・H・フロムという先生がすばらしいことを書いておられる。十九世紀の世界は神を殺した。ルネッサンス以降科学が発展して神の存在を否定し、無神論ばかりになってきている。二十世紀は人を殺した、人間が人間を数多く殺してきた、というように書いておられる。まさに十九世紀は神を殺し、二十世紀は人を殺してきた。

命の尊さをしっかり自覚しなければ、人権の問題は前進しません。命を軽んずるような人には、人権を論ずる資格は全くありません。戦争は人間の命を奪う、最大の人権侵害です。

私は原爆の日、八月六日に毎年黙禱を捧げておりますが、平成二十一年(二〇〇九年)、原爆慰霊碑の前で広島県の矢野小学校六年生の矢埜哲也君、同じく広島の五日市小学校の六年生の遠山有希さんが述べられた平和の誓いの言葉に大変感動いたしました。

平和の誓い

「平和への誓い」の全文のはじめの部分だけを読みます。この文章はおそらく小学校の先生が矢埜君や遠山さんと相談しながら、作られた文章ではないかと思いますけれども、すばらしい。

「人は、たくさんの困難を乗り越えてこの世の中に生まれてきます。お母さんが赤ちゃんを生もうとがんばり、赤ちゃんも生まれようとがんばる。新しい命が生まれ、未来につながっていきます。それは『命の奇跡』です。」――命というものがこの世に誕生するまでには、単に精子と卵子が結合しただけでは命は誕生しません。この文章が見事に物語っているように、お母さんが一生懸命に赤ちゃんを生もうとがんばり、赤ちゃん自身がこの世に生まれてこようとがんばって誕生してくる。まさに命の奇跡です。だから、おめでたいんです。私どもが、赤ちゃんが生まれたらおめでとうと申し上げるのは、その命は奇跡の誕生だからです。かけがえのない命です。「しかし、命は一度失われると戻ってきません。」――そのとおりです。命は再びよみがえらない。人間にとって一回限りの命です。「戦争は、原子爆弾は、尊い命を一瞬のうちに奪い、命のつながりをたち切ってしまうのです。」――この文章を朗読しておられる声を聞きながら、私は改めて感動いたしました。命の奇跡を、見事にこの文章はうたっている。その命が軽んじられているわけです。

その次に「世界人権宣言」の前文と第一条に注目したいと思います。一九四八年十二月十日、国連は第二次世界大戦の反省に立って、第三回の国連総会で世界人権宣言を採択しました。ですから現在でも法務省などが、毎年十二月十日を中心に人権週間という週間を設けています。人権啓発センターが、本年の人権週間を前に姫路市で誕生しました。まず最初の仕事としては、人権週間に有意義な催しを行っていただきたい。

なぜ毎年十二月十日を中心に人権週間があるのかといえば、世界人権宣言が採択されたのが一九四八年十二月十日であったからです。立派な前文があって、三十条から成り立っている。第一条だけを紹介いたします。人権問題を考えるときに非常に大事な事柄が書いてあります。

「すべての人間は、生まれながらにして自由であり、」――よく人間は生まれながらにして平等であるといいます。それはとんでもない間違いです。豊かな家に生まれる人もあれば、貧しい家に生まれる人も、差別の苦しみに、迫害に耐えてきた家に生まれる人もある。人間は生まれながらにして平等ではありません。不平等です。けれども人権宣言がいうように不平等なんだけれども人間は生まれながらにして自由を持っている。これはほかの動物と違うところです。動物は自分の意志で未来を切り開くことはできません。人間も過ぎ去った過去はどんなに反省しても取り戻すことはできませんが、人間には自由がありますから、心がけ次第で明日の人生は変えることができるのです。これはほかの動物と最も違うところです。心がけ次第で、差別を許さない人間に変わっていくことができるんです。差別をしない人間と差別を許さない人間は全く違います。

差別を許さない人間に

「人権なんて問題は言われんでもようわかっています、差別が悪いってことはよく知ってます、差別はしません」、こういう人が多いと思うんです。今さら人権啓発センターなんて作らなくてもいいじゃないか、寝た子を起こすことになるというような人もおられるかもしれません。

差別をしない人間がどんなに増えても、差別はなくならない。なぜなら、他人の差別は傍観しているからです。自分がしないだけであって、他人の差別は黙って見ているわけです。差別をしない人間だけが増えて、人権問題が解決するなどと思っていたらとんでもない間違いです。差別を許さない人間をどれだけ多く作っていくかということが大事なんです。そういう人間が作れるのは、人間は生まれながらにして自由であるからです。

そして、世界人権宣言は「かつ、尊厳及び権利について平等である。」と書いています。これが大事です。命の尊厳と、人間が人間としての生きていく権利、これが平等なんです。生まれながらにして平等ではありません。生まれながらにして平等であれば、苦労しなくても平等な世界にできるはずです。人権啓発センターなどは不必要です。差別を許さない、命の尊厳と人間の権利について平等であることを自覚する人間をどれだけ作っていくかということが、姫路市の人権啓発センターの目的でなければならないと、私は考えております。

今日は、抽象的な理論的な話ではなくて、私自身が経験してきた問題を具体的に申し上げてご参考に供したいと思います。

私が被差別部落の問題に直面しましたのは京都大学の三回生、一九四九年です。京大の三回生、戦後間もない時代でしたから、先生が足りない。京都府立の園部高等学校でも日本史の先生が一人だったのです。たまたま山陰線で、私がお世話になった中学校の担任の先生にばったりお会いしました。

岡田四郎という立派な先生で、「上田君、今どうしているんや。」「京都大学へ通学しています。」「何を勉強してるんや。」「歴史を学んでいます。」「ちょうどええ。今自分が校長をしている園部高校の歴史の教師になってくれ。」教員免状がありませんので、「免許状がありませんが。」と言うたら、当時は助教諭という制度があった。免状がなくても助教諭というポストがありまして、免状がなくても助教諭として講義はできるということで教壇に立つことになりました。

当時は生徒会活動が盛んで、戦後の民主主義のはじまりの時代でした。部落出身の生徒さんが自治会長に立候補して、演説をしている最中に、その生徒を差別発言でやじる生徒がいたんですね。私はその場におりませんでしたが、彼は落選しました。

お父さんに訴えた。お父さんは部落解放委員会（後の部落解放同盟）に提起して、部落解放委員会は園部高校糾弾闘争を組織しました。私が教壇に立って二週間ぐらいたったときです。

岡田校長先生は、君は学生だから糾弾を受ける必要はない、帰りなさいといわれたんですが、教師として二週間教壇に立っておりますから責任があると思って糾弾の末席に連なりましたが、激しい糾弾です。一人一人が糾弾される。私に番が回ってまいりまして、本当に初めて、民主主義を標榜しているこの日本国に部落差別が厳然としてあるということをそのとき学んだのです。しかし、そのすさまじい糾弾を教員だけが残ってうけても、それだけでは前進しない、と思いましたので、部落差別の重要性を学んだけれども、今やっておられるような糾弾だけでは問題は解決しないのではないかと申し上げて、糾弾会を終わって帰ろうとしたら、部落解放委員会から電話があって、上田を寄こせというので、部落の公民館にまいりました。

後に部落解放同盟の中心になられる三木一平さんたちが待っておられて、「上田君、君は若いけれども見込みがある。部落問題に協力せよ」ということで、京大の三回生の時から部落問題に関わりを持つようになり、卒業後すぐに部落問題研究所の研究員になりました。

そして、京都大学を出て一九五〇年の七月三十日付で京都府立の鴨沂高等学校の教師になったわけです。三年十一組の担任をいたしましたが、そのクラスの中に在日の朝鮮の生徒がいました。京都の高野のA君のお宅を訪問いたしましたら、自分がいかに小学校、中学校で差別されてきたかということを涙を流しながら訴える。

「A君、そんなのに負けたらあかんよ」と、こういう本を読めと励ましておりましたら、A君が行李の底から出してきた茶色い写真がある。なんとそれは、前にも言及した三・一独立運動のときに立ち上がったみなさんが日本の憲兵によって銃殺されている写真です。

私は目から鱗が落ちまして、A君はこういう差別を背負って生きているのかと、A君に教えられて、以来、在日の問題にも関わってまいりました。大変不十分ですけれども部落問題、在日の問題には現在も関わり合いを持って現在に至っています。

平成六年（一九九四）は、延暦十三（七九四）に長岡京から都が京都、平安京に遷ってちょうど千二百年です。知事さん、市長さん、商工会議所の会頭さんたちが中心になって、平安建都千二百年協会をお作りになり、私は京都大学の教授でしたけれども、理事になってくれということで、理事になりました。イベントばかりで千八百件のイベントが展開された。

私は、知事さんにも市長さんにも、ちょっと待ってくださいと申しました。明治二十七年（一八九四）、平安遷都千百年、京都はいろんな事業をやりました。平安神宮を造る。現在の京都観光の重要な拠点の一つになっていますが。これは実際にできたのは明治二十八年、桓武天皇を祭神に、市民が神宮を建てた。京都・舞鶴間に鉄道を敷設、これは今日の山陰線です。第二疏水を完成する。我が国で初めて水力発電を始めたのは疏水の水を使った京都です。市電を運行したのもそのときです。第四回内国博覧会も実施します。

世界人権問題研究センターの設立

平安遷都千百年のときに我々の先輩はすばらしい事業をやったけれども、人権の視角は全くなかった。だから今度の千二百年では世界人権問題研究センターを作ってほしい、という要望を申し上げまして、平成六年の十一月二十二日、京都府認可ではなく文部省認可の研究財団として正式に認可をとりまして、平成六年の十二月一日にオープンしたのが、現在私が理事長をしている世界人権問題研究センターです。

今所長以下研究員が九十七名おります。第一部会は国際人権。先ほどお聞きしますと上杉孝實先生がこの啓発センターの名誉所長になられたということで大変よかったと思っておりますが、上杉先生は私どものセンターの第一部会のメンバーの一人です。第二部会は部落問題、同和問題。第三部会は在日外国人の人権問題。第四部会は女性の人権の問題。第五部会は人権教育の部会です。現在九十七名の先生方が研究に参加していただいておりまして、現在の国連の事務総長は韓国の外務大臣をおやりになったパン・ギムン（潘基文）先生ですが、パン先生からも「アジアで唯一の研究センターで、どうかがんばってください」とおっしゃっていただきました。所長は安藤仁介先生、国際法の権威ですが、国連の人権委員会の有力メンバーでした。第一部会の部会長は、国連人権理事会の諮問委員だった坂元茂樹先生です。

なぜ、京都でこういうセンターが必要なのか、京都府議会でも、京都市市議会でも質問が出ました。それは、京都の歴史は人権の歴史と深いかかわりあいを持っているからです。

平安時代の法律に関する書物である『政事要略』の長徳三年（九九七）のところに延喜年間（九〇一―九二三年）に出た法律が載っています。「奴婢《ぬひ》を停止《ていし》し了《おわ》んぬ。」家内奴隷を日本では奴婢と言いました。三世紀の『魏志倭人伝』の邪馬台国の記載の中にも数多くの奴婢の記載がある。この奴婢解放令を出した都は平安京です。

そして、弘仁元年（八一〇）から保元元年（一一五六）までの間、平安京に都があった時代ですが、死刑が一例もない。こんな首都は世界のどこにもない。

京都にはすぐれた名園があります。室町時代の庭園が圧倒的に多いのですが、金閣寺は、正しくは鹿苑寺です。鹿苑寺に金閣という建物があるので、俗に金閣寺と言っています。慈照寺の中に銀閣と称する建物があるので銀閣寺と言っているわけですが、鹿苑寺・慈照寺や天龍寺の庭にしても、西芳寺（苔寺）などの庭にしても、みごとな庭はいったい誰が作ったのか。山水河原者《せんずいかわらもの》と呼ばれた、差別された庭造りの人たちが、あの名園を作ったのです。

京都の観光には人権の視点がないと、本当の意味の観光はできません。そこで世界人権問題研究センターでは毎年人権ゆかりの地の講座を開催いたしまして、人権ガイドを養成しております。受講生の中から京都観光の一翼を担って人権の視点からガイドしていただいておりますが、これは京都だからできる。

その差別された河原者が、次のような名言を書いているんです。同志社大学のそばの相国寺の中に鹿苑寺という頭塔《たっちゅう》があり、その寺の住職（僧録司）が書いた「鹿苑日録」という日記です。その延徳元年（一四八九）の六月五日のところを読みますと、「又曰く。」——差別されている河原者の又四郎（善阿弥の孫）が鹿苑寺の和尚にいう、「一心に屠家に生まれしを悲しみとす。」――自分は獣の皮をはぐ、それで差別される家に生まれたのが悲しいと、だからこそ「故に物の命は誓うてこれを断たず、又財宝は心してこれを貪らず。」――何というすばらしい言葉でしょうか。差別されている又四郎だからこそ、こういう言葉がいえるのです。

京都の庭園の文化を支えたのは被差別の民衆です。そのことを忘れて京都観光をされても、それは本当の意味の観光ではありません。そもそも観光という言葉の由来は、中国の五経のひとつの『易経』にある「観国之光」――国の光を見るのが観光なんです。おいしいものを食べて、どんちゃん騒ぎをするのが観光ではありません。

そして、大正十一年（一九二二）の三月三日、京都岡崎の公会堂で全国水平社が設立されました。全国水平社は京都で誕生したんです。あのすばらしい創立宣言は日本の人権宣言です。その京都が、国際的に人権問題を研究するセンターを作らないでどうするのかということを声を大にして申し上げました。国連からも評価していただいておりますし、アジアの人権問題に関心のあるみなさんには訪問していただいております。

京都のまちづくりの中核に人権センターは存在しているわけです。まだまだ微力ですけれども、しかし、その業績は評価されており、したがって、私どもの研究所のセンターの第一部長が国連人権理事会の諮問委員になったりしているわけです。

人権のまちづくり条例

私は堺市の学術顧問もしております。なんで堺市の学術顧問をしているかというと、大阪女子大学の学長を二期六年させていただいた、そのご縁で当時の市長さんが、学長をやめてから、「先生、堺市の学術顧問として、色々提言して下さい」ということで、議会の承認を得てできた人権のまちづくり条例の座長もつとめました。

人権で堺のまちづくりをする条例です。そして、その具体化として、平和貢献賞というのを堺市は作りました。選考委員は国連の人権次長であった明石康さん、裏千家の大宗匠の千玄室さん、大阪大学名誉教授の川島慶雄さん、法政大学教授の多谷千香子さんと私の五名です。私が委員長をしておりますが。この賞は人権まちづくりのシンボルとしてできたんです。大賞が三百万円、奨励賞も二点出しておりますが、この授賞式のときにも自治体と人権とがいかに大事かということを痛切に思います。

第一回の受賞をしていただいたのがスリランカのジハン・ペレラ（Jehan Perera）先生。スリランカの平和のために政府の圧政に抗議して、ガンジーと同じように非暴力で平和の運動をしておられる方に、第一回の大賞を差し上げました。

日本政府の賞であれば、スリランカ政府を批判している人物に賞をあげるわけにいかない。けれども自治体である堺であれば、反政府運動の人物にも賞をあげられる。国でできないことが自治体でできる、いい例です。その三百万円が契機になりまして、スリランカの和平が実現しました。堺市はすばらしいことをしたと思っています。ただし、いつまでこの平和が続くか心配ですけれども、今のところ対立はなくなっている。ジハン・ペレラ先生がその平和の先頭に立っておられます。

第二回は在日の尹基《ユンキ》先生に差し上げました。在日の高齢者を中心とする「故郷の家」の運動を堺、大阪、神戸などで展開しておられます。第三回はミャンマーの有名なアウンサンスーチーさんに受賞していただきました。

一九六五年、ユネスコがすばらしい教育の方針を打ち出しておられます。それを打ち出したのは、ポール・ラングラン先生です。ユネスコは世界文化遺産を決めているところで、わが国の世界文化遺産の第一号には法隆寺と姫路城が登録されたことは言うまでもありませんが、そのユネスコのポール・ラングラン先生が、成人教育部長であった一九六五年に「生涯教育」「生涯学習」ということを言い出した。文部省も生涯学習局を作りまして、それまでの社会教育局を生涯学習局に改めて、今、文部省の筆頭局として活躍しており、姫路市でも生涯学習が展開されています。

しかし「生涯学習」のいい加減な解釈が多い。「生まれたときから死ぬまで生涯学習すること」というのは誤解です。とかく家庭教育、学校教育、社会教育はみなばらばらにやっている。原文はintegrationと書いていますが、家庭も学校も社会もその学習を体系化し、統合した教育方針で教育をやらなければ、学習は完成しない。ところが、いま全国で行われている生涯学習と学校教育は関係がないように思っている人が多い。そして、大事な目標に掲げたのは、異文化の相互理解です。日本人が中国の文化を正しく理解する、朝鮮半島の文化を正しく理解する。中国の人に日本の文化を正しく理解していただく。異文化の相互理解、人権学習が大事であるということを、ユネスコが提唱したんです。

私は非常に感銘し、京都市の生涯学習の基本方針は私が中心でまとめましたし、亀岡市の生涯学習構想も私が中心でまとめました。亀岡市は昭和六十三年（一九八八）関西で初めて生涯学習都市を宣言いたしました。約十万の都市ですけれども、生涯学習のセンター「ガレリア」を二百億円で建設いたしました。私が提言で言ったのは二億ですが、市長さんは百倍にした建物を建てられた。えらいことになったと思っておりましたが、おかげさまで毎年五十万を超えるみなさんが利用していただいています。会場を早く予約しないと、会場がとれない状況になっています。

一番大切な「心を発明すること」

その中で、私が強く言ったのは、亀岡で生まれた生涯学習の先駆者がいるじゃないか、ということです。それが、前にも述べた石田梅岩先生です。

京都府の亀岡市は、その大阪府寄りの東別院町の東掛《とうげ》というところ、貞享二年（一六八五）、丹波国桑田郡東掛村に生まれたのが石田勘平、後の石田梅岩です。

農家に生まれて、十一歳の時に京都に奉公に出て十五歳で一度郷里に帰ってきます。そして、弟子が書いた記録『石田梅岩先生事跡』に書いてありますように、「先生廿三歳の時、京都へ登り、上京《かみぎやう》の商人《あきないびと》何某《なにがし》」これは黒柳という呉服屋です。「の方《かた》へ奉公に在付給《ありつきたま》へり。」はじめは、神の道、神道を、「志したまふは何とぞ神道を説弘《ときひろ》むべし。」神道を広めようと努力する。「若聞《もしきく》人《ひと》なくば、鈴を振り町々を廻りて」「人の人たる道を勧めたしと願ひ給へり。」人間が人間らしく生きていくことを願っておったということが書いてあります。

四十五歳のとき、享保十四年（一七二九）、京都の車屋町御池上ルで塾を開く。番頭出身の、特定の学派に付いたわけではない。その先生の学派が石門心学で、人間の道で一番大事なのは心を発明することだ、ということをいうんですね。この言葉はいい言葉ですね。

今、学校教育で心の教育と言っていますが、「心」の学問を最初に始めたのは石田梅岩です。そして、そのとき開塾に当たって掲げた言葉が先駆的です。「席銭入り申さず候。」聴講料はただでございます。「どなたさまにてもお聞きくだされたく」と。それだけではない。「女中の方も」、女性に受講を呼びかけている。十八世紀の前半に女性に学問をすることを勧めた学者が梅岩以外に誰がいますか。「女中の方もどうぞ奥へお通りくだされたく」と。事実、梅岩門下からは女の心学者が出てきます。とくに、江戸の心学で活躍した慈音尼兼葭《じおんにけんか》という尼さんは、梅岩の有力な弟子です。

そして、梅岩は、人の人たる道、特に商人の出身ですから、前述しましたように商いというものは卑下するものではないということを説きました。「我教ユル所ハ商人ニ商人ノ道アルコトヲ教ユルナリ。全《すべて》士農工ノコトヲ教ユルニアラズ」、武士のことや、農民のことなどを教えるのではなくて、商人のことを教えると。「売利ヲ得ルハ商人ノ道ナリ」、金儲けは商人の道であって、恥ずかしいことでもなんでもない。「元銀ニ売《うる》ヲ道トイフコトヲ聞ズ」、元値のとおりに売るのでは商売が成り立たない。荻生徂徠は日本朱子学の大成者として高く評価されていますが、その徂徠が『政談』の中に、「商人は不定なる渡世をする者故《ゆえ》、善悪右に云《いう》が如し。然れは商人の潰《つぶ》る、ことをは嘗《かつ》て構《かもう》間敷也《まじきなり》。」商人がつぶれてもそんなものはほっといたらいい、と書いています。

林子平についても先に言及しましたが、寛政の三奇人といわれた高山彦九郎、蒲生君平とならぶ、その一人です。林子平は開明派の学者で、江戸の水はロンドンにつながるということを言ったスケールの大きい学者ですが、その林子平が幕府への意見書「上書」の中で、「町人と甲候《もうしそうろう》は只諸人《しょにん》の禄を吸取《すいとり》候計《ばかり》にて外《ほか》に益なき者に御座《ござ》候《そうろう》。」と言っています。

こういう考えの横行している中で、梅岩先生が、封建社会の身分制の過ちを指摘し、今で言えば男女共同参画、女性にも学問することを呼びかけた。こういう先生が亀岡から出ているではないか、ということで毎年、「石田梅岩賞」という生涯学習の大賞のほか「ゆうあい賞」や奨励賞を作り、全国から推薦いただいて受賞していただいております。

京都、堺、そしてわがふるさと亀岡で、私なりにまちづくりに努力して今日に至っているわけです。

人権問題については、誤解している人が非常に多い。人権というのは、個人の尊厳を守ることだけが人権だと思っている人が多いんです。だから、プライバシーということをやかましく言う。日本国憲法の第十三条に、すべて国民は個人として尊重されると書いてある。もちろん個人の権利は大事ですが、他人の権利も尊重しなければ人権問題は解決しません。己の権利ばかりを言っていたのでは、人権問題は前進しない。

人権教育

私は国連は、非常に前進したと思っています。一九四八年の十二月、世界人権宣言が出ました、人権宣言は、所詮、宣言です。罰則の規定はない。国連はこれではだめだというので、一九六六年の第二十一回国連総会で初めて、人権に関する国際法を採択しました。それが国際人権規約です。以後続々と人権に関する国際法ができています。女性差別撤廃条約、人種差別撤廃条約、子どもの権利条約、国連が定めた三十ばかりの国際法の人権規定があります。

国連は、政治、経済、軍事の問題ばかりをとりあげると思っておられたら、間違いで、国連は人権と環境も重視して、世界平和のために活動を続けているのです。

それぞれの部門に次長がいる。事務総長は、パン・ギムン（潘基文）さんですが、人権の次長さんもおられれば、環境の次長さんもおられる。それぞれ委員会が国連の中でできている。人権問題は重視されておりまして、人権理事会という理事会が国連にはできています。

その国連が一九九四年の第四十九回総会で人権教育の十年を採択し、人権文化の規定はしておりませんが、人権教育の定義はしているんです。その定義がすばらしい。これはぜひ読んでしっかり勉強して頂きたい。一九九四年十二月、「人権教育のための国連十年」を採択する際に国連総会は、人権教育を次のように提唱し、定義しました。「あらゆる発達段階の人々（小さい人から年寄りまで）、あらゆる社会層の人々（政治家はもちろん、先生、商売をなさっている方、農業をなさっている方々）が、他の人々の尊厳について学び、またその尊厳をあらゆる社会で確立するための方法と手段について学ぶための生涯にわたる過程が人権教育である」と、国連が規定しています。

私が、国連が前進したというのは、「他の人々の尊厳について学び」とはっきり書いていることです。自分の尊厳はもちろんですけれども、他人の尊厳をないがしろにして、自己の尊厳だけを言うのではない。われもよければ、他もよしでなければ、人権の文化が輝く社会はできあがりません。

わが国は国際人権規約、選択議定書は批准しておりませんが、女性差別撤廃条約、子どもの権利条約、人種差別撤廃条約などを批准しております。日本国憲法第九十八条の第二項をお読みください。「日本国が締結した条約及び確立した国威法規はこれを誠実に遵守することを必要とする」とはっきり書いてある。

日本国憲法は基本的人権の尊重をうたっておりますけれども、主語はすべて国民です。在日外国人の人権保障は、日本国憲法のどこにもうたっておりません。そういう点では不完全です。けれども国際人権規約を批准しておりますから、在日外国人の権利保障もしなければならない。事実、法廷闘争で勝利している事例がいろいろとあります。日本国憲法には規定していないけれども、日本国が批准した人権に関する国際法は、裁判のおりにも適用されます。

人権と環境

そして、人権の問題は環境の問題でもある。なぜなら、環境の問題は命の問題だからです。地球が温暖化して生物の多様性が否定されつつある。人間の命が危ない。動植物の多様化も危ない。

第三回「水フォーラム」が京都で開かれました。私は世界人権問題研究センターの理事長として会議に出たいと思っておりましたけれども、知事さんからも市長さんからも案内状が来ない。しょうがないので国際会議場へ出かけて、会場に行ったら、人権の団体の方はほとんど来ていません。環境のみなさんばっかりなんです。

これとは逆の場合もそうです。人権の問題は命の問題ですから、環境の問題に繋がるんです。人権の会議に環境の団体の方は参加しない例が多い。部落解放を熱心に進めているみなさんは、環境問題も自分たちの差別の問題とつながりがあるんだということをしっかり把握していただきたい。そして、部会へ出たインドネシアの代表が、水の問題は人権の問題であるということを強く主張されました。私は全く同感です。

いま、世界人権問題研究センターでは、第六の部会として、環境と人権などの部会を作ろうとしておりますのは、環境問題は人権問題と関係があるからです。

地球温暖化防止の条約、気候変動枠組条約は、一九九七年の十二月、京都の国際会議場で採択されました。したがって、これを京都議定書というんです。京都議定書は国際的に有名です。フランスへ行きまして話をした時に、「あっ、あの京都議定書の都市ですか」という先生がたくさんおられました。

しかし、肝心のアメリカが脱退し、ロシアが批准しなかった。なかなか効力を発しなかったのですが、やっとロシアが批准して、効力を発した。忘れもしませんが、二〇〇五年二月十六日、京都議定書は有効になりました。

そこで京都では、それを記念する集いを持ちまして、ケニアの当時環境副大臣だったワンガリ・マータイさんをお招きした。私もその講演を聴きにまいりまして、すばらしい講演でした。最後に、日本語の「もったいない」という言葉ほどすばらしい言葉はないということを言われた。無駄遣いをしない、それは環境の問題にもつながります。

その「もったいない」という日本語はすごいということを、私もワンガリ・マータイさんに言われて、なるほどなあと思って、「もったいない」という日本語はいつごろから日本で使うのかと、調べてみました。鎌倉時代でもはっきり「もったいない」とあります。たとえば『宇治拾遺物語』に「もったいない」とあります。驚いたのが『太平記』、楠正成やら、足利尊氏が戦った時代の物語『太平記』の中にも、「もったいない」が使われている。「大家の一跡、此時断亡せん事もったいなく候」と記されています。物がもったいないばかりでなく、大家が断絶してゆくのをもったいないと言っている。命の尊さをしっかりうけとめて、命のもったいなさも考えなければ、人権問題は前進しません。

差別の中で苦しみ悲しんでいる人、命を絶つような人があってはならない。黙認してはならない。そのような差別は許してはならない。差別をしない人間から差別を許さない人間にどう変わっていくか。人間ならできる。なぜなら、生まれながらにして自由であるからです。

最後に、日本語がすばらしいなと思うのは、「おかげさま」という日本語があるのです。このごろあまり使われません。特に、若い人は使いません。「お元気ですか」「おかげさまで」――私どもの小さいときから、日常会話に盛んに、「おかげさまで」がありました。両親、お父さん、お母さんのおかげもあれば、家族のおかげもある。先生や友人、知人のおかげもありますし、神様、仏様のおかげもある。

伊勢神宮へお参りするのを「おかげ参り」と江戸時代の人は言いました。平成二十五年は伊勢の第六十二回式年遷宮でした。したがって、平成二十六年は「おかげ年」です。江戸時代には遷宮の終わったあくる年を伊勢の大神のおかげが多い年というので、遷宮の翌年をおかげ年と呼んでおります。

父、母への感謝、友人、知人への感謝、神、仏への感謝――これが東洋でいう人道です。感謝の心を忘れては、人権問題は前進しません。

『延喜式』というのは延喜五年（九〇五）、醍醐天皇の時に編纂が始まり、延喜元年（九〇一）に菅原道真は大宰府に左遷されて延喜三年の二月二十五日に亡くなりました。道真が亡くなってからまもなく、延喜五年から編纂が始まって、延長五年（九二七）に完成した五十巻の書物です。その第八巻に、当時神様に奏上していた、祝詞《のりと》が載っています。その中で、何々と「宣《の》る」という祝詞は古いんです。神職の方があげる祝詞は「かしこみかしこみも申す」と言って「申す」で終わりますね。『延喜式』には「申す」という祝詞と何々と「宣る」という祝詞と二通りがありまして、何々と「宣る」という祝詞の方が古いのです。その古い祝詞を見ますと、たとえば、二月の祈年《としごひ》の祭の祝詞は現在の神職の祝詞と全然違います。いまの祝詞の多くは、「これだけのものをお供えいたします。どうかこういうおかげをくださいませ」といって神さんにお祈りするでしょう。お賽銭をほりこむ。これだけお賽銭をあげますから、これだけご利益をくださいというような取引のご祈禱では一切ないんです。ただ、感謝だけです。われわれの祖先は感謝の「おかげ」を信じていました。人間は一人で生きているのではありません。自然のおかげをはじめ多くの人びとのおかげで生きている。

人間という字は、すごいと思います。人の間です。人間には仲間がいるんです。そして、人という字は、ひとつの字画をもうひとつの字画が支えている。人間は支えられて生きている。自分ひとりで生きているのではない。

食事の時に「いただきます」と言いますが、野菜や肉などをいただいているわけです。命をいただいている。だから、「いただきます」といって手を合わせて感謝する。他の動植物の命をいただいて、私どもは生きているわけです。

繰り返し申しますが、個人の尊厳は大事です。けれど、他の人々の尊厳もしっかり把握する必要があります。そして、命の尊厳を自覚し、自然とともに人間が人間として共に新しい歴史や文化を生んでいく。幸せを築いていく。その努力の成果が人権文化です。

二十世紀は人権受難の世紀でした。二十一世紀はなんとしても、人権文化が輝く世紀を打ち立てなければと願っています。

東日本大震災の教訓

未曾有の災害

二〇一一年の三月十二日には、私は東京の日本プレスセンターで、二〇一二年の『古事記』千三百年にちなむ講演を控えていた。その前日の三月十一日の午後二時四十六分にマグニチュード(M)九・〇の大地震が勃発した。大地震大津波だけではない。福島第一原発の事故による放射能汚染、天災と人災が複合しての日本史上未曾有の東日本大震災となった。

死者一万五千八百八十三人、行方不明者二千六百五十四人、放射能汚染からの避難民の数はおよそ十三万人という(二〇一三年九月十一日現在)。行方不明者がいまだに二千六百名をこえているのは大津波のためであり、福島第一原発の事故も大地震だけでなく、大津波によるところが少なくない。

東日本大震災の直後、五月の雑誌に、権威のある地震学者が大津波は「想定外」であったという論文を発表されているのを読んで愕然とした。政治家の「想定外」という発言も無責任だが、三陸沖の大津波は近くは昭和八（一九三三）年や明治二十九（一八九六）年にあり、古くは貞観十一（八六九）年五月二十六日に、今回とほぼ同じような大津波があった。そのことは六国史の最後となった『日本三代実録』に詳述されており、菅原道真が編集した『類聚国史』の「災異部五」地震の項目のなかでも詳しく記されている。同年の予震二回ばかりではない。同年の余震四回の記載もある。

東日本大震災でまず想起したのは、京大の学生時代に熟読した東大の物理学者寺田寅彦教授の「日本人の自然観」であった。昭和十年（一九三五）の十月、岩波講座『東洋思潮』に発表されており、同年の十二月三十一日に、五十七歳の若さで亡くなっているから、最晩年の論文といってよい。

「追記」で和辻哲郎の『風土』や友人の小宮豊隆や安倍能成《よししげ》に暗示をうけたと書いておられるが、その論文のなかで、台風・地震・火山の爆発・津波など、気候学的・地形学的に、「厳父」の「刑罰」があるにもかかわらず、「母なる大地」の「天恵の享楽にのみ夢中になって天災の回避を全然忘れているようにみえる」といましめている。

自然を克服して発達してきた「西欧の科学を何の骨折りもなくそっくり継承した日本人」が、かつて自然にいかに調和するか、その知恵と経験を蓄積してきた学問のありようをすっかり忘れてきた「厳父の刑罰」の警告を、東日本大震災のなかで改めて痛感した。

コミュニティの再建と文化の創生

平成十四年（二〇〇二）五月二十六日、深刻な環境問題に対処するために「鎮守の森をはじめとする社寺林や沖縄のウタキなど」聖なる樹林を守り活かすことを目的に内外の有志によって結成された内閣府承認のＮＰＯ法人「社叢学会」は、昨年の八月、研究者をＡ班・Ｂ班に編成して被災地の調査を三度（予備調査などを含めると計七回）実施した。これまでの十年間に積み重ねてきた研究と技術を、被災した社叢の復興と再生に活かしたいと願ったからである。

低地の神社は潰滅的な被害をうけたが、高台に鎮座する神社と鎮守の森は多くの人びとの避難所となった。鎮守の森が地域共同体のコミュニティセンターとしてはたしてきた役割をどう再現するか、あらたな課題にとりくんでいる。幸いに被害をまぬがれた鎮守の森での復興祈願のまつりで奉納された民俗芸能の踊りや舞が、人びとを勇気づけたというエピソードを数多く知った。

二〇一一年の十一月十六日、東京の学士会館で、社叢学会の名誉顧問であるドナルド・キーンさんと学会の理事長をつとめている私とが、「東日本大震災をめぐって」対談したが、そのおりキーンさんが、日本では大震災をテーマにした文学作品があまり残っていないのはなぜか、と私に質問された。たしかに大火・台風・洪水など、もののあわれ、世の無常を作品にした鴨長明の『方丈記』や小松左京の『日本沈没』などはあっても、震災を舞台とする文学はきわめて少ない。寺田寅彦がいう「自然に逆らう代りに自然を師として、自然自身の太古以来の経験を我が物として自然の環境に適応するようにつとめてきた」自然観にもとづくためであろうか。

二〇一〇年の流行語のひとつが「無縁（社会）」であり、二〇一一年の流行語が「絆」であった。実際の現実は我よしの「無縁」の社会であり、大震災のあったおりに、心の「絆」の大切さが叫ばれる。心の「絆」を強調するその他方で被災地の放射能に汚染されていない公認のがれきの受入れを拒否する人もかなりいる矛盾、いまの人間のウラとオモテをいみじくも象徴している。

いまや多くの家庭は建物としての「イエ」となった。生活共同体の「ウチ」ではなく、夫婦の会話すら少なく、食事も家族がそろってする家庭は減っている。

原発依存のライフスタイルも根本的に変えざるをえない。急流の多い日本ならではの地域ごとの水力発電など、新しいエネルギーの開発が不可欠となる。

大震災で心の「絆」がよみがえっての義援金や物資の支援だけでなく、被災地の要望を前提に、資金と雇用、技術の提供と企業の復興、さらにコミュニティの再建と文化の創生を応援すべきではないか。

＊海外からの支援も予想以上に多かったが、台湾赤十字組織が総計六十七億円の支援をされ、私が選考委員長をしている堺市平和貢献賞の大賞を受賞していただいたことを付記する。

島国日本と島嶼連合
——むすびにかえて

国際と民際

国際という漢字の熟語は、明治六年（一八七三）に、インターナショナルの訳語として、たとえば法学者の箕作麟祥が使っている。神話という漢字の熟語が、ギリシア語のミュートスから生じた英語のmyth、独語のMythe、Mythusの訳語であるのと同様である。

国際のイメージとしては国家と国家の関係が濃厚だが、国際を内実化してみのりあるものにするためには、民族と民族のまじわり、いわゆる民族際、さらには民衆と民衆の連帯すなわち民際が不可欠となる。

私がはじめて訪中したのは、前にも述べたように昭和四十九年（一九七四）の五月であった。京都市が陝西省の省都西安市（長安）と友好都市を締結したおり、船橋求己市長の要請でその訪中団に参加した時である。当時はまだ北京へ直行航空便はなく、まず香港へおもむき、香港から列車で深圳、深圳から広州へと向かった。その先々で熱烈な歓迎をうけた。

自治体外交が国家による外交ではできないことをなしうることを実感したのも、その旅の成果であった。そして民衆と民衆のまじわりが、国際をほんまものにすることを学んだ。私が「民際」という言葉を使うようになったのはそのさいからである。

翌年の五月、中国側の招聘で京都市学術代表団の団長となり、西北大学・交通大学などで遣隋使・遣唐使を中心とする日中関係史を講義した。政府の要人が、いまは遺倭使の時代だと強調されたことを改めて想起する。爾来訪中の回数は十五回になる。

西北大学名誉教授・首都師範大学客員教授・中国社会科学院古代文明研究センター学術顧問など、私と中国との関係はかなり深いが、尖閣諸島の領有問題をめぐって戦後の日中関係がこれほど悪化した時期はなかった。いまこそ民際がますます必要となっている。

大韓民国とは外交関係があるけれども、朝鮮民主主義人民共和国との間には外交関係は全くない。いわゆる北朝鮮とは国際がないから韓国の人びととはつきあうけれども、朝鮮人や在日の朝鮮人とはつきあわないという日本人がいる。

また朝鮮半島は朝鮮戦争の結果として三十八度線で分断されているために、北と南とでは民族が異なるかのように錯覚している人びとがいる。しかし朝鮮半島の民族は、北も南も同一民族であって、日本民族と朝鮮民族との民族際では北も南もない。

たとえば高句麗の建国神話と百済の建国神話を比較するがよい。高句麗の長壽王二年（四一四）に建立された有名な広開土王（好太王）碑の冒頭には、建国の始祖鄒牟《すうむ》王の神話が明記されているが、一一四五年に高麗の金富軾がまとめた『三国史記』の「高句麗本紀」の始祖の条には、「始祖、東明聖王、姓は高氏、諱《いみな》は朱蒙。一に云はく鄒牟、一に云はく衆解」と述べる。また『同書』の「百済本紀」の始祖の条には「百済の始祖溫祚王、その父は鄒牟或は朱蒙と云ふ」と記す。
高句麗も百済もその建国神話の始祖は共通であって、同様に鄒牟（朱蒙）とする。そして「百済本紀」は朱蒙が北扶余（松花江流域）から難を避けて、卒本扶余（佟佳江流域の桓仁）に至ったが、扶余王には男の子がなく、娘がただ三人いるだけであった。王は朱蒙をみて「常人（普通の人）に非ずと知り、二番目の娘と結婚させた。しばらくして扶余王が薨じたので、朱蒙が王位をつぎ、二人の男の子が生まれた。長男を沸流といい、次男を温祚といった」と記す。なお「或は云はく、朱蒙が卒本に到り、越郡の女を妻とし二子を生む」とも註記する。いずれにしても、百済の始祖の父は朱蒙（鄒牟）であったとする伝えにかわりはない。

高句麗でも百済でも朱蒙は東明王と仰がれて、東明王陵とする墳墓のまつりはとくに重視された。『続日本紀』の延暦八年（七八九）十二月の条に、桓武天皇の生母高野新笠について、「后の先（先祖）は百済の武寧王の子純陁《じんだ》太子より出づ」とし、「その百済の遠祖都慕《つぼ》王は河伯（河の神）の女《むすめ》、日精（日光）に感じて生める所なり」とみえるのは、広開土王碑などに明記する日光感精型の建国の始祖神話にもとづく。ついでながらにいえばその諡《おくりな》の「天高日知日之子姫尊《あめたかひしるひのこひめみこと》」も、その建国神話に由来する。そして「遠祖都慕王」とは鄒牟（朱蒙）であった。

同じく『続日本紀』の延暦九年七月の条にみえる津《つ》（菅野）真道《まみち》らの上奏文に「百済の太祖都慕大王」とあるのも同じである。古代日本の史料でも百済の始祖が鄒牟（朱蒙）であることは明確に認識されていた。

したがって弘仁六年（八一五）にまとめられた五畿内の千百八十二氏の系譜伝承である『新撰姓氏録』でも「左京諸蕃下」の和朝臣の条に「百済国の都慕王」、百済朝臣の条に「百済国の都慕王」とも書かれたのである。

高句麗の建国神話は『日本書紀』の編纂者にも熟知されていたから、六六八年高句麗が滅んだおりには、天智天皇七年十月の条に「高麗の仲牟王、初て国を建つる時、千歳を治めむことを欲しき、母夫人（河伯の女）の云《い》ひしく「若《たと》ひ善く国を治むとも得《う》べからじ。但し七百年の治有らむ」と高句麗の建国神話の『母夫人』に言及して、その滅亡が予告されていたと解釈し、「今此の国の亡びむことは、当《まさ》に七百年の末に在り」と書いたりもしたのである。

この文にいう「仲牟王」は『三国史記』の「新羅本紀」文武王十年（六七〇）の条に「中牟王」と記すのと同一人物で、鄒牟王にほかならない。

わが国の朝廷にも高句麗の建国神話は伝わっていたから、『日本書紀』の大化元年（六四五）七月の条には、高句麗の使節を「高麗使」とは書かずにその「詔」には「高麗神子奉遣之使」と述べたりもしたのであろう。『新撰姓氏録』の「右京諸蕃下」長背連の条に「高麗国主鄒牟（一名は朱蒙）」、『同』「未定雑姓」河内国狛染部《こまのそめべ》の条に「高麗国の須牟祁王」、狛人《こまびと》の条に同じく「高麗国の須牟祁王」、また『同書』「山城国諸蕃」の高井連の条に「高麗国主の鄒牟王」と記すのは、すべて鄒牟（朱蒙）を指す。

いま、長々と高句麗の建国始祖神話と百済の建国始祖神話が同じであることを述べてきたのは、朝鮮半島北部の高句麗と、朝鮮半島南部西側の百済とが、同一の神話を保有する同じ民族であることをたしかめるためであった。政治的な三十八度線で分断された北と南の民族が別の民族であったとするような偏見にはくみするわけにはいかない。たとえ国交はなくとも、韓国とはまじわるが北朝鮮とはつきあわないというのは、日本民族と朝鮮民族の民族際の立場からいえば、まして民衆と民衆の民際の見地からいってもそれは不当である。

海上の道

日本列島はまわりを海で囲まれている文字どおりの島国である。そして日本列島のおよそ三分の二は山地である。まさしく海・山のあいだに、海民・農民・山民が日本の歴史と文化の基層になってきた。

東アジアのなかの日本の歴史と文化を究明しなければ、日本の実像を明確にできないことを、私は一九六〇年代からくり返し強調してきた。そして朝鮮半島や中国大陸とのかかわりを重視してきた。

だが私は決して海上の道を軽視してきたわけではない。薩南諸島・沖縄さらに太平洋の島国とのつながりも忘れるわけにはいかない。したがって沖縄が本土に復帰する以前から沖縄をはじめとする南島の調査にもおもむいてきた。

ふり返ると私の南島採訪・調査の旅は、一九七一年八月の沖縄本島・先島《さきじま》（宮古・八重山諸島）、一九七二年四月の奄美大島・徳之島、一九七二年九月の沖縄本島・石垣島・竹富島・宮古島、一九八〇年十一月の沖縄本島・宮古島、一九八六年十月の沖縄本島、一九九二年十月の沖縄本島、一九九七年九月の沖縄本島、一九九九年十一月の沖縄本島、二〇〇一年九月の沖縄本島と九回におよぶが、日本文化の原像をかいまみ、あわせて沖縄と朝鮮・中国・東南アジアのかかわりを探究する旅でもあった。

そして宮古島のニーランまつりなどの調査の成果を発表した（『古代からの視点』ＰＨＰ研究所）。戊寅（明の天順二年、四五八）六月十九日の鐘銘のある有名な「万国津梁の鐘」は、かつて首里城の正殿にあった。私は首里の沖縄県立博物館でその銘文を読んで深く感銘した。その鐘銘は、

「琉球国は南海の勝地にして
三韓の秀を鍾《あつ》め、大明を以って輔車《ほしゃ》となし、
日域を以って唇歯《しんし》となして、
此の二つの中間にありて湧出せる蓬莱《ほうらい》嶋なり。
舟楫《しゅうしゅう》を以って万国の津梁《しんりょう》となし、

異産至宝は十方刹《せつ》に充満し、

地霊人物は遠く和夏の仁風を扇《あお》ぐ。」

の名文からはじまる。「琉球国は南海の勝地であって、三韓（朝鮮）のすぐれたところを取り入れ、明（中国）とは輔車《ほしゃ》のように助けあい、日域（日本）とは唇歯（唇と歯）の如くによりそい、この二つ（明と日本）の中間に湧出したあこがれの蓬萊嶋である。船と楫《かじ》であらゆる国々との橋渡しをなし、異国の産物や貴重な品々は国中に満ち溢れ、土地がらも人びとも、和夏の仁風（日本と中国のすぐれた徳の教化）をあおぐ」と述べるのである。

南海の勝地琉球国は、海上の道によるまさしく「万国津梁」の国であった。そして実際に、朝鮮半島や中国大陸にとどまらず、環太平洋の島々や国々と交易をした。

ここで想起するのは朱印船貿易の時代である。天文年間（一五三二―五五）にポルトガル船が日本へ来航したのを契機として、日本の船が台湾・呂宋《るそん》（フィリピン群島の最北に位置する島）・澳門（マカオ）から東は麻陸（モルッカ）諸島、南西はマレー半島、とりわけインドシナ半島の安南（ベトナム）・交趾（コウチ）・東埔寨（カンボジア）・暹羅（シャム）などへおもむくようになる。

豊臣秀吉の全国統一と豊臣政権や各大名の金・銀・銅などの鉱山開発によって、その産額が海外貿易に投入され、交易は急速に発展した。慶長二年（一五九七）に秀吉が呂宋島の長官に与えた返書には「異日（異国と日本）商賣の舟、予の押印の一書を持つべし、然らば則ち海陸小難あるべからず」と記されている。実際に加藤清正が呂宋島へ船を派遣したさい、秀吉の側近であった京都相国寺の僧西笑承兌《さいしょうじょうたい》に渡航船の朱印状の下付を依頼している。

秀吉の朱印状が現存せず、当時の文書や記録がないことをもって、秀吉の時代に朱印船貿易の制度がなかったとする説もあるが、朱印船貿易が秀吉時代にはじまったことは否定できない。その制度を徳川家康がひきついで充実させたとみなすべきであろう。

慶長五年（一六〇〇）の三月十六日、オランダ東インド会社が派遣したリーフデ号が難船して、漸く豊後（大分県）の海岸に漂着した。家康はこのおり大坂城にいたが、早速リーフデ号を堺へ回航させ、船長ヤコブ・クワケルナック、オランダ人航海士ヤン・ヨーステン（のちの耶楊子《やようす》）、イギリス人航海長ウィリアム・アダムス（のちの三浦按針）の三人を大坂城に招いて謁見している。関ヶ原の戦いで勝利した家康はアダムスらを寵用して海外貿易を促進した。船長クワケルナックは東インドへと帰っていったが、アダムスとヨーステンには、帰国を許さず、アダムスには知行地を与えて相模国（神奈川県）三浦郡逸見《へみ》村（横須賀市）に住まわせ、アダムスは三浦按針とよばれるようになった。ヨーステンは江戸に邸宅を与えられ、その住んだ土地をヤン・ヨースの名にちなんで八代洲《やよす》とよぶようになり、やがて八重洲《やえす》（東京都中央区）という地名の由来となった（北島正元『江戸幕府』小学館）。

家康は慶長六年には安南国への返書のなかに「本邦の船、異日その地に到るには、此の書の印を以て、証拠となすべし、印無き舟は、これを許すべからず」と書いている。いわゆる朱印船貿易が本格化する。家康の朱印状には「源家康弘忠恕」の朱印を押し、二代将軍秀忠は「源秀忠」の朱印を用いた。

江戸幕府の朱印船制度の確立から寛永年間（一六二四—四四）の半ばころまでの三十余年間に朱印状の下付を受けて南航した船は多く、寛永十二年（一六三五）の日本人の海外渡航、帰国禁止のころまでの朱印船は少なくとも三百五十六隻になるという（『国史大辞典』吉川弘文館）。そしてその渡航先は中国南部の港からインドシナ半島の各地ならびに南洋諸島などにおよぶ。環太平洋のなかの日本の交易といっても過言ではない。

朱印船を派遣した大名は島津、松浦、鍋島、亀井、加藤、五島、有馬、細川など主として西国大名であり、商人では京都の角倉了以とその子素庵、茶屋四郎次郎、大坂の末吉孫左衛門、長崎の末次平蔵、荒木宗太郎らが有名である。

そして各地に在留日本人による日本人町ができあがっていった。ベトナムのツーランやフェフォ、カンボジアのプノンペン、シャムのアユタヤ、フィリピンのマニラ郊外のディラオやサンミゲルなどの日本人町が名高い。

慶長九年の十月十五日付の回易大使司角倉素庵らの安南国執事大人宛の「交易書状」には「新しく二国（安南と日本）勘合符印を議定し、比年（毎年）回易使を容れて隣交を修めれば、二国万世の大利ではないか」と述べられている。そして素庵が執筆した「舟中規約」には、つぎのような交易の心得が明記されていた。

「凡そ回易の事は、有無を通じて以て人・己を利するなり。人を損《す》てて己を益するには非ざるなり。利を共にすれば、小と雖も還りて大なり。利を共にせざれば、大と雖も還りて小なり。謂う所の利は義の嘉会（よろこびのよりあい）なり。」と。

朱印船貿易の回易使の面目躍如たるものがある。それは太平洋戦争の南方侵略とは全くおもむきを異にする。「利を共に」する島国日本の南の島々との島嶼《とうしょ》連合のあるべき姿を示唆してやまない。

島嶼連合の構想

技術力はあっても資源の少ない島国日本は、資源が豊富で人口最多の中国、経済力や軍事力にまさる中国と対等にまじわるためには、台湾・フィリピン・インドネシア・ニュージーランド・オー[illegible]ラリアをはじめとする太平洋の島国、さらに東南アジア諸国連合（ASEAN）などとの[illegible]帯を強化しなければならない。GNPにおいても、日本を抜いて、中国はいまや世界第[illegible]っている。

[illegible]ーダーとしての中国の役割はますます重要となる。中国と対決するのではない。中

国と対話し協調し、バランスをとりながら、「中華」を誇示する思想の限界をみきわめてゆく必要がある。「中華」思想は歴史的にもたえず異国・異民族を「夷狄」視する観念をはぐくんできた。それではひとりよがりな独裁になりかねない。中国の堂々たる隣人になるためには、日本みずからが政治的・経済的・文化的に、島国日本の独自性を発揮しうるよう努力しなければならない。

「大和魂」はかつて軍国主義的な日本精神の代名詞のように乱用されたが、それは本来の「大和魂」のありようとは異なる。そもそも「大和魂」の確実な初見は、紫式部の『源氏物語』(乙女の巻)のつぎの文である。

「才《ざえ》を本《もと》としてこそ、大和魂の世に用ひらるる方も、強う侍らめ」。

この「才」とは「漢才」であり、紫式部のいう「大和魂」とは、日本人の教養や判断力を意味する。紫式部は一条天皇から「日本紀をこそ読みたるべけれ、誠に才あるべし」とほめられ、女官たちから「日本紀の御局《つぼね》」ともよばれたが、彼女自身は「日本紀などは、ただ、片そばぞかし。これら(物語)にこそ、(世の中の)道《みち》みちしく(事の理や社会の真相)、くは(詳)しき事はあらめ」と述べている(螢の巻)。

ここに「日本紀」とあるのは、『日本書紀』のことではない。勅撰の歴史書(「六国史」など)を指し、それは「かたそば」すなわち人生のほんの一部分しか記載していないというのである。

「日本紀」よりも「物語」にこそ、人生の真実は宿るとした紫式部は、中国（中唐）の詩人白居易《はっきょい》（白楽天）の「長恨歌《ちょうごんか》」をはじめとして『源氏物語』のなかで十八帖にわたって『白氏文集《はくしもんじゅう》』にもとづく引用をしている。『源氏物語』そのものが和魂漢才をベースにしているといってもよい。

菅原道真ゆかりの後にまとめられた『菅家遺誡《かんけいかい》』には、「凡《およ》そ国学の要《かなめ》とする所は、論の古今《ここん》に渉《わた》り、天人《てんじん》を究《きわ》めんと欲《ほっ》すと雖《いえど》も、其《そ》の和魂漢才《わこんかんさい》に非ざるよりは、其の閫奥《こんおう》を闞《み》ること能《あた》はず」と記されている。およそ日本国にかんする学問の中心は、論義が古今東西におよぶが、天意と人事をみきわめようと思っても、「和魂漢才」でなければ、学問の奥義をのぞみ会得《えとく》することはできないといましめているのである。

幕末・維新期は「和魂漢才」が叫ばれたが、日本の歴史と文化自体が、東洋・西洋からの渡来の人びとと渡来の文化を受容して、わが国独自の文化に育てあげてきたといってよい。

東大寺正倉院の宝物には、西アジア、ペルシャはもとよりのこと、インド・中国・朝鮮半島など、いわゆるシルクロードによって運ばれた貴重な文物が数多くふくまれている。

一九七三年の六月、日本の雅楽のヨーロッパ公演の団長として、約一カ月、イタリア・フランス・ベルギー・オランダ・スペインを訪欧したが、私はそのおりにパリのユネスコ本部ほかで雅楽についての講演をした。日本に関心をいだいているこころあるヨーロッパ人は、日本の正倉院の宝物は知っている。そこで雅楽をわかりやすく説明するために、「雅楽は生ける正倉院である」と力説して好評をえた。

実際に雅楽は日本の伝統的な歌舞ばかりでなく、三国楽《さんごくがく》すなわち朝鮮半島の高句麗楽《こうくりがく》・百済楽《くだらがく》・新羅楽《しらぎがく》、それから中国の唐楽《とうがく》、中国東北区の東半分あたりから沿海州《えんかいしゅう》・シベリアの一部にかけて存在した渤海《ぼっかい》の渤海楽、さらにベトナムの林邑楽《りんゆうがく》などを、七世紀の後半から八世紀のはじめのころに、わが国で集大成した日本独自の楽舞であった。

平成十三年（二〇〇一）の一月十二日、はからずも宮中歌会の召人となったが、勅題「草」にちなんだ私の献詠歌は、

〝山川も　草木も人も共生の　いのち輝け　新しき代に〟

であった。二十一世紀最初の宮中歌会であったから「新しき代」と詠みこんだが、私のいう「共生」はたんなる「とも生き」ではない。異民族・異文化と共に生きるのは、多文化共生の代ではきわめて当然のことである。「とも生き」のみではへたをすると現状維持になりかねない。

私の考える「共生」は『古事記』が「共生」を「とも生み」と訓《よ》んでいるように、異民族・異文化と共に、新しい歴史を創造し、あらたな文化を生成する「とも生み」である。

韓国・北朝鮮・中国をはじめとする「一衣帯水」の国々はもちろん、アジア・ヨーロッパ・アフリカ・アメリカそして太平洋の島国をはじめとする人類そろっての「とも生み」をめざしたい

と願っている。

一九九四年の十二月、第四十九回国連総会は「人権教育のための国連十年」を決議し、「行動計画」を決定したが、その行動計画のなかではじめて「普遍的な人権文化」を強調した。「人権文化」とはすばらしい用語だが、ただたんに普遍的であるばかりでなく、家庭で学校で、そして職場で地域で具体化することが必要である。

国連は「人権文化」の内容を明確に定義していないが、私は私なりに、つぎのように考えている。「いのちの尊厳を自覚し、人間が人間の幸せを自然と共に営み、新しい歴史と文化を人類が共に生んでいく、その行動とみのり」が人権文化であると。人間は自分の力だけで生きているのではない。日々のくらしの中で、家族・学校・職場・地域の人びとのまじわりがあり、自然に依存し、自然の中で生きている。いかに自然と調和し、いかに自然を活かすか。自然との「とも生み」も忘れてはならない。

島国日本が未来に向かって力強く前進してゆくためには、環太平洋の島国との共生を重視する必要がある。私のいう島嶼連合の具現がそれである。そしてその方向はすでに準備されている。太平洋・島サミットがそれである。

太平洋・島サミットとは、日本が太平洋の島国とそれぞれが直面している課題に共に取り組み、関係強化を図るために主催している国際会議である。テレビ・ラジオ・新聞などではあまり報道されていないが、日本の将来に向かっての重要な、私のいう島嶼連合の国際会議である。第一回は一九九七年の一月（東京）、第二回は二〇〇〇年の四月（宮崎）、第三回は二〇〇三年の五月（沖縄）、第四回は二〇〇六年の五月（沖縄）、第五回は二〇〇九年の五月（北海道）、そして二〇一二年の五月第六回が沖縄で開催された。つぎの第七回が島嶼連合の国際会議の場としてのみのりをさらに結実させることを期待する。

島国根性といえば、内向的で閉鎖的な精神のありようを意味して使われてきたが、日本の伝統の史脈をかえりみれば、島国日本の歴史と文化は、陸つづきの国々よりも、はるかに外に向かって開かれた島国根性をもって日本独自の伝統を構築してきたことがわかる。

だからこそ百済から仏教を受容したおりには、仏を「隣国の客神」（『日本霊異記』）として受けいれ、キリスト教を受容したさいにも、かくれ切支丹の人びとは、長崎県の福江島で私が調査したおりに気づいたように、土地の産土《うぶすな》の神社の本殿のなかにかつて聖母マリア像をまつり、慶長年間（一五九六―一六一五）の「オラシヨ（祈りの言葉）」のなかに「パライソ（天国）にますイカヅチノカミ」などと唱えたのである（『神道と東アジアの世界』徳間書店）。

神か仏かではない。神も仏もであり、神もキリストもである。神仏習合・神基集合の包容力こそ、「和魂漢才」・「和魂洋才」にふさわしい。

あとがき

二〇〇七年春以後に公にした論文・講演録を中心に、本書をまとめることにした。伝承と伝統は明確に異なる。故事来歴を守ることが伝承であるとすれば、伝統は古きを守りながら、時代のニーズに応じてあらたな文化を創造してゆくことにある。「平安楽土」を夢みて命名された「平安京」の内実は、兵乱があり、大火があり、飢饉・洪水や台風・地震などがくりかえした非平安の都であった。にもかかわらず、平安の都ではたえず文化が更新され、古きがあらたによみがえって伝統とよぶにあたいする京都文化を構築してきた。

「人権文化」という言葉が世界的に使われるようになったのは、一九九四年の十二月、国連第四十九回で決議された「人権教育のための国連十年」の「行動計画」のなかで、「人権教育」と「人権文化」をつぎのように規定してからである。

「知識と技術の伝達及び態度の形成を通じ、普遍的な人権文化を構築するために行なう研修、普及及び広報努力」と位置づけている。

普遍的人権文化universal culture of human rightsとは何か、国連は明確な定義をしていないが、私はいのちの尊重を重視し、人間同士はもとよりのこと、人間と自然が共に生む、共にはぐくむ行動とそのみのりが人権文化だと考えている。自他の尊厳と文化の多様性の尊重、自由と平等、そして連帯の重視、そしてくらしの文化の見直しが必須の課題になっている。二〇一一年三月十一日、午後二時四十六分に勃発したマグニチュード（M）九・〇の大地震そして大津波、加うるに福島第一原発の事故による放射能汚染、天災のみではない。「原子力安全神話」による人災が、多くの人びとのいのちを奪い、約十三万人という避難民の悲惨をもたらした。

二十一世紀を人権文化の輝く世紀へという願望は、いまやはかなく消えようとしている。東日本大震災を教訓として、人権文化の創造にとりくむべきではないか。

藤原書店の藤原良雄さんのご厚情により、ささやかな論集をまとめることができた。あつく感謝する。

二〇一四年二月吉日

上田正昭

＊論文と講演録と併載したため、重複している箇所もあるが、論旨を明確にするためにあえて削除しなかった。読者の方々のご許容を願う。

初出一覧

「大和魂」のまことの姿とは何か　『新潮45』新潮社、二〇一三年九月号

Ⅰ　古代日本と東アジア

古代の日本と東アジア　『人環フォーラム』二八号、京都大学大学院人間・環境学研究科、二〇一一年三月

邪馬台国と纒向遺跡　奈良県立図書情報館編『邪馬台国と纒向遺跡』学生社、二〇一一年五月

二つの「飛鳥」新考　（書き下ろし）

古代の日本と百済の文化――善隣友好の象徴　『ビジュアル版　楽しくわかる韓国の歴史』Vol.2、キネマ旬報ムック、二〇一三年七月

古代日本の士大夫――三輪朝臣高市麻呂の天皇への諫言をめぐって　（書き下ろし）

遣唐使と天平文化　遣唐使船再現シンポジウム編『遣唐使船の時代』角川書店、二〇一〇年十月

聖武天皇と恭仁京　『京都府埋蔵文化財情報』一一三号、京都府埋蔵文化財調査研究センター、二〇一〇年十一月

王統の画期としての應神朝　『悠久』一二一号、鶴岡八幡宮、二〇一〇年八月

秦氏の活躍と秦氏の神々　『古代の京都と渡来人』京都産業大学日本文化研究所、二〇一〇年三月

東アジアのなかの古代京都盆地　『世界のなかの京都』京都産業大学日本文化研究所、二〇〇七年三月

Ⅱ　古代学とのえにし

角田古代学の発展的継承　季刊『古代文化』第六三巻第四号、古代学協会、二〇一二年三月

平安時代と古典文学　『創造する市民』九四号、京都市生涯学習総合センター、二〇一一年一月
坂上田村麻呂と清水寺　『言』御本尊御開帳記念講話集、清水寺、二〇一〇年二月
京都有終のみかど　平安楽土掲載原稿輯録、孝明天皇御鎮座七十年大祭記念、平安神宮崇敬会、二〇〇九年十月
和辻哲郎と津田左右吉の学問　『和辻文化賞二〇年記念誌』姫路文学館、二〇〇九年九月
松本清張『古代史疑』との絆　『松本清張研究』一一号、松本清張記念館、二〇一〇年三月
西嶋史学とのまじわり　『古代学評論』第六号、古代を考える会、別冊、一九九九年春
広開土王陵碑と李進熙　『追想　李進熙』社会評論社、二〇一三年四月

Ⅲ　近代日本と東アジア

アジアのなかの大阪——東アジアと難波津　『アジア・大阪交流史』大阪人権博物館、二〇〇八年十月
「民際」の原風景——猪飼野　『ニッポン猪飼野ものがたり』批評社、二〇一一年二月
併合百年の影と光　『部落解放』六四〇号、解放出版社、二〇一一年一月
日本人のこころ——石田梅岩・雨森芳洲・南方熊楠の英知に学ぶ　『創造する市民』九七号、京都市生涯学習総合センター、二〇一一年七月
日本とアジア——その歴史と現代の課題　『部落解放』五二八号、解放出版社、二〇〇四年一月
歪曲された朝鮮観を問いただす　『部落解放』六二七号、解放出版社、二〇一〇年三月
まちづくりと人権文化の輝き　姫路市人権啓発センター開所記念講演会記録、姫路市人権啓発センター、二〇一〇年十二月
東日本大震災の教訓　『環』四九号、藤原書店、二〇一二年春

島国日本と島嶼連合——むすびにかえて　（書き下ろし）

著者紹介

上田正昭（うえだ・まさあき）
1927年兵庫県生。日本史学者。専門は古代史、神話学。京都大学名誉教授、世界人権研究センター理事長、高麗美術館館長、島根県立古代出雲歴史博物館名誉館長。1950年京都大学文学部史学科卒業。1963年京都大学助教授、71年教授。大阪文化賞、福岡アジア文化賞、松本治一郎賞、南方熊楠賞、京都府文化特別功労者、京都市特別功労者。主な著書に『帰化人——古代国家の成立をめぐって』（中央公論社、1965年）。『日本神話』（岩波書店、1970年）で毎日出版文化賞受賞。その他、『上田正昭著作集』（全8巻、角川書店、1998-99年）、『私の日本古代史』（上下、新潮選書、2012年）、『歴史と人間の再発見』（2009年）『森と神と日本人』（藤原書店、2013年）ほか多数。

「大和魂《やまとごころ》」の再発見《さいはっけん》——日本《にほん》と東《ひがし》アジアの共生《きょうせい》

2014年2月28日　初版第1刷発行 ©

著　者　上　田　正　昭
発行者　藤　原　良　雄
発行所　株式会社　藤　原　書　店

〒162-0041　東京都新宿区早稲田鶴巻町523
電　話　03（5272）0301
FAX　03（5272）0450
振　替　00160 - 4 - 17013
info@fujiwara-shoten.co.jp

印刷・製本　中央精版印刷

落丁本・乱丁本はお取替えいたします
定価はカバーに表示してあります

Printed in Japan
ISBN978-4-89434-954-4

"鎮守の森"を捉え直す！

森と神と日本人

上田正昭

『古事記』に記された「共生」＝「とも生き」「とも生み」。日本の歴史と文化の基層につながって存続してきた「鎮守の森」は、聖なる場所でありながら人々の集まる場所であり、自然と神と人の接点として、"人間と自然との共生"を象徴してきた。日本古代史の碩学による、日本文化論の集大成！

四六上製　三一二頁　**二八〇〇円**
（二〇一三年八月刊）
◇978-4-89434-925-4

日本古代史の第一人者の最新随筆

歴史と人間の再発見

上田正昭

朝鮮半島、中国など東アジア全体の交流史の視点から、日本史を読み直す。平安期における漢文化、江戸期の朝鮮通信使などを例にとり、誤った"鎖国"史観に異議を唱え、文化の往来という視点から日本史をたどる。部落解放など人権問題にも早くから開かれた著者の視点が凝縮。

四六上製　二八八頁　**二六〇〇円**
（二〇〇九年九月刊）
◇978-4-89434-696-3

古事記は面白い！

「作品」として読む古事記講義

山田　永

謎を次々に読み解く、最も明解な入門書。古事記のテクストそれ自体に徹底的に忠実になることで初めて見えてくる「作品」としての無類の面白さ。これまでの古事記研究は、古事記全体を個々の神話に分解し、解釈することが主流だった。しかしそれは「古事記で（何かを）読む」ことであって、「古事記（そのもの）を読む」ことではない。

Ａ５上製　二八八頁　**三二〇〇円**
（二〇〇五年二月刊）
◇978-4-89434-437-2

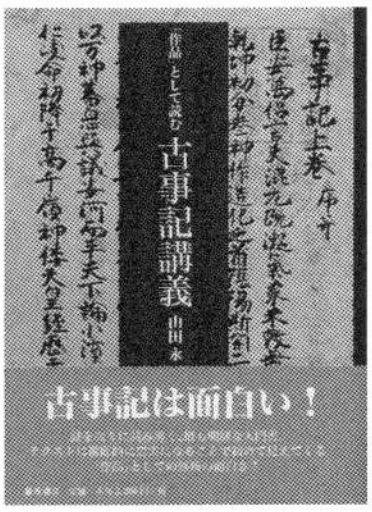

明治から、日本の"儒教化"は始まった

朱子学化する日本近代

小倉紀蔵

徳川期は旧弊なる儒教社会であり、明治はそこから脱皮し西洋化する、という通説は誤りである。明治以降、国民が、実は虚妄であるところの〈主体化〉によって〈序列化〉し、天皇中心の思想的枠組みを構築する論理を明快に暴く。福澤諭吉―丸山眞男らの近代日本理解を批判、通説を覆す気鋭の問題作。

Ａ５上製　四五六頁　**五五〇〇円**
（二〇一二年五月刊）
◇978-4-89434-855-4

中国という「脅威」をめぐる屈折

近代日本の社会科学と東アジア

武藤秀太郎

欧米社会科学の定着は、近代日本の世界認識から何を失わせたのか？　田口卯吉、福澤諭吉から、福田徳三、河上肇、山田盛太郎、宇野弘蔵らに至るまで、その認識枠組みの変遷を「アジア」の位置付けという視点から追跡。東アジア地域のダイナミズムが見失われていった過程を検証する。

Ａ５上製　二六四頁　**四八〇〇円**
（二〇〇九年四月刊）
◇978-4-89434-683-3

「植民地」は、いかに消費されてきたか？

「戦後」というイデオロギー
（歴史／記憶／文化）

高　榮蘭

幸徳秋水、島崎藤村、中野重治や、「植民地」作家・張赫宙、「在日」作家・金達寿らは、「非戦」「抵抗」「連帯」の文脈の中で、いかにして神話化されてきたのか。「戦後」の「弱い日本」幻想において不可視化されてきた多様な「記憶」のノイズの可能性を問う。

四六上製　三八四頁　**四二〇〇円**
（二〇一〇年六月刊）
◇978-4-89434-748-9

日・中・韓ジャーナリズムを問う

日中韓の戦後メディア史

李相哲編

市場化・自由化の波に揉まれる中国、〝自由〟と〝統制〟に翻弄されてきた韓国、メディアの多様化の中で迷う日本。戦後の東アジア・ジャーナリズムを歴史的に検証し、未来を展望する。**李相哲／鄭晋錫／小黒純／卓南生／渡辺陽介／李東官／斎藤治／劉揚／金泳徳／若宮啓文／西村敏雄／西倉一喜／李双龍**

Ａ５上製　三二八頁　**三八〇〇円**
（二〇一二年一二月刊）
◇978-4-89434-890-5

日本とアジアの〝抗争の背景〟を探る

日本のアジア外交　二千年の系譜

小倉和夫

卑弥呼から新羅出兵、元寇、秀吉の朝鮮侵攻、征韓論、脱亜論、日清戦争、日中戦争、満洲建設、そして戦後の国交回復へ——アジアにおいて抗争と協調を繰り返す日本の、二千年に亘るアジア外交の歴史を俯瞰する。

四六上製　二八八頁　**二八〇〇円**
（二〇一三年二月刊）
◇978-4-89434-902-5

フィールドワークから活写する

アジアの内発的発展

西川潤編

長年アジアの開発と経済を問い続けてきた編者らが、鶴見和子の内発的発展論を踏まえ、今アジアの各地で取り組まれている「経済成長から人間開発型発展へ」の挑戦の現場を、宗教・文化・教育・NGO・地域などの多様な切り口でフィールドワークする画期的初成果。

四六上製　三二八頁　**二五〇〇円**
（二〇〇一年四月刊）
◇978-4-89434-228-6

東アジアの農業に未来はあるか

グローバリゼーション下の東アジアの農業と農村
（日・中・韓・台の比較）

原剛・早稲田大学台湾研究所編
西川潤／黒川宣之／任燿廷／洪振義／金鍾杰／朴珍道／章政／佐方靖浩／向虎／劉鶴烈

WTO、FTAなど国際的市場原理によって危機にさらされる東アジアの農業と農村。日・中・韓・台の農業問題の第一人者が一堂に会し、徹底討議した共同研究の最新成果！

四六上製　三七六頁　**三三〇〇円**
（二〇〇八年三月刊）
◇978-4-89434-617-8

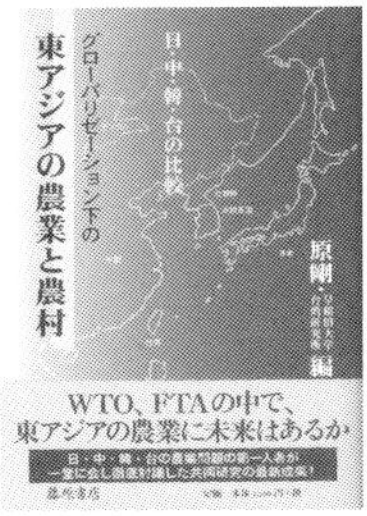

日本史研究の新たな領野！

モノが語る日本対外交易史
七―一六世紀

Ch・フォン・ヴェアシュア
鈴木靖民＝解説　河内春人訳

七―一六世紀に及ぶ日本の対外関係の全体像を初めて通史的に捉えた画期的著作。「モノを通じた東アジアの交流」と「モノづくり日本」の原点を鮮やかに描き出す。

四六上製　四〇八頁　**四八〇〇円**
（二〇一一年七月刊）
◇978-4-89434-813-4

ACROSS THE PERILOUS SEA
Charlotte Von VERSCHUER

フランスの日本学最高権威の集大成

日本仏教曼荼羅

B・フランク
仏蘭久淳子訳

コレージュ・ド・フランス初代日本学講座教授であった著者が、独自に収集した数多の図像から、民衆仏教がもつ表現の柔軟性と教義的正統性の融合という斬新な特色を活写した、世界最高水準の積年の労作。図版多数

四六上製　四二四頁　**四八〇〇円**
（二〇〇二年五月刊）
◇978-4-89434-283-5

AMOUR, COLèRE, COULEUR
Bernard FRANK